まえがき

　GPSがなかったその昔、明治時代よりももっと古い時代のことです。もしも船乗りが進む方向を見失ったら真北を示す北極星を探したといいます。船乗りが北極星を知らなかったら、船は海の迷子になってしまいます。さて、みなさんが取り組んでいる「日本史探究」は、古代からの日本の通史を学ぶなかで、「歴史的な見方・考え方」を身につけ、そして現代の課題の解決への手がかりを探る教科です。そのスキルは、現代世界を生きるみなさんの力となり、みなさんが将来より良い社会生活を営むことを可能にする力となります。しかし、授業においてよく耳にするのが、「授業は楽しいけれど、定期テストになると、おぼえることばかりでホント嫌になる。」「問題（の出題形式）がかわるとさっぱりわからない。」「漢字がおぼえられない。」「同じ名字ばかりだ。」「受験生じゃないからくわしすぎる問題集は嫌だ。」だけど、**定期テストでは、点数がとりたい！**」という声です。そんなみなさんが、基本的な歴史の流れをつかみながら歴史の重要語句を効率よくおぼえるために、この問題集は誕生しました。

　この問題集は、山川出版社の日本史探究教科書『高校日本史』をもとにつくられています。テーマごとに左右見開きのページで展開し、左側の教科書本文を要約した穴埋め問題で、時代の背景や流れを理解しながら歴史用語をおぼえます。右側の基本用語の一問一答問題で歴史用語をくりかえし確認し、さらなる理解・定着をめざします。そしてこの問題集最大の特長が、**穴埋め問題と一問一答問題の答えが同じ答えで構成されている**ということです。これこそが「**TWINS(ツインズ)**」というタイトルの由来なのです。日本史の勉強につまずいた時こそ、ぜひ初心にかえって、歴史ドラマの大スジをとらえるように、その登場人物とその動きを理解しながら取り組んでみましょう。その時、北極星のようにこの『ツインズ・マスター日本史』は、みなさんをきっと支えてくれることでしょう。

　さて、大学入学共通テストの出題形式ですが、一貫して多くの歴史史料(資料)にもとづいた出題がなされています。よって、多くの受験生が、史料やデータ・グラフの勉強に固執する傾向があります。史料を読み込むことも当然大事なことですが、歴史そのものを見失ってはいないでしょうか。つまり、共通テストの小問題の多くが、4文分析の正誤判断の問題です。基本的歴史年号や用語問題に苦戦してはいませんか、ということなのです。そういった時こそ、教科書に戻ってください。そしてその教科書を効率よく、かつ大事なところを中心にまとめたのが本書なのです。

　他にはないアプローチの、まったく新しいスタイルの基本問題集として誕生した本書は、日本史の定期考査のみならず、大学入学共通テストや私立大学入試にも十分に対応しています。日本史の予習復習や受験勉強に本書を活用して、重要語句を「**マスター(おぼえる)**」し、より理解を深めることで日本史の「**マスター(極めた人)**」をめざしてください。

伊東利浩　木村嘉紀

本書の特長と使用法

❶ 本書は山川出版社の日本史探究『高校日本史』に準拠してつくられています。『詳説日本史』の章立てにも対応していますので、各テーマごとにそれぞれの教科書のページを⑨詳のマークで示しました。教科書とあわせてご使用ください。

❷ 左のページは、テーマごとに教科書の本文を要約し、教科書において太字で示されている重要語句の文字数を枠数とした空欄で問題にしています。

❸ 右のページでは、左ページで空欄になっている重要語句を一問一答形式で問題にしています。違う文章表現でありながら、左右同じ番号の答えが一緒であることは、つねに歴史の内容を確認しながら学ぶことができ、重要語句を多面的にとらえることで、みなさんの理解度を深めます。

❹ 本書の赤い太字は、山川出版社『日本史用語集』において、頻度数の高い重要語句を示しています。当然受験では知っていなくてはいけない用語ですので、赤シートやマーカーなどを使用し、定着をはかってください。

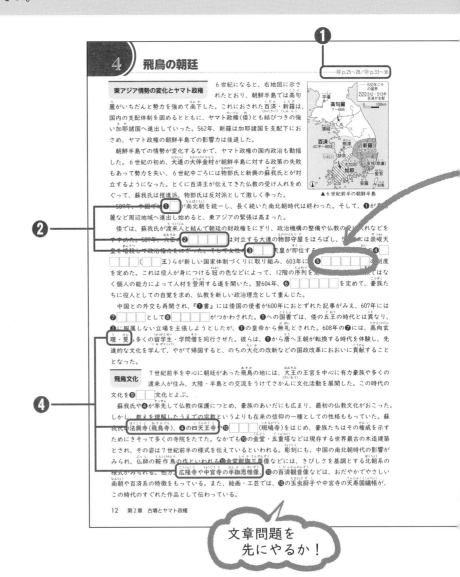

文章問題を先にやるか！

❺答えを本書にある解答欄に直接書き込まずに、本書の横にノートなどを置いて、そこに重要語を出てくる順に、タテ並びで上から下へと書いて覚えるようにすると、出てくる用語が歴史の順番におぼえられます。しいていえば、それが歴史の流れを理解する一助となります。

❻各テーマには、教科書に使用されている地図や写真を利用した史料(資料)問題も掲載しました。単に答えをおぼえるのではなく、教科書をみながら、文化財、政治体制、都市の名前とその位置関係などの理解に役立ててください。

❼各文中の年号はすべて西暦の表示です。文章の文字数の関係で下二けた表示や元号を省略した場合があります。

❽国名は、つぎのように表記する場合があります。

日本：日、中国：中、韓国：韓、アメリカ合衆国：米、ロシア：露、ロ、イギリス：英、フランス：仏、ドイツ：独、イタリア：伊、オランダ：蘭、ソヴィエト社会主義共和国連邦：ソ

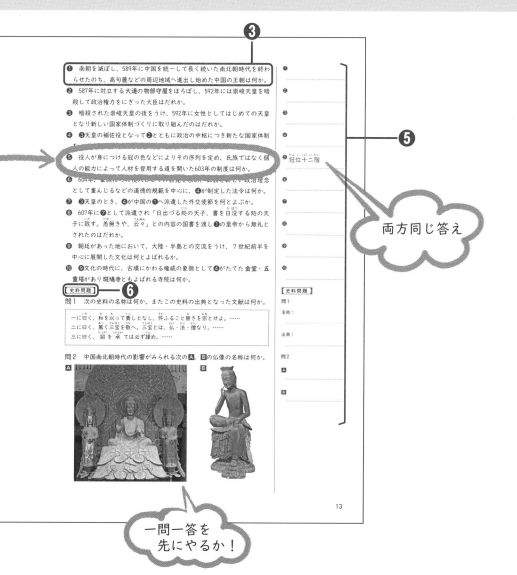

目　　次

1 日本文化の始まり

——————————————————————————————————————⏀ p.6〜10／⏀ p.6〜12

人類の誕生

地球上に人類の祖先とされる猿人があらわれたのは、今からおよそ700万年前とされ、次の原人があらわれた時代は、一般に❶□□□□時代とよばれる。❶時代は、地球全体に寒冷と温暖な時期が、長い時間をかけながら交互におとずれ、寒冷な時期には、大陸では❶が発達し海面は今よりも低くなった。日本列島は❶時代には大陸と地続きになることがあり、ユーラシア大陸からナウマンゾウ・オオツノジカなどの大型動物が渡ってきた。これらの動物の骨は日本列島各地でみつかっている。日本人の祖先も、およそ4万年前に大陸から渡ってきたとされる。

旧石器文化

第二次世界大戦以前、日本列島には❷□□□□時代は存在しないと考えられていたが、戦後、考古学の進展にともない、❷文化の存在が確認された。北海道から沖縄県におよぶ各地で、数多くの後期❷時代の遺跡が発見されており、数万年以前から日本列島に人間が生活していたことがわかってきた。❷時代の石器は、石をたたいてつくる❸□□□石器で、初めのころは狩りなどに使うナイフ形の石器が使われた。のちに槍の先につける木の葉形の尖頭器、旧石器時代の終わりになると細かい刃を木などの先にうめこんで使う細石器などがつくられた。

人びとは、ナウマンゾウなどの狩猟と植物性食料の採集を中心とした生活をし、平地に柱をたてた簡易な小屋に住んだり、洞穴に住んだりしながら移動した。火を使っていたとも考えられている。

縄文文化

およそ1万年余り前になると気候は温暖になり、日本列島では❶時代の大型動物は姿を消し、深い森におおわれた。環境の変化にあわせ、人びとは新しい生活技術を身につけていった。森で、ニホンジカやイノシシなどのすばやい動物をとらえるために❹□□□が使われるようになり、石器も❸のものだけでなく、固い石の全面を丹念に磨いてつくった❺□□□石器も使うようになった。シカの角でつくる銛や釣針などの骨角器もあらわれた。また、食料などを煮たり保存するために、❻□□□がつくられた。❻は粘土を手でこねて形をつくり、表面には縄をころがして文様をつけ、野外で焼いた。これを❼□□□❻といい、この時代の文化を❼文化とよんでいる。❺石器が普及した❼文化は、ユーラシア大陸各地の新石器時代に対応する文化といえる。しかし、❼文化では、本格的な農耕・牧畜などはみられず、基本的に食料は自然から採集して得ていた。❼文化は約1万6000年前から約2800年前ころまでの期間にわたり、日本列島でゆるやかに発展し、日本の民族と文化の原型を形づくっていった。

縄文人の生活

❼時代の多くの集落では、中央に広場を設けて、5人ほどが住める❽□□□□□を、広場をとりまくように数戸たてた。生活の中心は食料の獲得であり、四季の変化に応じてクリ・クルミ・ドングリなどの木の実を採り、魚・貝や鳥・獣をとらえた。各地に残る❾□□□から、当時の食料を知ることができる。また、長野県の和田峠などの限られた場所でしか採れない黒曜石でつくった鏃が各地でみつかっており、その分布から交易は広範囲にわたっていたことがわかる。食料採集の生活は、自然条件に左右されたが、食料の獲得方法や保存の技術が発達し、生活は❷時代にくらべて安定してきた。この段階の生活では、貧富の差や身分の上下などはあまりなかったようで、同じ集落のなかでの住居規模には大きな差がなく、埋葬は共同墓地であり、特定の人物や一族のための特別な墓がほとんどみられない。人びとは自然現象や自然物に霊がやどると考えた。これを❿□□□□□といい、呪術によって災いを避け、豊かな収穫を祈った。石棒や、女性をかたどった⓫□□などは、呪術的風習があったことを示している。死者を埋葬する際の多くは、身体を曲げて葬る⓬□□であった。これは死者の霊が生者に災いをおよぼすのをおそれたためとされている。

❶ 地質学上の**更新世**を指し、寒冷な氷期と温暖な間氷期をくり返した時代を何とよぶか。

❷ 第二次世界大戦以前、考古学上において日本列島には存在しないと考えられていた時代は何か。

❸ ❷時代において、右の写真のような石をたたいてつくった道具を何とよぶか。

❹ 森ですばやく動くニホンジカやイノシシなどの動物をとらえるために、人びとがつくった狩猟用の道具とは何か。

❺ 固い石の全面を丹念に磨いてつくった道具の総称は何か。

❻ 手に入れた食料などを煮たり保存したりするためにつくった道具とは何か。

❼ 表面に縄をころがして文様をつけ、野外で焼いた❻を何とよぶか。

❽ 地面を掘りくぼめて土間の床をつくり、数本の柱を立てたその上に屋根をかけた半地下式の住居は何か。

❾ ❼時代の人びとが、居住地の周辺に捨てた貝類の殻や魚や動物の骨が層をなして堆積してできた遺跡を何とよぶか。

❿ 自然現象や自然物には霊がやどるとする考え方を何とよぶか。

⓫ ❼時代の人びとの精神性を伝え、呪術文化の象徴ともされてきた女性をかたどった人形の焼き物とは何か。

⓬ ❼時代の人びとが、死者を埋葬する際に死者の霊が生者に災いをおよぼすのをおそれたため多くは身体を曲げて葬った。これを何とよぶか。

[地図問題]

問1 地図中の野尻湖で骨が大量に見つかった大型動物**A**は何か。

問2 **黒曜石**など、❸石器の素材が見つかり、日本に❷時代が存在したことを知る手がかりとなった群馬県にある遺跡**B**を何とよぶか。

| 現在の陸地 |
| 更新世末期(約2万年前)の推定海岸線 |
● 旧石器文化の主要遺跡
▲ 化石人骨出土地
■ ナウマンゾウ化石出土地

樽岸　白滝
置戸　安住
野尻湖
A
茶臼山・上ノ平
B
茂呂
恩原
月見野
国府
浜北人
上場
港川人
白保竿根田原洞人
オオツノジカ
0　500km

❶
❷
❸
❹
❺
❻
❼
❽
❾
❿
⓫
⓬

[地図問題]
問1
A
問2
B

② 農耕の開始

⊕ p.11〜15／⊛ p.13〜19

弥生文化

2800年前ころ、朝鮮半島に近い九州北部で❶[   ]が始まり、❶を基礎とする❷[   ]文化が成立した。❷文化は、紀元前6世紀までに西日本に、紀元前4世紀までに東日本にも広まり、日本列島の大部分は食料生産段階の文化へと移った。紀元前8世紀ころから紀元3世紀までの時期を❷時代とよんでいる。❷文化は、中期になると金属器を生産し始めた。金属器には、おもに祭りの道具として使われた銅と錫の合金である❸[   ]と、武器や工具などの実用的な道具として使われた❹[   ]があった。また、石斧や稲の穂首刈り用の❺[   ]といった磨製石器なども使われた。縄文土器とは異なる赤焼きの❷土器がつくられた。

弥生人の生活

❷時代の水田は、1辺が数メートル程度の小区画のものが多く、川から田へ水を引いたり（灌漑）、田にたくわえた水を川へ流したり（排水）するための用水路をそなえていた。耕作には木製の鍬や鋤などの農具をもちい、収穫には❺をもちいて稲穂を刈りとっていたが、❷時代の後半になると鉄鎌を使うようになった。収穫した籾は❻[   ]や貯蔵穴におさめられ、食べる際に木臼・竪杵で脱穀した。結果、人びとは安定した定住生活をいとなむようになった。死者は共同墓地に葬られ、❼[   ]も多くなった。九州北部などでは、甕棺に死者をおさめたり、地上に大石をおいた❽[   ]がみられる。また、低い墳丘のまわりに溝をめぐらせた❾[   ]がつくられるようになった。後期になり、大きな墳丘墓がつくられたことは、身分の差がうまれ、有力な支配者があらわれたことを示している。豊かな収穫を祈願し、収穫に感謝する祭りや❶にともなう土木・治水工事の指導をつうじて、権威をもつ支配者が出現したと考えられる。

小国の分立

❶が広まるにしたがって、集落のあいだにさまざまな対立抗争がうまれてきた。水田や灌漑用水の確保をめぐる争いや、収穫物をめぐる争いもおこり、集落を外敵からまもる防御施設もつくられるようになった。佐賀県⓾[   ]遺跡などの濠をめぐらせた⓫[   ]集落はその一例である。対立抗争をつうじて集落のあいだに支配・従属の関係がうまれ、より広い地域を支配する権力が形成されていった。❷時代中期以降、瀬戸内海に面してつくられた⓬[   ]集落は、防御のための逃げ城的なものと考えられる。❷時代中期には、各地に「クニ」とよばれる政治的なまとまり（小国）がうまれ、対立抗争をへて、より大きなものとなっていった。1つのまとまった地域では、同じ祭りがとりおこなわれたものと考えられる。そのことは、❷時代後期に近畿地方を中心に⓭[   ]、九州北部を中心に⓮[   ]・[   ]というように、❸の祭りの道具がそれぞれ一定の範囲に分布していることであらわされている。

このころ、中国は漢（前漢）王朝が支配しており、中国では日本を「倭」とよんでいた。漢の歴史を記した『⓯[   ]』には、紀元前後の倭人の社会は100余りのクニにわかれており、朝鮮半島の楽浪郡に定期的に朝貢してきたことが書かれている。また、『⓰[   ]』には、紀元57年に倭の奴国が朝貢し、光武帝から印綬をうけたことが記されている。このように九州北部のクニの王のなかには、中国皇帝の権威を借りて自分のクニの権威を高めようとした王もいた。

邪馬台国連合

3世紀になると、中国大陸では、魏・呉・蜀の三国時代になった。この時代の歴史書である『三国志』の⓱「[   ]」によると、倭では2世紀の終わりころにおきた大きな争乱を⓲[   ]の女王⓳[   ]がおさめ、その後⓲を中心とするおよそ30国の連合体ができたと記されている。239年には、⓳は魏の皇帝に使いを送り、皇帝から「親魏倭王」の称号と金印、さらに多数の銅鏡などをさずけられたという。⓳のあとは、男性の王がついだが、連合した諸国は男王に従わず、⓳の一族である壱与が女王になると、やっとおさまったという。

❶　大陸から縄文晩期に初めて伝わり、これによって日本の大部分の地域は食料生産の段階に入ったとされるが、この技術とは何か。

❷　日本列島で❶を主とする食料生産が広まった時代を何とよぶか。

❸　おもに祭りの道具として使われた銅と錫の合金である**金属器**は何か。

❹　武器や工具などの実用的な道具として使われた金属器は何か。

❺　収穫時の稲を穂首刈りするための**磨製石器**は何か。

❻　湿気を防ぐために、柱または杭で床を高くした建物は何か。

❼　死者の脚を折り曲げずに**埋葬**することを何とよぶか。

❽　**甕棺**に死者をおさめたり、地上に大石をおいた九州北部などに見つかっている墓を何とよぶか。

❾　墓のまわりに溝をめぐらせ、その内部に埋葬をする墓を何とよぶか。

❿　集落を外敵からまもる防御施設として大規模な濠をめぐらせた佐賀県の遺跡は何か。

⓫　❷時代の特徴的な集落形態の一つで、集落の周囲を濠（溝）で取り囲んだ集落を何とよぶか。

⓬　防御のための逃げ城的なものと考えられ、眺望のよい高地にある❷時代の集落を何とよぶか。

⓭　近畿地方を中心に出土し、❷時代後期の祭りの道具とされる❸は何か。

⓮　九州北部を中心に出土し、⓭と同時期の祭りの道具とされる❸を2つ答えよ。

⓯　紀元前後の倭人の社会が100余りの**クニ**にわかれていることや、**楽浪郡**に定期的に**朝貢**してきたことが記されている歴史書は何か。

⓰　紀元57年に倭の奴国が朝貢し、後漢の**光武帝**から印綬（下イラスト）されたことを記した歴史書は何か。

⓱　3世紀後半に書かれた魏・呉・蜀の三国時代の歴史書である『**三国志**』で、倭の国について記されている部分を通称何とよぶか。

▲「漢委奴国王」と刻まれた金印

⓲　2世紀の終わりころにおきた倭の大きな争乱をおさめた国はどこか。

⓳　神につかえる巫女（み こ）として呪術で人びとをみちびき国をおさめ、魏の皇帝より「**親魏倭王**」の称号を受けた⓲の女王はだれか。

【**史料問題**】　次の史料の名称は何か。

A　「夫（そ）れ楽浪海中に倭人有り、分（わか）れて百余国と為（な）る。歳時（さいじ）を以（もっ）て来（きた）り献見（けんけん）すと云（い）ふ。」

B　「建武中元（けんむちゅうげん）二年、倭の奴国、貢（みつぎ）を奉（ほう）じて朝賀（ちょうが）。使人（しじん）自（みずか）ら大夫（たいふ）と称す。倭国の極（きょく）南界（こうぶ）なり。光武（たま）、賜（いんじゅ）ふに印綬を以（もと）てす。」

C　「倭人は帯方（たいほう）の東南大海（とうなんたいかい）の中に在（あ）り、山島（せんとう）に依（よ）りて国邑（こくゆう）を為（な）す。旧（もと）百余国、漢の時朝見（ちょうけん）する者あり。」

❶
❷
❸
❹
❺
❻
❼
❽
❾
❿
⓫
⓬
⓭
⓮
⓯
⓰
⓱
⓲
⓳

【**史料問題**】

A
B
C

3 古墳文化の展開

檢 p.20〜25／詳 p.24〜32

古墳の出現とヤマト政権

　3世紀中ごろから後半の西日本では、より大規模な❶□□□□□などが築かれ、埋葬施設や多数の**銅鏡**などの呪術的な**副葬品**には共通する特徴がみられる。それは、広い範囲の政治的な連合が形成されていたことを示している。前期の❶のなかでも、もっとも古く規模が大きい❷□□□**古墳**が奈良県（大和）にあり、この地方が政治的連合の中心であると考えられ、これを❸□□□**政権**とよんだ。❸政権の勢力拡大とともに古墳は各地へ広まっていった。古墳がつくられた3世紀なかばから7世紀までを**古墳時代**とよんでいる。

古墳文化

　古墳時代前期の❶は自然の丘陵を利用し、墳丘には葺石をふき、❹□□□をめぐらした。中期になると、大阪府の**大仙陵古墳（仁徳天皇陵古墳）**のように、平地に墳丘を盛り上げた巨大な❶がつくられた。副葬品は、前期の呪術的な銅鏡・玉・剣にかわり、中期には葬られた者が、軍事的な指導者であることを示す鉄製の武具・馬具などとなった。さらに後期は、朝鮮半島の影響をうけて**横穴式石室**が多くなり、人物や動物をかたどった形象❹がさかんにつくられた。また、力をつけてきた有力な農民層による小さな円墳のあつまる**群集墳**が各地にあらわれた。

ヤマト政権と東アジア

　中国では晋が北方民族の侵入で分裂し、5世紀には南北朝時代となった。この混乱に乗じ、東アジアの諸地域では独立する動きが強まり、4世紀の朝鮮半島では、北部に**高句麗**、南部に**新羅・百済**の3国が活動を展開した。

　倭（日本）では、4世紀前半、大和地方を中心とする❸政権が勢力を拡大し、その王は各地の豪族を統合して❺□□□とよばれた。朝鮮半島南部の**加耶諸国**と深いつながりをもっていた❸政権は百済などとともに、4世紀後半、半島を南下してきた高句麗と戦った。高句麗の❻□□□□□□□碑には、倭の兵が辛卯の年（391年）以降、朝鮮半島で高句麗軍と戦ったことが記されている。中国の歴史書に、5世紀をつうじて❼□□□□□が中国南朝の**宋**に朝貢したとある。中国皇帝の権威により、朝鮮半島諸国との外交・軍事的立場を有利にし、国内支配を安定させることが目的であった。

大陸文化の伝来

　朝鮮半島や中国から倭に渡った人びとを❸政権は❽□□□□とよんで積極的に受け入れたことで、すすんだ技術や知識が伝わった。6世紀、中国の精神文化の❾□□や、インドからアジア各地へ広まった宗教の❿□□が、朝鮮半島諸国から伝わった。

古墳時代の人びとの生活

　人びとは**竪穴住居・平地住居**に住んだが、一部の豪族は大規模な居館をかまえ民衆との格差がうまれた。弥生土器の流れを引く⓫□□□□とともに、5世紀以降は、朝鮮半島から伝わった固い灰色の⓬□□□□も使われた。また、農耕に関する儀礼である春の**祈年祭**、秋の**新嘗祭**が重んじられ、山や巨木・巨岩などにも神がやどるとしてまつった。また、呪術的な風習として、**禊・祓**のほかに、鹿の骨を焼いて吉凶を占う⓭□□□□、熱湯に手を入れて、ただれの有無で真偽を確かめる⓮□□□□などがおこなわれた。

ヤマト政権の政治組織と古墳の終末

　6世紀、❸政権の下で豪族たちは「⓯□□」を中心にまとまり、地位をあらわす「⓰□」を❺からあたえられ政権を支えた（⓯⓰制度）。⓰は、近畿の豪族には**臣・連**、有力な地方豪族には**君・直**があたえられ、中央の有力豪族の**蘇我氏**や**大伴氏**は**大臣・大連**などの地位につき、その下では⓱□□□が朝廷の実務に従事した。豪族は、私有地である⓲□□や私有民である⓳□□を経済的基盤とした。❸政権は、地方に**屯倉**とよぶ直轄地や直轄民の**名代・子代**をおき、従属した地方豪族を⓴□□□などの地位に任命して地方支配を固めて権力を拡大させ、**磐井の乱**鎮圧後は九州支配もすすめていった。

❶　3世紀中ごろ以降の西日本でつくられた、円形の墳丘と方形の墳丘が結びつけられたような形の古墳を何とよぶか。

❷　その古墳があることで、奈良県(大和)が政治的連合の中心であると考えられている**古墳時代**前期における最大級の❶は何か。

❸　4世紀から7世紀半ばごろまでの、奈良県(大和)を中心とする畿内政治勢力の連合体(政権)を何とよぶか。

❹　古墳の墳丘あるいは外堤などにめぐらした、素焼きの土による右写真のような造形物を何とよぶか。

❺　4世紀の中ごろまでに、大和地方から勢力を拡大し各地の豪族を統合した❸の王は何とよばれたか。

❻　辛卯の年(391年)以降に、朝鮮半島に渡ってきた倭の兵と戦った高句麗王の武勲をたたえた石碑は何か。

❼　中国南朝の「宋書」などの歴史書に記載された、5世紀をつうじて朝貢をつかわしたとされる讃(さん)・珍(ちん)・済(せい)・興(こう)・武(ぶ)の五人の王を何とよぶか。

❽　朝鮮半島や中国大陸のすすんだ技術や知識を倭にもたらした人びとを何とよぶか。

❾　6世紀に倭に伝わってきた中国の精神文化とは何か。

❿　インドからアジア各地に広まり、百済など朝鮮半島の国々から❾とともに伝えられ日本に広まった宗教は何か。

⓫　古墳時代の人びとがふだんもちいた、弥生土器の流れを受けつぎつくられた土器は何か。

⓬　5世紀以降に朝鮮半島から製法が伝わった固い灰色の土器は何か。

⓭　鹿の骨を焼いて吉凶を占う呪術的な風習は何か。

⓮　熱湯に手を入れさせ、手がただれるかどうかで真偽を確かめる呪術的な風習は何か。

⓯　❸政権を構成する諸豪族が、それぞれ他と区別するために血縁(けつえん)などを軸として組織した集団を何とよぶか。

⓰　❸政権下で❺からあたえられ、豪族の地位をあらわした称号を何とよぶか。

⓱　大臣や大連の下で朝廷の実務に従事した豪族を何とよぶか。

⓲　豪族の私有地を何とよぶか。

⓳　豪族の私有民を何とよぶか。

⓴　❺に従属し地方官に任命された地方豪族の地位を何とよぶか。

❶

❷

❸

❹

❺

❻

❼

❽

❾

❿

⓫

⓬

⓭

⓮

⓯

⓰

⓱

⓲

⓳

⓴

④ 飛鳥の朝廷

p.25〜28／p.33〜36

東アジア情勢の変化とヤマト政権

6世紀になると、右地図に示されたとおり、朝鮮半島では高句麗がいちだんと勢力を強めて南下した。これにおされた百済・新羅は、国内の支配体制を固めるとともに、**ヤマト政権**(倭)とも結びつきの強い加耶諸国へ進出していった。562年、新羅は加耶諸国を支配下におさめ、ヤマト政権の朝鮮半島での影響力は後退した。

▲ 6世紀前半の朝鮮半島

朝鮮半島での情勢が変化するなかで、ヤマト政権の国内政治も動揺した。6世紀の初め、**大連**の**大伴金村**が朝鮮半島に対する政策の失敗もあって勢力を失い、6世紀中ごろには物部氏と新興の蘇我氏とが対立するようになった。とくに百済王が伝えてきた仏教の受け入れをめぐって、蘇我氏は推進派、物部氏は反対派として激しく争った。

589年、中国では❶[＿＿]が南北朝を統一し、長く続いた南北朝時代は終わった。そして、❶が高句麗など周辺地域へ進出し始めると、東アジアの緊張は高まった。

倭では、蘇我氏が渡来人と結んで朝廷の財政権をにぎり、政治機構の整備や仏教の受け入れなどをすすめた。587年、大臣の❷[＿＿＿＿]は対立する大連の**物部守屋**をほろぼし、592年には崇峻天皇を暗殺して政治権力をにぎった。そして女性の❸[＿＿]天皇が即位すると、❷や天皇の甥の❹[＿＿][＿＿＿（＿＿王）]らが新しい国家体制づくりに取り組み、603年には❺[＿＿＿＿]の制度を定めた。これは役人が身につける冠の色などによって、12階の序列を定めたもので、氏族ではなく個人の能力によって人材を登用する道を開いた。翌604年、❻[＿＿＿＿]を定めて、豪族たちに役人としての自覚を求め、仏教を新しい政治理念として重んじた。

中国との外交も再開され、『❶書』には倭国の使者が600年におとずれた記事がみえ、607年には❼[＿＿＿＿]として❽[＿＿＿＿]がつかわされた。❶への国書では、倭の五王の時代とは異なり、❶に服属しない立場を主張しようとしたが、❶の皇帝から無礼とされた。608年の❼には、**高向玄理**・旻ら多くの留学生・学問僧を同行させた。彼らは、❶から唐へ王朝が転換する時代を体験し、先進的な文化を学んで、やがて帰国すると、のちの大化の改新などの国政改革におおいに貢献することとなった。

飛鳥文化

7世紀前半を中心に朝廷があった飛鳥の地には、**大王**の王宮を中心に有力豪族や多くの渡来人が住み、大陸・半島との交流をうけてさかんに文化活動を展開した。この時代の文化を❾[＿＿]文化とよぶ。

蘇我氏や❹が率先して仏教の保護につとめ、豪族のあいだにも広まり、最初の仏教文化がおこった。しかし、教えを理解したうえでの宗教というよりも在来の信仰の一種としての性格ももっていた。蘇我氏の**法興寺**(飛鳥寺)、❹の**四天王寺**や❿[＿＿＿＿](斑鳩寺)をはじめ、豪族たちはその権威を示すためにきそって多くの寺院をたてた。なかでも❿の**金堂・五重塔**などは現存する世界最古の木造建築とされ、その姿は7世紀前半の様式を伝えているといわれる。彫刻にも、中国の南北朝時代の影響がみられ、仏師の鞍作鳥の作といわれる❿**金堂釈迦三尊像**などには、きびしさを基調とする北朝系の様式がみられる。他方、**広隆寺**や**中宮寺**の半跏思惟像、❿の**百済観音像**などは、おだやかでやさしい南朝や百済系の特徴をもっている。また、絵画・工芸では、❿の**玉虫厨子**や中宮寺の**天寿国繍帳**が、この時代のすぐれた作品として伝わっている。

❶ 南朝を滅ぼし、589年に中国を統一して長く続いた南北朝時代を終わらせたのち、高句麗などの周辺地域へ進出し始めた中国の王朝は何か。

❷ 587年に対立する**大連**の**物部守屋**をほろぼし、592年には崇峻天皇を暗殺して政治権力をにぎった大臣はだれか。

❸ 暗殺された崇峻天皇の後をうけ、592年に女性としてはじめての天皇となり新しい国家体制づくりに取り組んだのはだれか。

❹ ❸天皇の補佐役となって❷とともに政治の中枢につき新たな国家体制をつくりあげていったのはだれか。

❺ 役人が身につける冠の色などによりその序列を定め、氏族ではなく個人の能力によって人材を登用する道を開いた603年の制度は何か。

❻ 604年、豪族たちに役人としての自覚を求め、仏教を新しい政治理念として重んじるなどの道徳的規範を中心に、❹が制定した法令は何か。

❼ ❸天皇のとき、❹が中国の❶へ派遣した外交使節を何とよぶか。

❽ 607年に❼として派遣され「日出づる処の天子、書を日没する処の天子に致す。恙無きや、云々」との内容の国書を渡し❶の皇帝から無礼とされたのはだれか。

❾ 朝廷があった地において、大陸・半島との交流をうけ、7世紀前半を中心に展開した文化は何とよばれるか。

❿ ❾文化の時代に、古墳にかわる権威の象徴として❹がたてた**金堂・五重塔**があり**斑鳩寺**ともよばれる寺院は何か。

【 史料問題 】

問1 次の史料の名称は何か。またこの史料の出典となった文献は何か。

> 一に曰く、和を以って貴しとなし、忤ふること無きを宗とせよ。……
> 二に曰く、篤く三宝を敬へ。三宝とは、仏・法・僧なり。……
> 三に曰く、詔を承ては必ず謹め。……

問2 中国南北朝時代の影響がみられる次の**A**、**B**の仏像の名称は何か。

A

B

---

❶

❷

❸

❹

❺

❻

❼

❽

❾

❿

【 史料問題 】

問1

名称：

出典：

問2

A

B

5 律令国家への道　I

⊛ p.29〜31／⊟ p.37〜38

大化の改新

右地図のとおり、中国では618年、高句麗遠征に失敗した隋がほろび、❶□□にかわった。❶は隋にならって、**律令**という法にもとづいて中央政府が圧倒的な力で支配をおこなう**中央集権国家**を打ちたて、東アジア諸国に大きな影響をおよぼした。また、❶は隋と同じく高句麗へ遠征し、**朝鮮半島**にその圧力がおよぶと、高句麗・百済・新羅の3国とともに倭(日本)にも動揺がおこった。

▲7〜8世紀のアジア

倭では、大臣の❷□□□□とその子❸□□が権勢をふるい、**聖徳太子(厩戸王)**の子の**山背大兄王**をほろぼして権力を集中しようとしたが、王族中心の中央集権をめざす❹□□□□や❺□□□□(のち**藤原鎌足**)は、645(**大化**元)年に❷、❸の父子をほろぼした。皇極天皇にかわった**孝徳天皇**のもとで、甥の❹は皇太子となり、まず朝廷の人事を一新した。そして、唐から帰国した留学生らの知識を活用して、❻□□の□□とよばれる一連の政治改革をすすめようとした。また、都を飛鳥から難波に移し、大規模な**難波宮**をいとなんだ。

ついで翌646(大化2)年正月、4カ条の❼□□の□□を発したという。そこには、(1)公地公民制の確立、(2)地方行政組織と軍事・交通制度の整備、(3)戸籍・計帳の作成と班田収授法の施行、(4)統一的な新しい税制の実施などが目標にされたという。ただし、❼は当時の文章のままとはいえず、その内容がすぐに実現したわけでもなかった。

壬申の乱

朝鮮半島では、❶が新羅と結んで660年に百済、668年には高句麗をほろぼした。その後、新羅は❶の勢力を半島から追い出し、676年に統一をはたした。**斉明天皇**(皇極天皇重祚)のもとで、倭は抵抗を続ける旧百済勢力を助けるために大軍を送ったが、663(天智2)年の❽□□□□の戦いで❶・新羅連合軍に大敗した。

❹は、❶・新羅の進攻にそなえて、九州統治の中心部をまもるための**水城**や**古代山城**(朝鮮式山城)を築くなど国防を強化し、権力の集中をすすめた。都を近江の**大津**に移して、その翌年即位し、❾□□天皇となった。そして近江令を定めたともいわれ、また670(天智9)年には最初の全国的な戸籍である❿□□□□□をつくるなど、内政の改革を急いだ。

その後、❾天皇が亡くなると後継争いがおこり、672(天武元)年、天皇の弟⓫□□□□□は、東国や飛鳥地方の豪族を味方につけ、近江の朝廷をひきいる❾天皇の子**大友皇子**を倒した。この後継争いは⓬□□の乱とよばれ、この戦いに勝って強大な権力を手にした⓫は、都を飛鳥にもどして即位し⓭□□天皇となり、中央集権国家の形成をすすめた。そして、真人・朝臣などの⓮□□の□を制定して豪族の身分秩序を再編成し、新しい都づくりのほか、歴史書や律令の編さんを始めた。⓭天皇が亡くなったあと、皇后の⓯□□□天皇が事業を引きつぎ、⓰□□□□□□□を施行して統治のしくみをととのえた。また国家を運営する中心として、中国の都市理念にならった本格的な**都城**である⓱□□□を完成させた。こうして中央集権的な国家体制は、確立していった。

❶ 隋と同じく、**律令**という法にもとづいた中央政府が圧倒的な力で支配をおこなう中央集権国家を618年に打ちたてた国家（王朝）は何か。

❷ 父馬子のあとをついで大臣になり、政治の実権をにぎったのはだれか。

❸ 父❷と権勢をふるい、大臣の座を引きついだとき政敵である**聖徳太子**の子の**山背大兄王**をほろぼして権力を集中させようとしたのはだれか。

❹ 645（大化元）年に❷❸父子をほろぼし、**孝徳天皇**のもとで皇太子となり朝廷の改革に着手したのはだれか。

❺ ❹とともに❷❸父子をほろぼし、その後は❹の側近として天皇を中心とした国家づくりをめざしたのはだれか。

❻ ❹による一連の政治改革を何とよぶか。

❼ 天皇に権力が集中する中央集権国家（律令国家）をめざした❻の基本方針を示し、646（大化２）年正月に発布された詔は何か。

❽ 朝鮮半島の百済の復興を成し遂げるために、倭が**斉明天皇**のもとで❶・新羅連合軍と戦い大敗した663年の戦争は何か。

❾ ❶・新羅の進攻にそなえて、九州に**水城**や**古代山城**を築くなど国防を強化し権力の集中をすすめた❹は、近江の**大津**への遷都の翌668年に天皇に即位したが、名前を何とあらためたか。

❿ 670（天智９）年に、❾天皇がつくった最初の全国的な戸籍は何か。

⓫ ❾天皇が亡くなったのちにおきた後継者争いで、❾天皇の子**大友皇子**と対立した❾天皇の弟はだれか。

⓬ 東国や飛鳥地方の豪族を味方につけた⓫が、近江の朝廷をひきいる大友皇子を倒した672（天武元）年の内乱は何か。

⓭ ⓬の乱に勝利した⓫は、都を飛鳥にもどしたのちに天皇に即位したが、名前を何とあらためたか。

⓮ ⓭天皇が中央集権国家の形成をすすめるうえで、豪族の身分秩序の再編成をめざして定めた制度は何か。

⓯ ⓭天皇が亡くなったあとをついだ皇后は、天皇に即位し多くの国の礎となる事業を実現したが、天皇に即位してからの名前は何か。

⓰ 681年に⓭天皇の命令で編さんが始まり、⓭天皇が没したのちに完成し、⓯天皇によって689年に施行した法令は何か。

⓱ ⓯天皇が国家を運営する中心として、中国の都市理念にならって本格的に都を造営し694年に遷都した。この新たな都の名は何か。

〔史料問題〕 次の史料の空欄**A**、**B**に入る語句を答え、この条文が示す内容を漢字５文字で答えよ。

其の一に曰く、昔在の天皇等の立てたまへる（　**A**　）の民、処々の屯倉、及び、別には臣・連・伴造・国造・村首の所有る（　**B**　）の民、処々の田荘を罷やめよ。仍りて食封を大夫より以上に賜ふこと、各々差あらむ。……

❶

❷

❸

❹

❺

❻

❼

❽

❾

❿

⓫

⓬

⓭

⓮

⓯

⓰

⓱

〔史料問題〕
（出典：　❼　）

A

B

内容：

15

圏 p.31〜33／跬 p.38〜41

律令国家のしくみ

701(大宝元)年、❶ [　　　] が制定された。律は今日の刑法にあたり、令は行政に関するさまざまな法規で、唐の律令を手本として、日本の国情にあわせてつくられている。「**日本**」という国号が定められたのもこのころである。

律令による政治を担った中央官庁は、❷ [　　　] である。**二官**とは❸ [　　] と❹ [　] で、❸は神々の祭りを司り、❹が国政を担当した。❹では**左大臣・右大臣・大納言**などの❺ [　] とよばれる上級の官人たちが会議をおこない、その結果をふまえて天皇が決定をくだす形式をとった。❹の下には実務を担当する8つの省(**八省**)がおかれて、各分野の政務を分担した。各役所には、長官・次官・判官・主典の幹部職員(**四等官**)がおかれた。

全国は❻ [　] ・[　] に行政区分され、❼ [　] ・[　] ・[　] (のちに郷と改称)が設けられ、❽ [　] ・❾ [　] ・**里長**が任じられた。❽には中央から貴族が派遣され、役所である**国府**(国衙)を拠点として国内を統治した。❽は、郡ごとに現地の豪族から任命された❾たちを指揮して、人民を戸籍に登録し、これを50戸ずつの里に編成した。これによって律令政治をすみずみにまでいきわたらせようとした。また、外交・軍事の要地である九州北部には❿ [　　] をおいた。

これら中央・地方の役所に勤務する官人には、位階とこれに応じた役職に対する給与があたえられ、大部分の税も免除された。上級の官人は7世紀以前からヤマト政権を構成した畿内の大豪族で、彼らは律令国家のもとで、父祖の位階に応じた位階を子らに保証するという⓫ [　] の制により、引き続き貴族としての特権を保った。

司法制度では、刑罰に笞・杖・徒・流・死の五刑があり、国家・社会の秩序をまもるため、天皇・尊属などに対する罪は重罪とされた。

民衆の生活

人びとは戸に編成されたうえで、6年ごとにつくられる⓬ [　] に登録された。そのときに6歳以上になっていると、性別・身分に応じて**条里制**によって区画された⓭ [　　] をわけあたえられた。家屋やその周囲の土地の私有は認められたが、⓭は売買できず、死者の⓭は国に返還された。この制度を⓮ [　　] 法とよぶ。

庶民の負担は、⓭については⓯ [　] として収穫の3%程度を各郡におかれた正倉におさめるのみであったが、成人男性である正丁の一人ひとりを対象として税が課せられ、大きな負担となった。⓰ [　] ・[　] は一定量の布や特産品などをおさめるもので、❾のもとでまとめられ、これを中央政府まで運ぶ運脚も義務づけられた。また、年間60日の範囲で、❽の命令により土木工事や雑用に奉仕する⓱ [　] という労役も定められていた。このほか、国家が春に稲を貸しつけ、秋の収穫時に3〜5割の利息とともに徴収する⓲ [　] もあった。

さらに、正丁3〜4人に1人の割合でかかる兵役の義務も、それぞれの戸にとっては重要な働き手をとられることになった。徴兵された兵士たちは、ふつうは諸国の軍団に配属されたが、⓳ [　　] となって京の警備にあたったり、⓴ [　] となって九州北部の沿岸などにおもむき、防衛の任務につく者もあった。

身分制度では、人びとは**良民**と**賤民**にわけられ、良民の多くは農民であった。賤民には官有と私有の者があり、その割合は人口の数%程度であった。

農民たちは、竪穴住居や平地式の掘立柱住居に住み、簡素な麻の衣服を着ていた。当時の食事は1日2回、米を甑でむして食べるのがふつうであった。

❶ 飛鳥浄御原令（きよみはらりょう）をもとにしてつくられ、701（大宝元）年に制定された日本の法律は何か。

❷ 律令による政治を担った中央官庁の総称は何か。

❸ 中央官庁において、神々の祭りを司る官職は何か。

❹ 中央官庁において、国政を担当した官職は何か。

❺ ❹における**左大臣・右大臣・大納言**などの上級官職の総称は何か。

❻ 都周辺の行政区分およびその地以外の全国の行政区分をまとめて何とよぶか。

❼ 地方の行政区分を大きな区分から順に3つ答えよ。

❽ 中央から派遣された貴族がつき、**国府（国衙）**とよばれる役所を拠点としてその国内を統治した官職は何か。

❾ その地方において、現地の豪族から任命された地方官は何か。

❿ 外交・軍事の要地である九州北部におかれた官庁は何か。

⓫ 上級の官人である畿内の大豪族は、律令国家のもとで、父祖の位階に応じた位階がその子らに保証されていた。この制度は何か。

⓬ 律令制において、人民の戸主とその家族の氏名・年齢が記され、6年ごとにつくられた帳簿は何か。

⓭ ⓬にもとづき、6歳以上の人民にその性別・身分に応じて支給された田地は何か。

⓮ ⓭は売買ができず、死後は国に返還されるとした制度を何とよぶか。

⓯ ⓭における収穫の3％程度を各地の正倉におさめさせたが、その稲を何とよぶか。

⓰ 中央政府まで運ぶ運脚も義務づけられていた一定量の布や特産品などの税と、歳役（さいえき）（労役）のかわりにおさめた布などの税は何とよばれたか。

⓱ 年間60日の範囲で、❽の命令により土木工事や雑用に奉仕した労役は何とよばれたか。

⓲ 国家が春に稲を貸しつけ、秋の収穫時に3～5割の利息とともに徴収する制度は何か。

⓳ 律令制のもとで、徴兵され京の警備にあたった兵士は何とよばれたか。

⓴ 九州北部の沿岸などにおもむき、防衛の任務についた兵士は何とよばれたか。

[資料問題] 律令官制（一部抜粋）について、空欄の官職名を答えよ。

❶

❷

❸

❹

❺

❻

❼

❽

❾

❿

⓫

⓬

⓭

⓮

⓯

⓰

⓱

⓲

⓳

⓴

[資料問題]

Ⓐ

Ⓑ

Ⓒ

7 平城京の時代

遣唐使

大帝国を築いた唐の都の**長安**では、世界的な都市として国際的な文化が花開いた。この唐の文化を積極的に取り入れようとして❶ □□□ が派遣された。日本は唐による**冊封**はうけなかったが、実質的には唐に臣下として従う**朝貢**であった。使節や留学生は困難を乗りこえて唐の文物や制度を輸入し、留学僧はあらたな仏教経典をもたらした。帰国後に留学生が中央政界で活躍し、また唐僧の❷ □□ は何度も渡航に失敗した末に戒律を伝えた。

朝鮮半島の**新羅**や、中国東北部に建国された**渤海**との交渉もさかんであった。8世紀に新羅との関係が悪化すると、公式な使節にかわり、商人たちが貿易のために来日するようになった。渤海は8世紀前半から使節をしばしば派遣し、日本に従う形をとり友好的に通交した。

平城京の繁栄

710（和銅3）年に、藤原京から❸ □□ 京へ遷都された。**平安京**に遷都されるまでの約80年間を❹ □□ 時代とよび、律令国家体制が整備された。❸京は唐の都長安にならい**条坊制**によって整備され、北部中央には天皇が住む**内裏**、政務や儀式の場である**大極殿・朝堂院**や政府の役所などがおかれた。貴族・官人・庶民が住み、当時の人口は約10万人といわれる。**大安寺・薬師寺・元興寺・興福寺**、のちには**東大寺・西大寺**などの大伽藍もたちならんだ。東西の市が設けられ、市司がこれを監督した。7世紀後半には❺ □□□□□ などの銭貨もつくられ、都や畿内を中心に流通した。道路は地方にむけて官道が整備され、約16kmごとに駅家が設けられた。

政府は東北地方に住む❻ □□□ を服従させ、領土の拡大をはかった。出羽国には**秋田城**、陸奥国には**多賀城**を築き拠点とした。一方、薩摩国、大隅国を設置し九州南部の❼ □□ を支配した。

政治・社会の動揺

藤原氏は、天皇家に近づいて勢いを強めていった。729（天平元）年、藤原不比等の子どもの4兄弟は、左大臣❽ □□□ を自殺に追いこみ（❽の変）、不比等の娘の光明子を❾ □□ 天皇の皇后とした。ところが、藤原4兄弟はあいついで疫病で倒れ、その後は、皇族出身の❿ □□□ が政権をにぎり、❶で唐から帰国した⓫ □□ や⓬ □□ が活躍した。これに反発した**藤原広嗣**が、九州で乱をおこしたが敗死した。こうした疫病の流行や政情不安から❾天皇は恭仁・難波・紫香楽と都を移し、741（天平13）年に⓭ □□□□□□□ の詔、743（天平15）年には⓮ □□□□□ の詔を出すなどして、仏教の力で国がまもられ安定するよう願った。そして**東大寺大仏**が造立され、752（天平勝宝4）年、**孝謙天皇**のときに、大仏開眼の儀式がおこなわれた。その後は、⓯ □□□□□ が光明皇太后と結んで勢力をのばし、淳仁天皇を即位させ、**恵美押勝**の名で権力を独占した。しかし、孝謙太上天皇（のちの称徳天皇）が僧⓰ □□ を寵愛して淳仁天皇と対立すると、⓯はそれに対抗して挙兵したが敗死した。この恵美押勝の乱に勝った⓰は法王となって権勢をふるったが、称徳天皇が亡くなると、藤原氏などの貴族は⓰を追放し、あらたに天智天皇の孫の光仁天皇をたて、混乱した政治の再建につとめた。

新しい土地政策

自然災害や天候不順による飢饉は、社会の動揺を招き、重い負担をのがれるために浮浪や逃亡する農民が増えた。また、人口増加による口分田不足もおきていた。安定した税収を確保するために政府は耕地をふやそうと、722（養老6）年、長屋王のもとで百万町歩の開墾計画をたてたが成果はあがらなかった。翌723（養老7）年には、⓱ □□□□□ 法を出し、3世にわたる期限つきで土地の私有を認めて開墾を奨励した。さらに743（天平15）年の⓲ □□□□ □□ 法では、位階や役職によって開墾できる面積を定めて、開墾した土地の永久私有を認めるにいたった。⓲法が出ると、力のある中央貴族や寺院などは、きそって未開地を開墾した。開墾した土地を⓳ □□□□ とよぶが、律令体制が崩壊し、郡司の力が弱まると衰えていった。

❶ 8世紀に入り、ほぼ20年に1度の割合で中国に派遣された日本の公式外交使節は何か。

❷ 何度も渡航に失敗し盲目になりながらも、ついに日本に戒律を伝え、のちに**唐招提寺**を開いた唐僧はだれか。

❸ 710(和銅3)年に、都が藤原京から移された(遷都)が、唐の**長安**にならい碁盤の目のように道路が整備されたその新都とはどこか。

❹ 都が奈良におかれていた❸京遷都の年から長岡京をへて**平安京**に移るまでの約80年間を何時代とよぶか。

❺ 7世紀後半に製作された**富本銭**のあと、708(和銅元)に鋳造されて、都や畿内を中心に流通した銭貨は何か。

❻ 奈良の中央政府に従わない東北地方(新潟、東北、北海道南部)に住む人々は何とよばれたか。

❼ 奈良の中央政府に従わない九州南部(薩摩、大隅地方)に住む人々は何とよばれたか。

❽ 律令国家建設に功績をたてたが、天皇家に近づき勢いを強めた藤原氏の4兄弟により、729(天平元)年、自殺に追い込まれた左大臣はだれか。

❾ 深く仏教を信じ、また不比等の娘の光明子を皇后とした天皇はだれか。

❿ 藤原4兄弟があいついで疫病で倒れた後に、ふたたび皇族出身者が政権をにぎった。それはだれか。

⓫ ❿の中央政権で活躍し、東大寺大仏造立にもつとめた留学僧はだれか。

⓬ 中国留学からの帰国後、❿の中央政権をささえた政治家はだれか。

⓭ 疫病の流行や政情不安のなかで、国家の安泰を仏教に求めた❾天皇が741(天平13)年に発した、各国に僧寺や尼寺を建立する内容の詔は何か。

⓮ ❾天皇が743(天平15)年に**紫香楽宮**で発した**盧舎那仏**を造立する内容の詔は何か。

⓯ ❾天皇にかわった**孝謙天皇**のもとで、光明皇太后と結んで勢力をのばし、即位させた淳仁天皇から**恵美押勝**の名をたまわったのはだれか。

⓰ 孝謙太上天皇(上皇)の寵愛をうけ淳仁天皇と対立した僧侶はだれか。

⓱ 新しく灌漑施設をつくって田を開墾した者には3世(本人・子・孫)にわたる私有を認める内容の723(養老7)年の法令は何か。

⓲ 位階や役職によって開墾できる面積を定めて、開墾した土地の永久私有を認める内容の743(天平15)年に出された法令は何か。

⓳ ⓲法が出たことで、力のある中央貴族や寺院などが、きそって山野の開墾に乗り出し成立した私有地を何とよぶか。

[史料問題] 次の言葉が記されている詔は、だれの何という詔か。

「夫れ天下の富を有つ者は朕なり。天下の勢を有つ者も朕なり。
此の富勢を以てこの尊像を造る。」

❶
❷
❸
❹
❺
❻
❼
❽
❾
❿
⓫
⓬
⓭
⓮
⓯
⓰
⓱
⓲
⓳

[史料問題]

人名：

詔：

19

📖 p.38〜41／📗 p.49〜54

白鳳文化

7世紀後半から8世紀初頭にかけて、**天武天皇**と**持統天皇**が築いた藤原京を中心に、あらたな傾向の文化が花開いた。天皇の権威が高まり、新しい律令国家を建設しようとする意欲に満ちていた時代の文化で、これを❶[   ]文化とよぶ。仏教は、国家の保護をうけてさらに発展し、地方にも広まった。仏教をあつく信仰した天武天皇によって、❷[   ]寺などの大寺院がたてられるとともに、国家が寺院・僧侶を強く統制するようになった。また、国家による神社の編成もすすみ、とくに**伊勢神宮**が重んじられた。文芸の面では、宮廷で漢詩文がさかんになったほか、和歌も漢詩の影響をうけて五七音の詩型が定まり、❸[   ]らの歌人が、心情を素直に表現する歌をよんだ。美術の面でも、唐代初期の影響をうけ、建築では、平城京に移った❷寺の東塔が❶様式の美しさを伝え、彫刻では、**興福寺仏頭**などの金銅像が、人間的で若々しい時代の雰囲気をあらわしている。絵画では、**高松塚古墳壁画**が、中国や朝鮮半島の影響をうけているとされ、焼損した**法隆寺金堂壁画**は、インドや西域の様式も取り入れている。

天平時代の文芸と学問

奈良時代に平城京を中心に栄えた文化は、律令国家の繁栄を背景とした、はなやかな貴族文化であった。この文化は、**聖武天皇**の時代の年号をとって❹[ ]文化とよばれ、最盛期の唐文化の影響が強い、国際色豊かな文化である。

律令国家としての意識の高まりは、歴史書の編さん事業にあらわれている。天武天皇のころから始まっていたその事業は、712(和銅5)年の『❺[   ]』、720(養老4)年の『❻[   ]』となって実を結んだ。『❺』は天武天皇が**稗田阿礼**によみならわせた内容を**太安万侶**が記録したもので、朝廷の伝承がまとめられている。『❻』は中国の歴史書の体裁をふまえて編さんされた最初の漢文体の史書である。これをうけて、10世紀の初めまで国家事業としての史書の編さんが続き、『❻』をふくむいわゆる❼[   ]がつくられることになった。また政府は、諸国に対して国内の地理・産物・伝説などをまとめるよう命じ、❽[   ]が編さんされた。文芸では、漢詩文が貴族の教養として重んじられ、淡海三船らの文人が出た。和歌では、**山上憶良・大伴家持**らの歌人が出て、個性的な短歌や長歌をよんだ。8世紀末には『❾[   ]』が編集され、天皇や貴族の歌とともに、東歌・防人歌など地方農民の素朴な歌もおさめられた。それらの歌は、**万葉仮名**をもちいつつ、漢字の音・訓をくみあわせて表記されている。教育機関としては、中央に大学、諸国に国学がおかれ、貴族や豪族の子弟を対象に、儒教の経典を学ばせるなどの教育がおこなわれた。

天平時代の仏教と美術

仏教は、仏法の力によって国家を安定させるという❿[   ]の思想のもとに、国家保護をうけてさらに発展した。僧侶たちは寺院で活動し、国家をまもるための経典を読んだり、のちに⓫[   ]とよばれる諸宗の仏教理論を研究したりした。寺院外での活動は政府によりきびしく規制されたが、⓬[ ]は民衆への布教や社会事業に力をつくした。唐から来日して僧侶に戒律をさずけるしくみをととのえた**鑑真**らが仏教の興隆に大きく貢献した。

美術では、全盛期の唐の影響を強くうけつつ、仏教絵画などがえがかれた。建築では、寺院建築の技法がいっそう発達し、**唐招提寺金堂**などの堂々たる建物がつくられた。**正倉院宝庫**も校倉造の貴重な建物である。彫刻では、漆などで塗り固められた乾漆像や、粘土で固めた塑像などの技法がさかんになり、**東大寺法華堂**の仏像群や唐招提寺の鑑真像には、繊細で表情豊かな表現がみられる。また聖武太上天皇の愛用品がおさめられた正倉院宝物のなかには、唐や新羅ばかりでなく、西域・東ローマあるいは西アジア・インドの産品や素材を使ったものもあり、❹文化の国際性を物語っている。

❶　7世紀後半から8世紀初頭にかけて、**天武天皇**と**持統天皇**が築いた藤原京を中心に花開いた、あらたな傾向の文化は何か。

❷　仏教をあつく信仰した天武天皇によってたてられた大寺院は何か。

❸　五七音の詩型で、みずからの心情を素直に表現する和歌をよんだ歌人はだれか。

❹　律令国家の繁栄を背景とした、はなやかな貴族文化であり、遣唐使がもたらした最盛期の唐文化の影響が強い国際色豊かな文化でもあるといわれた、**聖武天皇**の時代の平城京を中心に栄えた文化は何か。

❺　天武天皇が**稗田阿礼**によみならわせた朝廷の伝承内容を**太安万侶**が記録し、712（和銅5）年に完成した歴史書は何か。

❻　中国の歴史書の体裁をふまえて編さんされた、わが国最初の漢文体の史書で、720（養老4）年に完成した史書は何か。

❼　10世紀の初めまでに国家事業として編さんされた史書の総称は何か。

❽　政府が諸国に対して、国内の地理・産物・伝説などをまとめるよう命じ、編さんさせたものは何か。

❾　**山上憶良**・**大伴家持**らの歌人による、個性的な短歌や長歌がおさめられている歌集は何か。

❿　仏法（仏教）の力による国の安定を願った思想を何とよぶか。

⓫　経典の解釈などの仏教理論研究からわかれた三論・成実・法相・倶舎・華厳・律の宗派を総称して何とよぶか。

⓬　民衆への布教や社会事業に力をつくし、のちに政府からその功績を認められた僧侶はだれか。

[資料問題]　次の**A**、**B**は❶期、**C**は❹期の代表的な文化財の写真である。それぞれの名称は何か。

A

B

C

❶
❷
❸
❹
❺
❻
❼
❽
❾
❿
⓫
⓬

[資料問題]

A

B

C

⑨ 律令国家の変容

教 p.42〜46／詳 p.55〜61

平安遷都

❶□□□□天皇は、寺院勢力の強い平城京から、水陸交通の便利な山背（山城）の地に都を移すことにし、784（延暦3）年に❷□□□京へ、ついで794（延暦13）年には**平安京**（現在の京都市街）へと遷都した。これより鎌倉幕府が開かれるまでの約400年間を**平安時代**とよぶ。❶天皇は、地方政治を立て直すために班田収授の継続につとめ、農民生活を安定させるため雑徭や出挙の負担を軽くした。兵制も改め、諸国の軍団を廃止するかわりに郡司の子弟を❸□□□とし、国府の守備などにあたらせた。さらに❹□□□□□を設けて国司に対する監督を強めた。また、❶天皇は、蝦夷の反抗が激しくなっていた東北地方の支配にも力を入れ、❺□□□□□を❻□□□□□□□に任命し、その制圧をはかった。❺は蝦夷の族長阿弖流為を服属させるなどの功績をあげた。このとき、軍事的拠点の鎮守府は、多賀城から胆沢城へ移された。しかし、あいつぐ都の造営と蝦夷征討は、国家財政や民衆の重い負担となったため、まもなくこの二大事業は停止された。

律令支配の変容

政治を再建する試みは、**嵯峨天皇**に引きつがれた。都を平城京へもどそうとする平城太上天皇らの勢力をしりぞけた嵯峨天皇は、政治組織の立て直しに取り組んだ。天皇の秘書官長として❼□□□□を設け、❽□□□□らを任命した。また、都の治安維持のために設けられた❾□□□□□は、住民の統治に大きな力を発揮した。このような、令に定められていない新しい官職を❿□□□□という。また、政治の変化をふまえて、法整備もおこなった。律令をおぎなったり改めたりする⓫□と、律令を施行する際の細則である⓬□を分類・編集した。これが弘仁⓫⓬である。のちの清和天皇の貞観⓫⓬、醍醐天皇の延喜⓫⓬とあわせて**三代⓫⓬**とよばれる。このほか、令の解釈を公式に統一した『**令義解**』もつくられた。地方では、班田収授が崩壊し、国司や郡司の初期荘園もゆきづまり、あらたに台頭した有力農民が耕地開発の中心となった。そこで政府は、彼らを管理人とし、農民たちに食料や労賃をあたえて土地を耕作させ、その収益を国家の財源にあてた。9世紀前半に大宰府管内に設けられた公営田、9世紀後半に畿内に設けられた官田がそれである。

弘仁・貞観文化

平安京を中心に栄えた文化を、嵯峨天皇と清和天皇の年号から**弘仁・貞観文化**とよぶ。宮廷の繁栄を背景に、貴族らは漢詩文をつくり教養を示そうとするなど、密教の広まりとともに唐文化の影響が強い。大学では、歴史や文学の教育が重んじられ、有力な貴族は**大学別曹**という寄宿舎を設けて、一族の子弟を勉学にはげませた。仏教界には**最澄・空海**があらわれ革新の動きがおこった。遣唐使に従って唐に留学した最澄は、帰国後、法華経の教えにもとづく⓭□□宗を開き、比叡山に⓮□□□寺をたてた。空海も唐へ渡り、とくに密教を学んだ。密教とは、釈迦の教えを経典で学びとろうとする顕教に対し、秘密の呪法によって仏の真理にふれようとする教えである。空海は、帰国後、⓯□□宗を開いて、京都の教王護国寺（東寺）を密教の道場とし、高野山に⓰□□□寺をたてた。その後、⓭宗にも密教が取り入れられた。貴族たちも、**現世利益**を求め密教を信仰し、さかんに⓱□□□□□をおこなった。⓭宗と⓯宗に共通するのは、山中での修行とさまざまな修法で国家の安全を祈ろうとする姿勢である。この特徴は、在来の山岳信仰と結びつき、修験道を生み出すことになった。一方、神社の境内に神宮寺をたてたり神前で経典を読むなど、社会に広まった仏教が在来の神々への信仰と融合する⓲□□□□□の動きがうまれ、その傾向はさらにすすんだ。彫刻では、不動明王像など密教の仏像が登場し、その多くは1本の木材から像を彫り出す⓳□□□で神秘的な表現である。絵画では、密教世界を独特の構図で描写する⓴□□□□□が発達した。書道では、唐風の書の名手として嵯峨天皇・空海・**橘 逸勢**が三筆と称された。

❶ 光仁天皇の次に即位した天皇で、794(延暦13)年に**平安京**へ遷都したのはだれか。

❷ ❶天皇が、寺院勢力の強い平城京にかわって、784(延暦3)年に遷都した新都はどこか。

❸ 諸国の軍団を廃止するかわりに、あらたに国府の守備などにあたらせた郡司の子弟たちを何とよぶか。

❹ 国司に対する監督を強めるため、国司が交代するときの事務引きつぎをきびしく審査した官職は何か。

❺ 東北地方の反抗する**蝦夷**を制圧する命を❶天皇からうけたのはだれか。

❻ 蝦夷制圧にむかった❺がついた臨時の役職は何か。

❼ 天皇の命令をすみやかに**太政官**組織に伝えるために設けられた、天皇の秘書官長職は何か。

❽ **嵯峨天皇**が❼に任命したのはだれか。

❾ 都の治安を維持するために設けられた官職は何か。

❿ 令に定められていない新しい官職を何とよぶか。

⓫ 法を整備する上で、律令をおぎなったり改めたりした法令は何か。

⓬ 律令を施行する際の細則を何とよぶか。

⓭ 唐に留学した**最澄**が、法華経の教えにもとづいて開いた宗派は何か。

⓮ 最澄が、比叡山にたてた寺院は何か。

⓯ その呪法によって仏の真理にふれようとする教えである**密教**を学んだ**空海**が帰国後に開いた宗派は何か。

⓰ 空海が高野山にたてた寺院は何か。

⓱ **現世利益**を求めた**密教**の信者が行った祈りの儀式とは何か。

⓲ 奈良時代頃に広まった、神社の境内に神宮寺をたてたり、神前で経典を読むなど、仏教が在来の神々への信仰と融合する傾向を何とよぶか。

⓳ **元興寺薬師如来像**などの密教の仏像に見られる神秘的な表現を特色とした、1本の木材から仏像を彫り出す技法は何か。

⓴ 下の写真のように、密教の仏の世界を独特の構図で描写したものを何とよぶか。

❶

❷

❸

❹

❺

❻

❼

❽

❾

❿

⓫

⓬

⓭

⓮

⓯

⓰

⓱

⓲

⓳

⓴

10 摂関政治

⎯⎯⎯⎯⎯⎯⎯⎯⎯⎯⎯⎯⎯⎯⎯⎯⎯⎯⎯ 📖 p.48〜51／📘 p.62〜65

藤原氏の発展

藤原氏北家の藤原冬嗣は、嵯峨天皇から蔵人頭に任じられ、天皇家とも姻戚関係になった。その子の❶⬜⬜⬜⬜⬜は、842（承和9）年に伴健岑・橘逸勢らを❷⬜⬜の変で失脚させ、藤原氏のなかでの北家の優位を確立した。858（天安2）年には孫で幼い**清和天皇**を即位させ、❸⬜⬜として天皇のかわりに政治をおこなった。866（貞観8）年の❹⬜⬜⬜⬜⬜の変では伴氏と紀氏を没落させた。そのあとをうけた❺⬜⬜⬜⬜は884（元慶8）年に、天皇のもとで政務全般をまとめる❻⬜⬜となり、**宇多天皇**の即位に際して、❻の地位を確立した。❺の死後、宇多天皇は宮中の警備にあたる**滝口の武者**をおき、文人貴族の❼⬜⬜⬜⬜⬜⬜を重くもちいたが、つづく**醍醐天皇**の901（延喜元）年、❺の子左大臣藤原時平は、右大臣❼を**大宰府**に左遷した。

10世紀前半には、醍醐・村上両天皇はみずからが政務をとり、後世に❽⬜⬜⬜⬜・⬜⬜の治とよばれた。しかし、両天皇のあいだでも藤原忠平が❸・❻となって実権をにぎり**天慶の乱**に対処した。969（安和2）年の❾⬜⬜の変で左大臣**源 高明**が左遷されると、藤原氏北家の勢力は不動となった。

摂関政治

10世紀後半から11世紀にかけ、天皇が幼いときは❸、成人したのちは❻が、ほぼ常設となり❸・❻が太政官の上にたって政治をおこなった。これを❿⬜⬜⬜⬜⬜とよび、❸・❻を出す家柄を摂関家という。❸・❻は天皇の外戚（母方の親戚）として実権をにぎり、藤原氏の「氏の長者」を兼ねて一族を統制した。摂関家の内部では摂関の地位をめぐる争いが続いたが、11世紀初め、⓫⬜⬜⬜⬜⬜のときにおさまった。その後、11世紀後半に摂関家を後ろ盾としない**後三条天皇**が即位するまで、⓫とその子⓬⬜⬜⬜⬜の時代にかけて、❿は全盛期をむかえた。

⓫は、4人の娘を天皇や皇太子と結婚させ、天皇に対する強い影響力を背景に約30年間にわたり権勢をふるった。その後、⓬は、⓫の孫にあたる3代の天皇の治世の約50年間にわたり、❸・❻となって政権を独占した。そして中・下級の貴族たちは摂関家に取りいり、⓭⬜⬜に任じられようとした。

地方支配と受領

9世紀、地方では戸籍の偽装が発生し、班田は実施されず、戸籍記載の成人男性への課税方式はくずれていった。10世紀、政府は現地におもむく最上席の国司（ふつうは守）に対し、徴税の責任と引きかえに一国内の政治全般をゆだねることにした。この地位に任じられた者は、前任者から一国の政務・資産のすべてを引きつぐことから⓭とよばれた。

⓭は有力農民の⓮⬜⬜⬜に田地を耕作させ、**官物・臨時雑役**という税を徴収した。⓮が請け負った田地は⓯⬜⬜とよばれ、請け負った有力農民の⓮（負名）の名がつけられた。こうして、律令制下の原則であった、おもに成人男性にかける税制から、土地にかける税制へと切りかわっていった。

国司のなかには、現地に行かずに国司としての収入を受け取る⓰⬜⬜⬜がふえた。一方で、現地におもむく⓭のなかには、988（永延2）年に「**尾張国郡司百姓等解〔文〕**」で苛政を訴えられた尾張守藤原元命のように強欲な者が増えた。中・下級貴族にとって、⓭の地位は高収入を得るための利権であり、私財と引き替えに朝廷から役職に任じてもらう⓱⬜⬜⬜や、再任してもらう⓲⬜⬜⬜が横行した。

国際関係の変化

8世紀末に新羅が衰退し公式な使節の来日はなくなったが、9世紀、新羅や唐の商人たちは来日し貿易をしたので、大陸の動向に関する知識を得ることができた。9世紀後半になると、唐の衰えはいちじるしく、894（寛平6）年、遣唐大使に任命された❼の提案により遣唐使は廃止された。907（延喜7）年に唐がほろび、大変動期に入った。渤海は**契丹**にほろぼされ、朝鮮半島には⓳⬜⬜が建国し、新羅は滅亡した。中国はやがて⓴⬜が統一した。日本は⓴や⓳とは正式な国交はなかったが、⓴の商人は九州の博多にひんぱんに来航したので、彼らをつうじて書籍・陶磁器・薬品などが輸入され、金・水銀・真珠・硫黄などが輸出された。

❶　藤原冬嗣の子で、藤原氏のなかでの北家の優位を確立したのはだれか。

❷　❶が842年に伴健岑・橘逸勢ら他氏をしりぞけた出来事は何か。

❸　❶は858年に孫で幼い清和天皇を即位させ、天皇のかわりに政治をおこなったが、その役職を何とよぶか。

❹　866年、伴氏と紀氏を没落させた出来事を何とよぶか。

❺　❶のあとをうけたのはだれか。

❻　❺は884年に天皇のもとで政務全般をまとめる役職についたが、その役職を何とよぶか。

❼　宇多天皇が重くもちいた、文人貴族はだれか。

❽　10世紀前半、醍醐天皇・村上天皇は、❸や❻をおかずにみずから政務をとったが、この政治は後世に何とよばれたか。

❾　969年、左大臣の源高明が左遷された出来事を何とよぶか。

❿　10世紀後半から11世紀にかけて、❸・❻が太政官の上にたって政治をおこなったが、この政治を何とよぶか。

⓫　11世紀初め、摂関家の内部で摂関の地位をめぐって続いていた争いをおさめたのはだれか。

⓬　❿の全盛期をむかえた、⓫の子はだれか。

⓭　徴税の責任と引きかえに一国内の政治全般をゆだねられた者は、前任者から一国の政務・資産をすべて引きついだことから何とよばれたか。

⓮　⓭が田地を耕作させた有力農民を何とよぶか。

⓯　⓮が請け負った田地を何とよぶか。

⓰　国司のなかで、現地に行かずに国司としての収入を受け取った者を何とよぶか。

⓱　私財を朝廷に献じ、国司などの役職に任じてもらうことを何とよぶか。

⓲　私財を朝廷に献じ、受領などに再任されることを何とよぶか。

⓳　朝鮮半島において、10世紀前半に新羅をほろぼした国はどこか。

⓴　960年に中国を統一した王朝名を答えよ。

[史料問題]　次の史料の名称は何か。

（抜粋）裁断せられむことを請ふ、当国の守藤原朝臣元命、三箇年の内に責め取る非法の官物并せて濫行横法三十一箇条の□□
一、……例挙の外に三箇年の収納、暗に以て加徴せる正税四十三万千二百四十八束が息利の十二万九千三百七十四束四把一分の事。
一、……守元命朝臣、京より下向する度毎に、有官、散位の従類、同じき不善の輩を引率するの事。……望み請ふらくは件の元命朝臣を停止して良吏を改任せられ……。

永延二年十一月八日

❶
――――――――
❷
――――――――
❸
――――――――
❹
――――――――
❺
――――――――
❻
――――――――
❼
――――――――
❽
――――――――
❾
――――――――
❿
――――――――
⓫
――――――――
⓬
――――――――
⓭
――――――――
⓮
――――――――
⓯
――――――――
⓰
――――――――
⓱
――――――――
⓲
――――――――
⓳
――――――――
⓴
――――――――

[史料問題]
――――――――

⊕ p.52〜54／⑱ p.65〜69

かな文学

大陸との関係が大きく変化すると、日本ではそれまで吸収してきた中国の文化をふまえつつ、より洗練された優美な貴族文化がうまれてきた。藤原氏が栄えた10〜11世紀ころに形成された文化を❶□□□□文化とよぶ。この❶文化を象徴するのが、❷□□□の発達である。元来、**片かな**は仏教の経典を読むために僧侶のあいだで考え出された。また、**平がな**は万葉仮名をくずしたもので、おもに貴族の女性のあいだで使われた。片かな・平がなは表音文字としてもちいられ、9世紀後半には、それらの字形が人びとに共有されて広く使われるようになった。これにより、漢文では表現できなかったこまやかな感情・感覚を、日本の言葉でいきいきと伝えられるようになり、❷文学がおおいに発達した。漢詩にかわって❸□□□がさかんになり、10世紀初めには、はじめて天皇の命令による和歌集が編さんされた。これが『❹□□□□□□□□』で、編者の1人紀貫之をはじめ、多くの歌人が出た。かなの物語や随筆・日記も書かれ、『**竹取物語**』『**伊勢物語**』に続いて、❺□□□□の『❻□□□□□』、❼□□□□□の『❽□□□□□』などがうまれた。❷文学の作品は、宮廷の女性によるものが多い。それは、男性が公式には漢文をもちい、❷は女文字とされていたことと、摂関政治の時代に、貴族たちが天皇の後宮に入れた娘に、才能ある女性たちをつかえさせたことによる。また、書道では前代の唐風の書に対して、優美な線をあらわした和様が発達し、小野道風・藤原佐理・藤原行成の❾□□□とよばれる名手があらわれた。

浄土信仰

摂関時代は国家をまもる天台・真言宗が勢力をもっていたが、一方で中国から伝わった❿□□□教が人びとの心を救うものとして広まっていった。❿教は、阿弥陀仏を信仰し、災害や治安の乱れが続く世の不安から逃れ、来世で**極楽浄土**にうまれかわることを願う教えである。この教えは、10世紀なかばに⓫□□□が平安京の市で**念仏**をすすめ、その後、⓬□□□が比叡山で『**往生要集**』を著し、地獄のおそろしさとともに念仏による❿への救いを説いたことから広まった。さらに、⓭□□思想が流行し、❿の信仰はますます人びとの心をとらえていった。

貴族はきそって阿弥陀堂をたてた。藤原頼通が宇治にたてた⓮□□□□□堂は、この世の極楽を思わせる豪華なもので、堂内には金色にかがやく**阿弥陀如来像**(右画像資料)が安置された。この像の作者である⓯□□□は、仏像の各部分を分担してつくり、これをあわせて1体の仏像につくりあげる効率的な⓰□□□の技法を完成させ、大量の仏像の需要にこたえた。阿弥陀仏の救いを待ちのぞむ人びとの気持ちは絵画にもあらわれ、仏が迎えに来る場面を示す来迎図がさかんにえがかれた。

▲⓮堂内阿弥陀如来像

一方、神仏習合もすすんだ。人びとはいっそう神と仏をともに信仰するようになり、日本古来の神は仏が仮に姿をかえてこの世にあらわれたもの(権現)とする考え方が広まった。この考え方が⓱□□□□□説である。また、怨霊や疫神をまつることで疫病や飢饉などから逃れようとする信仰も広まり、御霊会がさかんにもよおされた。

貴族の生活

貴族たちの衣服は、奈良時代以来の唐風の服装を日本風につくりかえたものとなり、とくに女性は⓲□□□□とよばれる女房装束を正装とした。住宅も日本風となり、白木をもちいて屋根を檜皮葺にした⓳□□□□で、内部の仕切りには日本の風物を題材にした⓴□□□がえがかれた。また漆で文様をえがき、その上に金・銀などの粉を蒔きつける**蒔絵**の技術をもちいた調度品が室内を飾り、南島産の貝の光沢を利用した**螺鈿**の技法も発達した。

❶ 藤原氏が栄えた10～11世紀ころに形成された優美な貴族文化を何とよぶか。

❷ 日本独自に発達した❶文化を象徴するものは、文学的には何の発達か。

❸ 漢詩にかわってさかんになった、短歌形式の古典詩を何とよぶか。

❹ 10世紀初めに、はじめて天皇の命令で編さんされた和歌集は何か。

❺ 一条天皇の中宮彰子(ちゅうぐうしょうし)につかえた文人でもある女官はだれか。

❻ ❺が著した長編物語を何というか。

❼ 一条天皇の皇后定子(ていし)につかえた文人でもある女官はだれか。

❽ ❼が著した随筆は何か。

❾ 和様が発達し、**小野道風・藤原佐理・藤原行成**は何とよばれたか。

❿ 中国から伝わり、人びとの心を救うものとして広まった教えを何とよぶか。

⓫ 平安京の市で念仏をすすめ、❿の教えを広めた僧はだれか。

⓬ 比叡山で『**往生要集**』を著し、地獄のおそろしさとともに念仏による浄土への救いを説いた僧はだれか。

⓭ 釈迦(しゃか)の没後、正法(しょうぼう)・像法(ぞうぼう)の世をへて仏の教えが衰え、やがて末法の世になるという考え方を何とよぶか。

⓮ **藤原頼通**が宇治にたてた、この世の極楽を思わせる豪華なもので、堂内に金色の**阿弥陀如来像**が安置されている寺院は何か。

⓯ ⓮の阿弥陀如来像の作者はだれか。

⓰ ⓯が完成させた、仏像の各部分を分担してつくり、これをあわせて1体の仏像につくりあげる効率的な技法を何とよぶか。

⓱ 日本古来の神は仏が仮に姿をかえてこの世にあらわれたものとする考え方を何とよぶか。

⓲ 宮廷での女性の正装である女房装束を何とよぶか。

⓳ 日本風の住宅で、白木をもちいて屋根を檜皮葺にしたものを何とよぶか。

⓴ 日本画の原流とされ、日本の風物を題材にして、板壁・扉・屏風(びょうぶ)などにえがかれた絵画を何とよぶか。

【史料問題】 次の史料の作者と作品名を答えよ。

> 夫(そ)れ往生極楽の教行(きょうぎょう)は、濁世(じょくせ)末代の目足(もくそく)なり。道俗貴賤(どうぞくきせん)、誰(たれ)か帰(き)せざる者あらんや。但(ただ)し顕密(けんみつ)の教法(きょうぼう)は、其文一(そのもんいつ)に非(あら)ず。事理(じり)の業因(ごういん)は、其の行惟(ぎょうこ)れ多し。利智精進(りちしょうじん)の人は、未(いま)だ難(かた)しとなさざるも、予(よ)の如(ごと)き頑魯(がんろ)の者、豈敢(あにあえ)てせんや。
> 是(こ)の故(ゆえ)に念仏の一門によりて、聊(いささ)か経論(きょうろん)の要文(ようもん)を集む。之(これ)を披(ひら)き之を修(しゅ)せば、覚(さと)り易(やす)く行ひ易からん。

❶

❷

❸

❹

❺

❻

❼

❽

❾

❿

⓫

⓬

⓭

⓮

⓯

⓰

⓱

⓲

⓳

⓴

【史料問題】

作者：

作品：

荘園と公領

11世紀になると、地方では、任地に土着した国司の子孫たちや地方の豪族が力を強め、なかには広い地域を支配するまでに成長して❶ <u>　　　　　</u> とよばれる者も多くなった。国司が❶をおさえようとすると、彼らは所領を貴族や大寺社に寄進し、**荘園領主**として仰いだ。こうしてうまれたのが❷ <u>　　　　　　</u> で、❶は預所や下司などの**荘官**に任命されて実質的に荘園を管理し、中央の荘園領主の権威にまもられて現地の支配力を強めた。

10世紀以降には、税を免除される❸ <u>　　</u> の権を認められた荘園がふえ、11世紀になると、これに加えて国司が荘園内に立ち入って田地を調査することを拒否する❹ <u>　　</u> の権も得た荘園が多くなり、荘園はしだいに独立性を強めて、国司の支配から離れていった。11世紀後半になると、受領から中央政府へ送られる税収は減少してゆき、収入が不安定となった天皇家・摂関家・大寺社は、積極的に荘園の寄進をうけたので、荘園はますます拡大していった。

こうしたなかで、受領は荘園を整理しようとしたが効果はあがらず、しだいに国司が支配する公領も、現地の有力者たちが国務を担う在庁官人となり、自分たちの領地のように扱うようになっていった。

荘園でも公領でも耕地の大部分は**名**にわけられ、土地との結びつきを強めて❺ <u>　　</u> とよばれるようになった農民に割りあてられた。❺は名の一部を直接経営し、残りを小農民に耕作させた。

武士団の成長

土着した国司の子孫や地方の豪族たちは、自分の土地をまもったり、勢力をのばしたりするために武装するようになった。彼らは弓矢をもち、馬に乗って戦う❻ <u>　　</u> となり、**家子**とよばれる一族や、❼ <u>　　</u>（<u>　　</u>）とよばれる従者をひきいて❽ <u>　　　</u> をつくりあげていった。

やがて各地の小❽は、国司の任期を終えたのちも帰京せず、任地に住みつづけている中・下級貴族の出身者を❾ <u>　　</u> として仰ぎ、より大きな連合体をつくっていった。その代表が、❿ <u>　　　</u> と⓫ <u>　　　</u> である。

❿は、東国を根拠地として勢力をもっていた。10世紀のなかばに、⓬ <u>　　　</u> が一族と争った末、常陸など3つの国の国府を攻略して東国を支配下におさめ**新皇**と称したが、一族の**平貞盛**らに討たれた（⓬の乱）。同じころ、もと伊予の国司であった⓭ <u>　　　　</u> は、瀬戸内海の海賊をひきいて兵をあげたが、⓫の**源経基**らによって鎮圧された（⓭の乱）。

この東西の乱（あわせて⓮ <u>　　</u> の乱とよぶ）は、朝廷に衝撃をあたえ、また、いずれも地方武士の活躍によって制圧された。これらの乱をつうじて武士の実力を知った朝廷や貴族は、武士を**侍**として奉仕させ、武士を利用して都や地方の治安維持をはかるようになり、とくに、⓫は摂津・河内や大和に根拠地をもち、摂関家に近づいて力を強めていった。

11世紀初めに、東北アジアの沿海州に住む**刀伊（女真人）**が九州北部をおそったが、**大宰権帥**の⓯ <u>　　　　</u> が九州の武士を指揮してこれを撃退した。このことは、そのころ九州でも武士団ができつつあったことを示している。

11世紀になると、⓰ <u>　　　</u> が上総でおこった**平忠常の乱**を制圧して、⓫の東国進出のきっかけとした。

❶　地方の豪族のなかでも、広い地域を支配するまでに成長した者は何とよばれたか。

❷　❶を国司がおさえようとすると、彼らは所領を貴族や大寺社に寄進し**荘園領主**として仰いだが、こうしてできた荘園を何とよぶか。

❸　10世紀以降に、税を免除される権利をもつ荘園がふえたが、その権利を何とよぶか。

❹　11世紀には国司が荘園内に立ち入って田地を調査することを拒否する権利をもつ荘園がふえたが、その権利を何とよぶか。

❺　荘園でも公領でも耕地の大部分は**名**にわけられ、土地との結びつきを強めて何とよばれるようになった農民に割りあてられたか。

❻　土着した国司の子孫や地方の豪族のなかで、弓矢をもち、馬に乗って戦うようになった人びとは何とよばれたか。

❼　❻は、家子とよばれる一族と、何とよばれる従者をひきいたか。

❽　主人が血縁のある家子をひきい、家子のもとに血縁関係のない❼、その下に下人・所従（げにん・しょじゅう）をかかえた❻の組織集団を何とよぶか。

❾　各地の小❽は、国司の任期を終えたのちも帰京せず、任地に住みつづけている中・下級貴族の出身者を何と仰ぎ、より大きな連合体をつくったか。

❿　代表的な❽のうち、**桓武天皇**を祖とする氏族を何とよぶか。

⓫　代表的な❽のうち、**清和天皇**を祖とする氏族を何とよぶか。

⓬　10世紀のなかばに常陸など3つの国の国府を攻略し、東国を支配下におさめてみずからを「**新皇**」と称したが、一族に討たれたのはだれか。

⓭　伊予の国司であり、瀬戸内海の海賊をひきいて兵をあげたが、⓫の源経基らによって鎮圧されたのはだれか。

⓮　⓬・⓭らがおこした反乱を総称して何とよぶか。

⓯　11世紀初めに東北アジアの沿海州に住む**刀伊（女真人）**が九州北部をおそった際、九州の武士を指揮してこれを撃退したのはだれか。

⓰　**平忠常の乱**を制圧し、⓫の東国進出のきっかけをつくったのはだれか。

【史料問題】　次の史料の空欄に適する語句を答えよ。

```
鹿子木の事（かのこぎ）
一、当寺の相承（そうじょう）は、❶沙弥寿妙嫡々相伝（しゃみじゅみょうちゃくちゃくそうでん）の次第（しだい）なり。
一、寿妙の末流高方（たかかた）の時、権威を借らむがために、実政卿（さねまさきょう）を以て（もって）領家（りょうけ）と号し、
　　年貢（ねんぐ）四百石を以て割（さ）き分（わか）ち、高方は庄家領掌（しょうけりょうしょう）進退の預所職（あずかりどころしき）となる。
一、実政の末流願西微力（がんさい）の間、国衙（こくが）の乱妨を防がず、この故に願西、領家の得分（とく）二百石を以て、高陽院内親王（かやのいんないしんのう）に〔　　　〕す（すなわ）。……これ則ち（ほんけ）本家の始めなり。
　　（とうじひゃくごうもんじょ）
　　　　　　　　　　　　　　　　　　　　　　　　　　　（『東寺百合文書』）
```

❶
----

❷
----

❸
----

❹
----

❺
----

❻
----

❼
----

❽
----

❾
----

❿

⓫

⓬

⓭

⓮

⓯

⓰

【史料問題】
----

13 院政の始まり

國 p.60〜62／詳 p.76〜80

日本列島の大きな変化

11世紀後半、天皇家や摂関家・大寺社では、税収が減少して財政が不安定になると、荘園の拡大をはかった。地方では豪族・開発領主が力をのばした。武士は、貴族や大寺社と結びつき私領を拡大して大きく成長した。

後三条天皇の荘園整理

関白藤原頼通の娘には男子がうまれなかったため、藤原氏の娘を母としない後三条天皇が即位し、天皇は摂関家に遠慮することなく、国政の改革に取り組んだ。1069（延久元）年、天皇は荘園の増加が公領（国衙領）を圧迫しているとして、きびしい内容の❶□□□□□令を出し、中央に❷□□□□□□（記録所）を設けて、新しい荘園だけでなく権利を示す証拠書類のそろわない荘園の停止を命じた。摂関家の荘園も例外とはされず停止され、❶令はかなりの成果をあげた。この❶によって貴族や寺社の支配する荘園と、国司の支配する公領とが明確になり、貴族や寺社は支配する荘園を整備していった。また、公領でも郡・郷・保などのあらたな単位に再編成され、律令制によって国・郡・里（郷）の上下の区分で構成されていた1国の編成は、荘・郡・郷などが並立する荘園と公領で構成される❸□□□□□制に変化していった。

院政の成立と展開

東北地方では、陸奥北部の豪族安倍氏と国司との争いから、源頼信の子頼義が陸奥守として任地にくだり、子の義家とともに東国の武士をひきいて安倍氏と戦い、出羽の豪族清原氏のたすけを得て、安倍氏をほろぼした。これを❹□□□□□□とよぶ。その後、陸奥・出羽両国で大きな勢力を得た清原氏一族に内紛がおこると、陸奥守であった源義家が介入し、藤原（清原）清衡をたすけて、内紛を制圧した。これを❺□□□□□とよぶ。この義家の介入は私的な争いとみなされ、朝廷から恩賞をあたえられなかったが、源氏は東国武士団との主従関係を強め、そのなかで**武家の棟梁**としての地位をかためていった。

❻□□天皇はこうした武士の武力に目をつけ、後三条天皇につづいて親政をおこなったが、1086（応徳3）年、幼少の**堀河天皇**に位をゆずり、みずからは**上皇**として御所に**院庁**を開き、その後、本格的な❼□□を始めた。❼では、院庁から出される**院庁下文**や、上皇の命令を伝える❽□□□□が力をもつようになり、上皇（院）は天皇の後ろ盾となって政治の実権をにぎった。❼は、富裕な受領や台頭する武士の軍事力を背景としており、院は彼らを❾□□□□とし、❿□□の□□に組織しながら、院個人の意志で政治を専制的にすすめた。その結果、摂関家も❼のもとに組みこまれ、⓫□□・⓬□□・⓭□□□□3上皇の❼が100年余り続いた。❼は、武士団の台頭、❸制の成立などの新しい社会の動きに応じた政治のあり方で、中世の開幕を告げるものでもあった。3上皇はいずれも仏教に対して信仰があつく、出家して⓮□□となり、法会の開催、大寺院の建立、熊野詣などをおこなった。これらの費用をまかなうために、官位とひきかえに私財をおさめさせる売官・売位がさかんになった。また、1国の支配権と収益を上級貴族にあたえる⓯□□□の制度も広まって、公領はいっそう利権化し、院をはじめとする権力者への荘園の寄進も激増した。

一方、院の仏教保護策のもとで、荘園の拡大をめざす大寺院は、武装した⓰□□をかかえて朝廷や国司と争った。なかでも、興福寺（南都）の僧兵は春日神社の神木を、延暦寺（北嶺）の僧兵は日吉神社の神輿をおしたてて朝廷に強訴し、自分たちの要求を実現させようとした。神仏をおそれる貴族や朝廷は、武士の力で防いだので、武士の中央政府への進出をまねくことになった。

奥羽地方では、❺に勝利した藤原清衡が⓱□□に根拠地を移して支配を広げ、3代100年にわたる⓲□□□□氏が繁栄する基礎を築いた。⓱では、金・馬などの東北の特産品や北方交易の利益を背景に**中尊寺金色堂**をたてるなど、すぐれた文化が栄えた。

❶ 1069年、荘園の増加が公領を圧迫しているとして**後三条天皇**が出したきびしい内容の法は何か。

❷ 後三条天皇が中央に設けた、新しい荘園だけでなく権利を示す証拠書類のそろわない荘園の停止を命じた機関は何か。

❸ ❶によって成立した、1国の編成が荘・郡・郷などが並立する荘園と公領で構成されるという体制は何か。

❹ 陸奥北部の豪族安倍氏と国司との争いから、陸奥守となった**源頼義**と子の**義家**が安倍氏と戦い、出羽の豪族清原氏のたすけを得て安倍氏をほろぼした1051年から62年の戦いは何か。

❺ 清原氏一族に内紛がおこったため、陸奥守の源義家が介入し、**藤原（清原）清衡**をたすけて内紛を制圧した1083年から87年の戦いは何か。

❻ 武士の武力に目をつけ、後三条天皇につづいて親政をおこなった天皇はだれか。

❼ 1086年、❻が幼少の堀川天皇に位をゆずり、みずからは上皇として御所に院庁を開き、天皇にかわって政務をおこなった政治体系を何とよぶか。

❽ ❼のもとで力をもつようになった、**上皇**の命令を伝える文書は何か。

❾ ❼は富裕な受領や台頭する武士の軍事力を背景としており、院は彼らを何という側近としたか。

❿ ❾は上皇を警護する何に組織されたか。

⓫ ❼を約100年にわたっておこなった3上皇の最初の上皇はだれか。

⓬ ⓫につづく、2番目の上皇はだれか。

⓭ ⓬につづく、3番目の上皇はだれか。

⓮ 出家した上皇を何とよぶか。

⓯ 1国の支配権と収益を上級貴族にあたえる制度を何とよぶか。

⓰ 荘園の拡大をめざす大寺院が、朝廷や国司と争うためにかかえた武装勢力を何とよぶか。

⓱ 藤原清衡が根拠地とした場所はどこか。

⓲ 藤原清衡は3代100年にわたる一族の繁栄の基礎を築いたが、その一族を何とよぶか。

[史料問題] 次の史料には、何を設置すると書いてあるのか。

> コノ後三条位ノ御時、……延久ノ記録所トテハジメテヲカレタリケルハ、諸国七道ノ所領ノ宣旨・官符モナクテ公田ヲカスムル事、一天四海ノ巨害ナリトキコシメシツメテアリケルハ、スナハチ宇治殿ノ時、一ノ所ノ御領一ノ所ノ御領トノミ云テ、庄園諸国ニミチテ受領ノツトメタヘガタシナド云ヲ、キコシメシモチタリケルニコソ。
>
> （『愚管抄』）

❶
❷
❸
❹
❺
❻
❼
❽
❾
❿
⓫
⓬
⓭
⓮
⓯
⓰
⓱
⓲

[史料問題]

保元・平治の乱

都では摂関家と結んでいた源氏の武士がやや衰えをみせたのに対し、伊勢などを地盤とする平氏は、院に近づいて力をのばした。平氏は瀬戸内海の海賊を平定するなどの功績により、鳥羽上皇から信頼され、重くもちいられるようになったが、その勢力をさらに大きくのばしたのが❶□□□□である。

院と朝廷をめぐる政界の対立から、12世紀のなかばには2つの戦乱がおこった。1156（保元元）年の❷□□□の乱は、政治の実権をめぐる❸□□□□天皇と崇徳上皇の対立に摂関家の継承争いがからみ、これを解決するために源平両氏の武士が動員された。乱は天皇方の勝利に終わるが、武士の進出をうながし、貴族社会に衝撃をあたえた。つづいて1159（平治元）年、❹□□□の乱がおこった。この乱は、❸上皇の近臣のあいだの対立が原因であったが、戦いの主導権は武士がにぎった。源平対決の結果、西国に基盤をもち、武力で上回る❶が源義朝に勝って、朝廷における平氏の地位が高まった。この2つの乱に動員された平氏の数はわずかであったが、貴族社会の内部の争いも武士の実力で解決されることが明らかとなり、武家の棟梁としての❶の地位と権力は急速に高まった。

また、中国の宋（南宋）の商人が日本に来航していたが、❶は貿易に注目し、❺□□□□にも力を入れた。摂津の❻□□□□□を修理するなど瀬戸内海航路の安全をはかり、宋船を迎え入れた。宋船のもたらす多くのめずらしい品々は、平氏政権の財政をうるおすとともに、日本の文化や経済に大きな影響をあたえた。

平氏政権

❹の乱後、❶は武士としては前例のない昇進をとげ、平氏が政治の実権をにぎった。❶は畿内や西国一帯の武士たちを家人とし、東国にも勢力を広げた。平氏の政権は、各地に成長してきた武士を現地の支配者としてうけとめようとするものであった。

その一方で、❶が太政大臣に任じられたのをはじめとして、一族が高位高官についたこと、❶の娘徳子を高倉天皇の妃とし、その子安徳天皇が即位すると外戚として権力をふるったこと、また経済的基盤として多くの知行国や荘園をもったことなどは、摂関家のあり方ときわめて似ており、平氏政権は貴族的性格も強かった。そのため、平氏と利害がぶつかる貴族たちの反発をうけ、やがて❸法皇や院近臣たちとの対立を深めた。1179（治承3）年、❶はついに法皇を鳥羽殿に幽閉して、院政を停止させたが、かえって反平氏勢力がまとまるきっかけとなった。

院政期の文化

摂関家中心の貴族政治が衰え、武士が勢いを強めた院政期には、台頭する武士・庶民の動きが、『❼□□□□』のような軍記物語や『❽□□□□□□』のような説話集、あるいは❾□□などの庶民的芸能、流行歌としての❿□□に表現された。❸法皇は❿に熱中し、みずから『⓫□□□□□』を編さんした。これはこの時代の貴族と庶民の文化のかかわりを示している。その一方で、藤原氏の繁栄を回顧する『⓬□□□』などの漢文かなまじりの⓭□□□□□もうまれた。絵画では、説話や物語を大和絵の手法でえがき、絵と詞書を織りまぜながら時間の進行を表現する⓮□□□□が発達し、『⓯□□□□□□』や応天門の変をえがいた『⓰□□□□』などのほか、社会風刺をともなった『⓱□□□□□』がつくられた。扇紙に大和絵で風俗をえがき、経文をそえた『⓲□□□□□□□』もつくられた。

平氏にあつく信仰された安芸の⓳□□□□□には、当時の美術・工芸の最高水準を示す『平家納経』がおさめられ、平氏の栄華を物語っている。また、奥州平泉の⓴□□□□や白水の阿弥陀堂、九州豊後の富貴寺大堂などは、中央で流行した浄土信仰が全国各地に広まったことを示している。

❶ 平氏は院に近づいて力をのばしたが、その勢力をさらに大きくのばしたのはだれか。

❷ 1156年におこった、政治の実権をめぐる天皇と上皇の対立に摂関家の継承争いがからみ、源平両氏の武士が動員された戦いを何とよぶか。

❸ ❷で崇徳上皇と対立した天皇はだれか。

❹ 1159年におこった、❸の近臣のあいだの対立が原因で、朝廷における平氏の地位が高まることとなった戦いを何とよぶか。

❺ ❶が力を入れた貿易を何とよぶか。

❻ ❺をおこなうために修理された、摂津の港を何とよぶか。

❼ 院政期にえがかれた、平将門の乱を題材とした**軍記物語**は何か。

❽ 院政期に編まれた**説話集**は何か。

❾ 院政期に流行した庶民的芸能は何か。

❿ 院政期の軍記物語・説話集・庶民的芸能に見られる流行歌としての表現を何とよぶか。

⓫ 後白河法皇みずからが編さんした歌謡集は何か。

⓬ 藤原氏の繁栄を回顧した作品は何か。

⓭ ⓬に代表される、実際の歴史にもとづいて物語風に書かれた作品を何とよぶか。

⓮ 説話や物語を大和絵の手法でえがき、絵と詞書を織りまぜながら時間の進行を表現したものを何とよぶか。

⓯ ⓮の代表的作品で、源氏物語を題材にした作品名は何か。

⓰ ⓮の代表的作品で、応天門の変を題材にした作品名は何か。

⓱ ⓮の代表的作品で、社会風刺をともなった作品名は何か。

⓲ 扇紙に大和絵で風俗をえがき、経文をそえた作品名は何か。

⓳ 平氏にあつく信仰され、『**平家納経**』がおさめられている神社を何とよぶか。

⓴ 藤原清衡が平泉に創建し、内部には下の写真のような壮麗な須弥壇が設置され、中央で流行した浄土信仰が全国各地に広まったことを示す阿弥陀堂は何か。

❶
❷
❸
❹
❺
❻
❼
❽
❾
❿
⓫
⓬
⓭
⓮
⓯
⓰
⓱
⓲
⓳
⓴

15 鎌倉幕府の成立と展開　Ⅰ

………… 📖 p.72〜74／📘 p.90〜93

源平の争乱

1180（治承4）年、後白河法皇の皇子以仁王と畿内に基盤をもつ源氏の源頼政は平氏打倒の兵をあげ、挙兵をよびかける以仁王の命令が諸国の武士に伝えられた。この挙兵は失敗に終わったが、これをきっかけに、伊豆の❶□□□□、木曽の❷□□□□ら各地の武士団が蜂起し、5年におよぶ源平の争乱が始まった。

平氏は、平清盛の死に続いて西国一帯に広がった大飢饉で打撃をうけ、1183（寿永2）年、❷の軍に敗北して西国へ逃れた。後白河法皇とむすんだ❶は、こののち法皇から東海道・東山道の東国支配権を手に入れると、弟の❸□□□らを都へむかわせて❷を討った。ついで❸らは平氏と戦い、摂津の一の谷、讃岐の屋島の合戦をへて、1185（文治元）年、長門の❹□□□□で平氏をほろぼした。

平氏の滅亡後、後白河法皇は❸に❶追討の命令をくだしたが失敗した。この機会をとらえて❶は法皇にせまって、逆に❸追討の命令を得た。さらに❶は、❸をかくまっていた奥州藤原氏をほろぼそうと、朝廷に追討の命令をくだすよう要求した。しかし、法皇がこれに応じなかったため、1189（文治5）年、❶は朝廷の命令を待たずに、みずから大軍をひきいて奥州藤原氏をほろぼした。ここに❶は全国を平定し、後白河法皇没後の1192（建久3）年に、❺□□□□□□□□に任じられた。

幕府の誕生

❶は、東国に武家政権を打ちたてるため相模の❻□□に本拠地をかまえ、平氏と戦いながら、❼□□・❽□□（のち❾□□と改称）・❿□□□□など、支配のしくみをととのえていった。1185（文治元）年に平氏が滅亡した後には、逃亡中の❸をさがし出すことを口実に、朝廷から諸国に⓫□□・⓬□□を任命する権限を得た。この⓫・⓬は、幕府が地方支配をすすめるうえで大きな役割を果たした。

⓫は国ごとにおかれたが、その職務は京都大番役を将軍に仕えた家人たちにつとめさせる権限の大番催促と謀叛人・殺害人の逮捕で、これを⓭□□□□□という。⓬は荘園・公領におかれ、年貢の徴収・納入や土地の管理、治安の維持にあたり、現地支配の実権をにぎった。それまで下司などの荘官をつとめていた者の多くは、あらたに❶から任命をうけて⓬となり、朝廷に没収された平家の旧領や謀叛人の所領にも⓬がおかれることになった。

こうして、東国を中心とした❶の支配権は、西国にもおよぶようになり、武家政権としての❻幕府が確立した。これから約1世紀半、幕府滅亡までを❻時代とよぶ。

❻幕府の支配の根本となったのは、将軍と⓮□□□□とよばれた将軍に仕えた家人との主従関係であった。将軍❶は、武士を⓮に組織して⓯□□をあたえ、⓮は将軍の従者として⓰□□につとめた。将軍があたえる⓯の内容は、もともとの所領を認める⓱□□□□□や新しく所領をあたえる⓲□□□□□など、土地に関する権利が中心であった。これに対し、⓮の将軍への⓰の内容は、京都大番役のつとめや戦時における軍役などである。このような、土地をなかだちとする主従関係を基礎とする制度を⓳□□制度とよぶ。

❻幕府は⓳制度にもとづいて成立した最初の政権であり、⓫・⓬の設置によって、はじめて⓳制度が日本の国家的制度に組みこまれた。しかし、この時代には京都の朝廷や貴族・大寺社を中心とする荘園領主の力も強く、政治の面でも経済の面でも、京都の公家勢力と❻の武家勢力との二元的な支配がおこなわれた。

❶　1180年、後白河法皇の皇子**以仁王**と**源頼政**が平氏打倒の兵をあげたことをきっかけに伊豆で蜂起した源氏はだれか。

❷　❶と同様に、木曽で蜂起した源氏はだれか。

❸　❶の弟で、❷を討ったのはだれか。

❹　1185年に源氏が平氏をほろぼした場所は長門のどこか。

❺　1192年、❶が任じられた令外官（りょうげかん）を何とよぶか。

❻　❶が、東国に武家政権を打ちたてるために根拠地とした場所はどこか。

❼　将軍に仕えた家人の統制・軍事・警察を担い、**和田義盛**（わだよしもり）を長官（別当）とした組織は何か。

❽　一般政務を担（にな）い、**大江広元**（おおえのひろもと）を長官とした組織は何か。

❾　❽はのちに何と改称されたか。

❿　訴訟・裁判を担い、**三善康信**（みよしのやすのぶ）を長官とした組織は何か。

⓫　国ごとにおかれ、**大番催促**と謀叛人・殺害人の逮捕を職務とする地方官を何とよぶか。

⓬　荘園・公領におかれ、年貢の徴収・納入や土地の管理、治安の維持を職務とする役職は何か。

⓭　⓫の権限を総称して何とよぶか。

⓮　武家の棟梁の家人で、❻幕府の将軍と主従関係を結んだ人びとを何とよんだか。

⓯　将軍の❶が、武士を⓮に組織してあたえたものを何とよぶか。

⓰　⓮は将軍の従者としてつとめた義務を何とよぶか。

⓱　⓯のうち、もともとの所領を認めてもらうことを何とよぶか。

⓲　⓯のうち、新しく所領をあたえられることを何とよぶか。

⓳　土地をなかだちとする主従関係を基礎とする制度は何か。

【資料問題】　❻幕府初期の機構図中のA～Dに適する語句を答えよ。

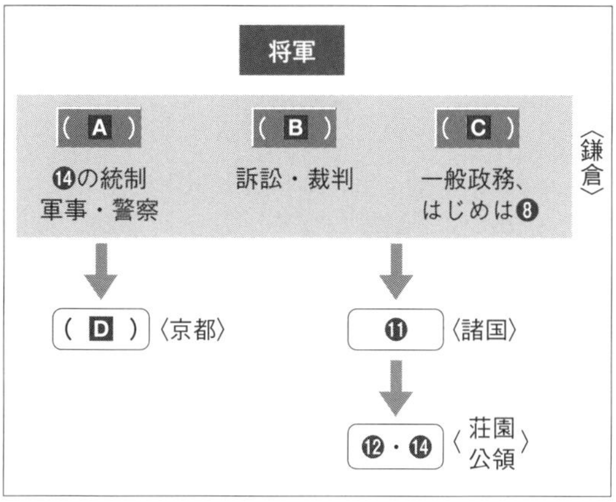

❶

❷

❸

❹

❺

❻

❼

❽

❾

❿

⓫

⓬

⓭

⓮

⓯

⓰

⓱

⓲

⓳

【資料問題】

A

B

C

D

承久の乱

御家人たちはつぎの将軍頼家の力量に不安を感じ、御家人中心の政治を求める動きを強めた。そのなかで幕府の主導権をにぎったのは、伊豆出身の北条氏であった。

頼朝の妻政子の父である❶[　　　　　　]は、頼家をしりぞけて弟の❷[　　　]を３代将軍とし、幕府の政所の長官として実権をにぎる❸[　　　]となった。ついで❶の子❹[　　　　]は、有力御家人の**和田氏**をほろぼし（**和田合戦**）、侍所の長官を兼ねて❸の地位を強化し、北条氏一門で継承した。

そのころ、京都では❺[　　　　　　]**上皇**が朝廷の権威を立て直そうと、院政をおこない、分散していた数多くの皇室領荘園を一手におさめるとともに、それまでの**北面の武士**に加えて**西面の武士**をおき軍事力を強化していた。1219（承久元）年、３代将軍❷が暗殺されると、1221（承久３）年、上皇は畿内・西国の武士や大寺院の僧兵、北条氏に反発する東国の一部の武士を味方にして、❹追討の命令をくだし、幕府を倒そうとした。しかし、幕府側の結束は固く、❹の子らが大軍をひきいて京都へ進軍し、勝利をおさめた。この兵乱を❻[　　　]**の乱**とよぶ。❻の乱後、幕府はまず仲恭天皇を廃して、❺上皇ら３人の上皇を流罪とし、上皇方の貴族・武士の領地を没収して、戦功のあった御家人をその地の地頭に任命した。さらに京都に❼[　　　　　　]をおき朝廷を監視させ、京都市中の警備と西国の行政・裁判をおこなわせた。この結果、幕府の支配は畿内・西国の荘園や公領に広くおよぶようになり、幕府は朝廷よりも優位にたち、皇位の継承や朝廷の政治にも介入するようになった。

執権政治

❻の乱後、幕府は❻の乱の総大将をつとめ３代❸となった❽[　　　　　　　]が指導した。❽は御家人による合議政治をめざして❸を補佐する❾[　　　]をおいて北条氏から選び、有力御家人から❿[　　　　]を選んで、政務の処理や裁判にあたらせた。1232（貞永元）年、❽は⓫[　　　　　　　]を制定した。この武家最初の法典は、頼朝以来の先例や武家社会の慣習を根拠に、御家人同士や御家人と荘園領主との土地紛争などを公平に裁くためのよりどころとしたもので、幕府の勢力範囲で使われる法としてまとめられた。式目が幕府の勢力範囲を対象としたのに対し、朝廷の支配下では律令の系統を引く**公家法**が、荘園領主のもとでは**本所法**が、それぞれの効力をもっていた。しかし、幕府の勢力拡大とともに公平な裁判を重視する**武家法**の影響は広がっていった。

❽の政策は、その孫で❸となった⓬[　　　　　　]にもうけつがれた。⓬は御家人の保護につとめて信頼を得るとともに、1249（建長元）年、あらたに⓭[　　　　]をおいて、公平な裁判とその迅速化をめざした。その一方で⓬は、有力御家人の三浦一族をほろぼし、また藤原氏の将軍にかえて皇族から将軍をむかえ（**皇族将軍**）、実権のない将軍として、北条氏による専制政治の性格を強めた。

武士と農村

武士は、先祖からうけついだ土地に住み、領地を広げ、領地の中心には周囲に堀や塀をめぐらして**館**をかまえた。周辺の直営地は隷属する下人や周辺に住む農民に耕作させ、みずからは荘官や地頭として現地の支配にあたった。武士は⓮[　　　]**制**によって一族が結びつけられ、土地は⓯[　　　　　]された。⓮は御家人として、兄弟などの庶子をはじめとする一族を従えて幕府に奉仕し、戦時には一族をひきいて戦った。武士は戦いにそなえて、**流鏑馬・笠懸・犬追物**などで武芸を身につけ、戦いになれば、「いざ鎌倉」とかけつけた。

荘園では現地の地頭が力を強めると、地頭と荘園領主とのあいだで支配権をめぐって紛争がおこった。地頭は荘園内にあらたに田地を開いても、その年貢をおさめなかったり、凶作などを口実に年貢納入をおこたったりした。そこで荘園領主は、地頭に荘園の管理をまかせるかわりに、一定額の年貢納入を請け負わせることがあった。これを⓰[　　　　]という。また、地頭と荘園領主のあいだで、土地そのものをわけてそれぞれ支配権を認める⓱[　　　　　]の取決めをする場合もあった。

❶ 頼朝の妻・**政子**の父であり、頼朝の死後に幕府の主導権をにぎったのはだれか。

❷ ❶が2代将軍**頼家**をしりぞけ、3代将軍に就任させたのはだれか。

❸ ❶は幕府の政所の長官として実権をにぎったが、その役職は何とよばれたか。

❹ ❶の子で、有力御家人の**和田氏**をほろぼし、侍所の長官をかね、❸の地位を強化したのはだれか。

❺ 朝廷の権威を立て直そうと院政をおこない、**北面の武士**に加えて**西面の武士**をおいて軍事力を強化した上皇はだれか。

❻ 1221年、❺が畿内・西国の武士や大寺院の僧兵、北条氏に反発する東国の一部の武士を動員し、❹の追討の命令をくだした。この戦いは何か。

❼ ❻の後で京都に設置された、朝廷を監視し、京都市中の警備と西国の行政・裁判をおこなった機関は何か。

❽ ❻の乱の時、幕府の総大将を務め、その後❸となって幕府を指導したのはだれか。

❾ ❽が御家人による合議政治をめざして設置し、❸を補佐した役職は何か。

❿ 有力御家人から選ばれ、政務の処理や裁判をおこなった役職は何か。

⓫ 1232年に❽が制定した、頼朝以来の先例や武家社会の慣習を根拠に、土地紛争などを公平に裁くためのよりどころとされた武家最初の法典は何か。

⓬ ❽の孫で、前政策をうけつぎ、御家人の保護につとめてその信頼を得たのはだれか。

⓭ 1249年、公平な裁判とその迅速化をめざしてあらたにおかれた役職は何か。

⓮ 武士の一族を結びつけていた、惣領を中心とした体制を何とよぶか。

⓯ 鎌倉時代の土地の相続方法を何とよぶか。

⓰ 荘園領主が地頭に荘園の管理をまかせるかわりに、一定額の年貢納入を請け負わせることを何とよぶか。

⓱ 地頭と荘園領主とのあいだで、土地そのものをわけてそれぞれ支配権を認める取決めを何とよぶか。

[資料問題] 右の鎌倉幕府中期以降の機構図の**A**～**D**に適する語句を答えよ。

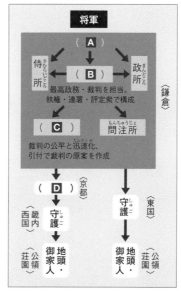

❶

❷

❸

❹

❺

❻

❼

❽

❾

❿

⓫

⓬

⓭

⓮

⓯

⓰

⓱

[資料問題]

A

B

C

D

37

17 モンゴル襲来と幕府の衰退

⑱ p.78〜81／⑲ p.99〜104

モンゴル襲来

13世紀の初め、モンゴル高原に**チンギス＝ハン**があらわれモンゴル諸部族を統合すると、その後継者たちはユーラシア大陸の東西にまたがる大帝国を建設した。

チンギス＝ハンの孫❶□□□□（□□□□）は、中国を支配するため都を**大都**(現在の北京)において、国号を**元**と定めた。❶は**高麗**を服属させ、日本にも朝貢を求めてきた。しかし、執権❷□□□□はたびかさなる要求をしりぞけたため、1274(文永11)年、❶は高麗の軍をあわせた約3万の兵を送り、対馬・壱岐をせめて博多湾をおそった。日本軍は、元軍の集団戦法や火薬をもちいる新兵器に苦戦したが、元軍も暴風雨による損害や内紛がおき、しりぞいていった。これを❸□□の役とよぶ。その後、幕府は九州地方の御家人を中心に九州北部の要地を警備させる❹□□□□を強化し、博多湾沿いに**石塁**を築いて、再来襲にそなえた。❶は1281(弘安4)年、高麗や旧**南宋**の兵をあわせた約14万の大軍を再度、九州北部へ送ってきた。ところが、日本軍が元軍の上陸をはばんでいるあいだに暴風雨がおこり元軍はふたたびしりぞいた。2度目の来襲を❺□□の役とよび、2回にわたる元軍の来襲を❻□□□□□□（□□□）とよんでいる。

モンゴル襲来後の幕府政治

元はその後も日本征服を計画していたので、幕府は九州地方の御家人を引き続き❹に動員した。さらに九州の博多には❼□□□□を設置し、北条氏一門を派遣して、九州地方の政務や訴訟、御家人の指揮にあたらせた。幕府の内部では、❻という非常事態を通して、北条氏の力が強まった。やがて北条氏の家督である❽□□の権力が強大になると、❽の家臣である御内人と御家人との対立が激しくなり、1285(弘安8)年、御内人の代表(内管領)の**平頼綱**が、有力御家人の**安達泰盛**をほろぼした❾□□□□□がおきた。その後、❷の子の❿□□□□が頼綱を倒し、❽として幕府の実権を掌握した。❽の強い権力をもって御内人や北条氏一門が幕府政治を主導したことを、❽**専制政治**という。

経済の進展

❻前後から、農業が発展した。西日本では、米の収穫後に麦を栽培する⓫□□□の田がふえた。牛馬が利用され、鉄製の農具が普及し、⓬□□□、□□□□などの肥料も使われた。多収穫米である**大唐米**も輸入された。生産力の高まりを背景に、荘園の中心地や交通の要地、寺社の門前などで、月に3回ほどの⓭□□□□とよばれた**定期市**が開かれた。京都・奈良・鎌倉などの都市では、経済活動が活発となり、商工業者たちは、同業者の団体である⓮□□をつくり、貴族や寺社を本所と仰いで保護をうけた。遠隔地商業取引がさかんになり、商品をはこび販売も請け負う⓯□□が発達し、売買には⓰□□などの貨幣が使用された。また、遠隔地との代金決済には⓱□□が利用され、高利貸をいとなむ⓲□□が金融業者として成長した。

荘園領主や地頭の圧迫・非法に対し、集団で訴えたり、逃亡したりする農民もふえた。紀伊国の阿氏河荘の農民が地頭の非法を荘園領主に訴えたことは、その一例である。

幕府の衰退

幕府は、❻での十分な恩賞をあたえておらず御家人たちの信頼を失っていった。また、御家人の多くは分割相続をくり返すうちに領地が細分化し、貨幣経済の発展にも巻き込まれて生活が苦しくなり、領地を質に入れたり売却する者もふえてきた。このような状況のもとで、1297(永仁5)年、幕府は⓳□□□の□□□□を出して、幕府を支える御家人の領地の質入れや売買を禁止し、それまでの質入れ・売却地を無償でとりもどせるようにした。しかし、御家人たちが領地を手放す動きは止められず、中・小御家人の多くが没落していく一方で、経済情勢の転換に乗じて、力をつける武士があらわれた。とくに、畿内とその周辺では、新興武士たちが、荘園領主に武力で抵抗するようになって⓴□□とよばれ、幕府はこの鎮圧にも苦しむことになった。

❶ チンギス＝ハンの孫で、中国を支配するために都を**大都**(現在の北京)におき、国号を**元**と定めたのはだれか。

❷ ❶はたびたび日本に朝貢を求めたが、たびかさなるその要求をしりぞけた執権はだれか。

❸ 1274年、❶が**高麗**の軍をあわせた約3万の兵を送り、博多湾をおそった出来事は何か。

❹ ❸の後、九州地方の御家人を中心に強化された、九州北部の要地を警備させる軍役は何か。

❺ 1281年、❶が高麗や旧**南宋**の兵約14万の大軍を再度九州北部に送ったが、暴風雨によってふたたびしりぞいた出来事は何か。

❻ ❸と❺の2度にわたる元軍の来襲を何とよぶか。

❼ 九州の博多に設置され、北条氏一門を派遣して九州地方の政務や訴訟、御家人の指揮にあたらせた機関は何か。

❽ 北条氏の嫡流(ちゃくりゅう)の当主を何とよぶか。

❾ ❽の家臣である御内人の**平頼綱**が、有力御家人の**安達泰盛**をほろぼした出来事は何か。

❿ ❷の子で、頼綱を倒して幕府の実権を掌握したのはだれか。

⓫ 西日本でふえた、米の収穫のあとに麦を栽培することを何とよぶか。

⓬ 若草(わかくさ)を刈って田に敷(し)き込む肥料、草や木を灰にして播(ま)く肥料をそれぞれ何とよぶか。

⓭ 荘園の中心地や交通の要地、寺社の門前などで月に3回ほど開かれた**定期市**を何とよぶか。

⓮ 商工業者がつくった、貴族や寺社を本所と仰いで保護をうけた同業者の団体を何とよぶか。

⓯ 港町が形成されたことで発達した、商品をはこび販売も請け負う組織を何とよぶか。

⓰ 宋で鋳造(ちゅうぞう)され、売買に使用された貨幣は何か。

⓱ 遠隔地との代金決済に利用された方法を何とよぶか。

⓲ 鎌倉時代に成長した、高利貸をいとなむ金融業者を何とよぶか。

⓳ 1297年、御家人の領地の質入れや売買を禁止し、それまでの質入れ・売却地を無償でとりもどせるようにした法令は何か。

⓴ 畿内とその周辺で、荘園領主に武力で抵抗するようになった新興武士たちを何とよぶか。

【資料問題】 右の『蒙古襲来絵詞(えことば)』において、元軍が使用した新兵器がえがかれているが、その武器は何か。

❶
❷
❸
❹
❺
❻
❼
❽
❾
❿
⓫
⓬
⓭
⓮
⓯
⓰
⓱
⓲
⓳
⓴

【資料問題】

鎌倉文化

鎌倉時代には、武士や庶民の心を救う新しい仏教の教え、語る文学としての**軍記物語**、力強く写実的な彫刻などの新しい文化があらわれた。

鎌倉仏教の誕生

院政期からのあいつぐ戦乱と飢饉に、人びとは**末法の世**を実感し新しい救いを求めた。信心や修行のあり方に注目した**念仏・禅・題目**の教えが広まった。

念仏の教えは、**❶**□□□・**❷**□□□・**❸**□□□□が広めた。源平の争乱のころ、**❶**はひたすらに念仏（南無阿弥陀仏）をとなえれば、極楽にうまれかわれると説き（**専修念仏**）、のちに**❹**□□□宗の開祖とされた。弟子の**❷**は師の教えを一歩すすめ、煩悩の深い人間（悪人）こそが阿弥陀仏の救いの対象であるという**❺**□□□□を説いた。その教えは農民や地方武士に広まり、のちに**❻**□□宗（一向宗）とよばれる教団を形成した。鎌倉時代中期に出た**❸**は、すべての人が救われるとし、**踊念仏**によって教えを全国に広め、地方武士や農民に広く受け入れられ、のちに**❼**□□宗とよばれた。

禅の修行の教えは、**❽**□□・**❾**□□らが宋から伝えた。**❽**は12世紀の終わりころに**❿**□□宗を伝え、坐禅でみずからをきたえることで釈迦の境地に近づくとし、幕府や公家の保護をうけた。**❾**は、出家を重視し、ひたすら坐禅に徹せよと説いて、のちの**⓫**□□□宗を開いた。

⓬□□□は法華経こそ正しい教えだとし、**題目（南無妙法蓮華経）**をとなえることで救われると説いた。この教えは関東の武士や商工業者に信仰されたが、**⓬**は他宗を批判しながら、国難の到来を予告したので、幕府からたびたび迫害をうけた。これがのちの**⓬**宗（法華宗）である。

従来の仏教界では新しい教えを非難し、戒律重視の仏教復興につとめた。法相宗の**貞慶**、華厳宗の**明恵（高弁）**が出たほか、律宗の**⓭**□□□・□□らは、病人救済などの社会事業にも力を入れた。

鎌倉仏教の影響をうけ、伊勢神宮外宮の神官度会家行は独自の神道理論で**伊勢神道**をつくった。

芸術の新傾向

芸術の新傾向として、争乱で焼失した奈良の東大寺が復興された際、豪放・雄大な気風を示す建築様式の**大仏様**が宋から取り入れられ、また仏像・肖像彫刻では奈良仏師の**運慶**や**快慶**らが、力強く写実的な**東大寺南大門の金剛力士像**などの作品を生み出した。鎌倉時代中期には、来日した禅僧により整然とした美しさを特徴とする建築様式の**禅宗様**が伝えられ、禅寺の建築にもちいられた。また古くからの**和様**と新様式との**折衷様**の建築も広まった。

絵画では、**絵巻物**がさかんにえがかれ、また、個性への関心の高まりから、写実的な肖像画である**似絵**がえがかれた。禅宗の僧侶が師僧の肖像画である**頂相（ちんぞう）**を崇拝する風習が宋から伝わった。

武士の成長を反映して、武具や刀剣の製作もさかんになり、刀剣では、備前長船の**長光**らが名作を残した。また、宋や元の影響をうけて、尾張の**瀬戸焼**をはじめ、各地の陶器生産が発展した。

文学の革新

公家による和歌集としては、後鳥羽上皇の命で『**⓮**□□□□□□』がつくられ、藤原定家らは新古今調とよばれる繊細で技巧的な歌風をつくり出した。また、武士出身の**西行**の『**山家集**』や3代将軍源実朝の『**金槐和歌集**』などの新鮮な歌集もつくられた。文学では、鴨長明の『**⓯**□□□』や慈円の『**⓰**□□□□』が、時代の流れを冷静にうけとめ、転換期の世相を深い思索をもとに記している。また、鎌倉時代末期に出た**兼好法師**の『**⓱**□□□□』は、人生や世相をするどい感性でとらえている。この時代の文学の特色として、武士の活躍をいきいきとえがいた軍記物語がある。とくに平氏の興亡を主題とした『**⓲**□□□□』は**琵琶法師**によって平曲として語られ、多くの人びとに親しまれた。学問では、貴族のあいだで朝廷の儀式・先例を研究する**有職故実**がさかんになる一方、武家のあいだでも和漢の書籍を集めた**⓳**□□文庫が北条氏一門の**⓳**氏によってつくられた。また、幕府の歴史書である『**⓴**□□□』が編さんされた。

❶ ひたすらに念仏をとなえれば極楽にうまれかわれると説き、『選択本願念仏集』を著したのはだれか。

❷ ❶の弟子で、『教行信証』を著したのはだれか。

❸ すべての人が救われるとし、踊念仏によって教えを全国に広げたのはだれか。

❹ ❶を開祖とする仏教の宗派名は何か。

❺ 煩悩の深い人間（悪人）こそが阿弥陀仏の救いの対象であるという教えは何か。

❻ ❷を開祖とする仏教の宗派名は何か。

❼ ❸を開祖とする仏教の宗派名は何か。

❽ ２度の渡宋後、禅の隆盛に力をそそいで『興禅護国論』を著したのはだれか。

❾ 渡宋からの帰国後、越前に永平寺をたて、『正法眼蔵』を著したのはだれか。

❿ ❽を開祖とする仏教の宗派名は何か。

⓫ ❾を開祖とする仏教の宗派名は何か。

⓬ 法華経こそ正しい教えだとし、題目をとなえることで救われると説いたのはだれか。

⓭ 病人救済などの社会事業にも力を入れた律宗の僧を２人答えよ。

⓮ 後鳥羽上皇の命でつくられた勅撰和歌集は何か。

⓯ 鴨長明によって書かれた随筆は何か。

⓰ 慈円によって書かれた歴史書は何か。

⓱ 兼好法師によって書かれた随筆は何か。

⓲ 平氏の興亡を主題とし、琵琶法師によって平曲として語り広められた軍記物語は何か。

⓳ 和漢の書籍を集めた武家がつくった施設は何か。

⓴ 幕府の歴史を編年体で記した歴史書は何か。

[資料問題] 次の写真の東大寺南大門の左右に設置されている金剛力士像の作者はだれか。

▲東大寺南大門

▲金剛力士像

❶
❷
❸
❹
❺
❻
❼
❽
❾
❿
⓫
⓬
⓭
⓮
⓯
⓰
⓱
⓲
⓳
⓴

[資料問題]

19　室町幕府の成立　Ⅰ

📖 p.86〜89／📘 p.110〜114

鎌倉幕府の滅亡

13世紀後半から、天皇家は❶[　　　　]統と❷[　　　　]統にわかれ、皇位と天皇家領荘園の相続などをめぐり争っていた。それを鎌倉幕府は両皇統から交代で天皇を出すとした❸[　　　　　　]を定めるなど、朝廷にも影響をあたえていた。一方、14世紀初めには、北条氏の専制政治がいっそうすすみ、御家人は幕府への信頼を失っていた。このような情勢のもとで即位した❶統の❹[　　　　]**天皇**は、天皇が絶対であるとし、10世紀の醍醐・村上天皇の政治を理想として天皇がみずから政治をとる親政を始めた。❹天皇は討幕の計画をすすめたが、事前に幕府側にもれて失敗した。1331（元弘元）年には挙兵もくわだてたが、これも失敗に終わり（**元弘の変**）、天皇は隠岐に流された。しかし、**護良親王**や❺[　　　　　]らは畿内の悪党をひきいて幕府に抵抗し、畿内周辺地域では反幕府の動きが活発となった。❹天皇も隠岐を脱出した。幕府は有力御家人の❻[　　　　　]（のち[　　　]）を京都へ派遣した。❻は、畿内周辺で反幕府の動きが高まったのをみて幕府にそむくことを決意し、1333（元弘3）年、六波羅探題を攻め落とした。その後、関東の御家人❼[　　　　　]も鎌倉を攻めて得宗の❽[　　　　]以下をほろぼし、鎌倉幕府は滅亡した。

建武の新政

❹天皇は京都に戻り新しい政治を始めた。翌1334（建武元）年には年号も改めたので、天皇のこの政治を❾[　　]の[　　]という。❾の目標は、摂政・関白・院政・幕府を否定して、天皇中心の朝廷政治を復活させることにあった。しかし、現実には天皇の力だけではおさめきれなかったため、中央には一般政務を司る❿[　　　　]と所領問題を処理する⓫[　　　　]をおき、地方には国司とならんで、鎌倉幕府時代以来の武家の職である守護をおいた。また、東北・関東地方には、**陸奥将軍府・鎌倉将軍府**をおいて皇子を派遣した。また、専制的な天皇は、すべての土地の所有権を天皇の意向を示す**綸旨**で確認するという新方式を命じた。これは従来の武家社会の慣習を無視しており、討幕の戦いの恩賞で公家を優遇したことも武士の不満を大きくし、新しい武家政権をのぞむ声が高まった。❾の混乱ぶりは、**二条河原落書**にあらわされている。

幕府再建をめざした❻は、1335（建武2）年、北条氏の残党が鎌倉に攻め込んだ**中先代の乱**を鎮圧し、その後も鎌倉を占領し続け、新政権に反旗をひるがえした。❾は、わずか2年でくずれてしまった。

南北朝の動乱

1336（建武3）年、京都を占領した❻は、あらたに**光明天皇**をたて、ついで当面の政治方針を示す⓬[　　　　　]を発表し、**室町幕府**が京都に成立した。これに対し、❹天皇は大和の吉野へ逃れ、自分が正統の天皇であると主張した。これより吉野の**南朝**と京都の**北朝**が対立し、約60年間にわたる動乱が始まった。1338（暦応元）年、❻は北朝から征夷大将軍に任命され、南朝側では、❹天皇が亡くなった後も⓭[　　　　]が中心となって南朝の正統を主張した。北朝では❻と弟**直義**の両派が対立し⓮[　　]の[　　]がおこった。そのころ武家社会も変化し、領地は分割相続から一族のうちの1人がうけつぐ⓯[　　　　]が一般的となり、惣領制がくずれ、離れた本家よりも地域の武士同士のつながりが重んじられるようになった。

守護大名と国人一揆

幕府は、戦乱が続くなか、全国に守護を派遣し、大犯三カ条以外にもあらたな権限をあたえ、地方武士を組織させようとした。1352（文和元）年の⓰[　　　　]では、一国内の荘園・公領の年貢の半分を兵粮米としてあたえた。また、荘園や公領の領主が年貢の取立てを守護に請け負わせる⓱[　　　　]もおこなわれた。力をつけた守護には、国衙機能を吸収して、一国全体の地域的支配権を確立したり、任国を世襲するなどして、鎌倉時代の守護と区別し⓲[　　　　]ともよばれる。一方、地頭などの領主で地方に土着した中小の武士は⓳[　　　　]とよばれ、地域的にまとまって⓴[　　　　]を組織し、守護に敵対する勢力となった。

❶ 13世紀後半に天皇家で対立した、**亀山天皇**（かめやま）の系統を何とよぶか。

❷ 13世紀後半に天皇家で対立した、**後深草天皇**（ごふかくさ）の系統を何とよぶか。

❸ ❶・❷の両方の皇統から交代で天皇を出す方式を何とよぶか。

❹ 10世紀の醍醐・村上天皇の政治を理想とし、院政をやめて天皇がみずから政治をおこなう親政を始めた天皇はだれか。

❺ ❹は討幕をくわだてるも失敗に終わり、隠岐に流された。これに対し、**護良親王**とともに畿内の悪党をひきいて幕府に抵抗したのはだれか。

❻ ❺の動きに対し、幕府が京都に派遣した有力御家人はだれか。

❼ 関東の御家人で、鎌倉に侵攻したのはだれか。

❽ ❼によってほろぼされた得宗はだれか。

❾ ❹は1334年に年号を**建武**と改めて新しい政治をおこなったが、この政治を何とよぶか。

❿ 中央におかれ、一般政務を司った機関は何か。

⓫ 中央におかれ、所領問題を処理した機関は何か。

⓬ 1336年、京都を占領した❻があらたに**光明天皇**をたて、当面の政治方針を示したものを何とよぶか。

⓭ **南朝**側の中心人物で、南朝の正統を主張したのはだれか。

⓮ **北朝**内でおこった、❻と弟**直義**の両派の対立を何とよぶか。

⓯ 南北朝時代に一般的になった、領地を一族のうちの１人がうけつぐ相続方法を何とよぶか。

⓰ 1352年に出され、一国内の荘園・公領の年貢の半分を兵糧米として守護にあたえた法令は何か。

⓱ 荘園や公領の領主が、年貢の取立てを守護に請け負わせることを何とよぶか。

⓲ 南北朝時代の守護を、鎌倉時代の守護と区別して何とよんだか。

⓳ 地頭などの領主で、地方に土着した中小の武士を何とよんだか。

⓴ 神仏に誓って団結し、ともにまもるべき内容を定めてたがいを平等であるとし、多数決を重んじる⓳の地域的なまとまりを何とよぶか。

[史料問題] 次の史料の名称は何か。

此比都ニハヤル物（このごろ）。夜討（ようち）、強盗、謀綸旨（にせりんじ）。召人（めしうど）、早馬（はやうま）、虚騒動（そらそうどう）。生頭（なまくび）、還俗（げんぞく）、自由出家（しゅっけ）。俄大名（にわか）、迷者（まいもの）。安堵（あんど）、恩賞（おんしょう）、虚軍（そらいくさ）。本領ハナル、訴訟人（そしょう）。文書入タル細葛（ほそつづら）。追従（ついしょう）、讒人（ざんにん）、禅律僧。下克上スル成出者（げこくじょう）（なりでもの）。器用ノ堪否沙汰モナク（きょう）（かんぷさた）。モル、人ナキ決断所。キツケヌ冠上ノキヌ（かんむり）。持モナラハヌ笏持テ（もち）（慣）（しゃく）。内裏マジハリ珍シヤ（だいり）（交）。……京鎌倉ヲコキマゼテ。一座ソロハヌエセ連歌。在々所々ノ歌連歌。点者ニナラヌ人ゾナキ（てんじゃ）。

（『建武年間記』）

室町幕府

幕府の支配が安定したのは、3代将軍❶□□□□のときで、京都の室町に壮麗な将軍邸（花の御所）をつくり、ここで政治をおこなったことから室町幕府とよばれる。

❶は、1392（明徳3）年に**南北朝の合体**を実現させ、また朝廷がもっていた警察・裁判・徴税などの京都の市政権を取り上げた。さらに、将軍職を子の**義持**にゆずり太政大臣の地位につき、出家後も幕府や朝廷に実権をふるった。❶は、動乱のなかで強くなった土岐氏・山名氏・大内氏など外様の有力守護などの勢力削減にもつとめた。幕府のしくみも、頂点の将軍を有力守護が支える形をとった。重要な役職は、将軍を補佐する❷□□と、京都市中の警備や刑事裁判を司る**侍所の長官（所司）**であった。❷には足利氏の一門である**細川・斯波・畠山**の3氏が❸□□□□として交代で任命され、所司は❹□□とよばれた**赤松・山名**などの4氏から任命された。有力守護は京都に常駐し幕府政治の運営にあたり、領国は**守護代**に統治させた。将軍権力を支える軍事力を❺□□□□とよび、将軍からの信頼度が高い譜代の足利氏家臣、守護の一族、地方の有力武士などで構成され、将軍直轄軍を編成して京都で将軍の警備にあたった。地方では将軍の直轄地である❻□□□□の管理と、守護の動向を牽制する役割を担った。幕府の財源には、諸国にある❻からの収入や、守護や地頭に対する割当て金があった。その他、高利貸業者である土倉や酒屋へは営業税として❼□□□□・□□□□をかけ、関所を設けて通行料の**関銭**をとった。さらに全国に賦課する❽□□□□・□□□□のほか、日明貿易の利益なども幕府の財源となった。

地方機関には、❾□□□□や**九州探題**などがあった。足利尊氏は関東をとくに重視し、❾には❿□□□□として子の**基氏**をおき、❿を助ける⓫□□□□には代々**上杉氏**がついた。

明との通交

中国では1368年、漢民族の**明**が建国され、朝鮮半島では高麗にかわり**朝鮮**が1392年に成立した。沖縄では1429（永享元）年に⓬□□□□王国がうまれた。

明は、伝統的な中国を中心とする国際秩序の回復をめざし、周辺の国々に通交をよびかけた。一方で、南北朝の動乱期に、対馬や壱岐、九州北部住民を中心とする海賊集団が、朝鮮半島から東シナ海沿岸をおそい、⓭□□□としておそれられた。これは前期⓭という。明が、通交と⓭の取締りを日本に要求してくると、❶は明に応じ、1401（応永8）年、明と国交を開き、**日明貿易**を始めた。この貿易は、日本国王から明皇帝への**朝貢貿易**の形式が要求され、❶は、明から「日本国王」の称号と、⓮□□□□があたえられ独占的に貿易をおこなった。これを⓮貿易とよぶ。15世紀後半、貿易の実権は幕府から**堺商人**と結んだ細川氏や**博多商人**と結んだ大内氏の手に移り、細川氏に勝って貿易を独占した大内氏が、16世紀なかばにほろびると貿易は断絶した。それ以降、⓭（後期⓭）の活動が活発になった。後期⓭は中国人が多く、中国大陸南部から東南アジア一帯にかけて活動した。

日朝貿易と琉球・蝦夷

❶は朝鮮とも国交を開き、**日朝貿易**は対馬の⓯□□氏を通しておこなわれた。1419（応永26）年、対馬を⓭の根拠地として朝鮮が攻撃する事件（**応永の外寇**）がおき、貿易は一時中断したが、その後再開され、16世紀まで活発におこなわれた。この貿易で、日本は⓰□□□□などを手に入れたが、その後、日本でも綿花の栽培が始まった。

沖縄では、山北・中山・山南の3勢力（**三山**）が分立していたが、15世紀前半に⓱□□□□□が統一し、⓬王国が成立した。⓬は、東アジアから東南アジア一帯にかけての**中継貿易**でさかえた。

北海道では13世紀ころから⓲□□□□の文化が成立し、津軽の**十三湊**を根拠地とする安藤（東）氏と⓲との交易もおこなわれた。しかし、**和人**（本州の勢力）の圧迫に反発した1457（長禄元）年の大首長⓳□□□□□□□を中心とする⓲の蜂起を鎮圧した**蠣崎氏**（のちの**松前氏**）が、勢力を強めていった。

❶ 京都の室町に壮麗な将軍邸をつくり、そこで政治をおこなった3代将軍はだれか。

❷ 室町幕府の重要な役職で、将軍を補佐する役職は何か。

❸ ❷に足利一門の**細川・斯波・畠山**の3氏が交代で任命されたが、この3氏の総称は何か。

❹ **侍所の長官(所司)**には**赤松・山名・一色・京極**の4氏から任命されたが、この4氏の総称は何か。

❺ 将軍権力を支える軍事力を何とよぶか。

❻ 将軍の直轄地を何とよぶか。

❼ 高利貸業者である土倉や酒屋へかけた営業税を、それぞれ何とよぶか。

❽ 全国の田の面積や家屋(かおく)に対して課せられた臨時税を、それぞれ何とよぶか。

❾ 関東8カ国と伊豆(いず)・甲斐(かい)(のちに陸奥(むつ)・出羽(でわ)も)を支配した地方機関は何か。

❿ **足利基氏**が任命された、❾の長官は何か。

⓫ 代々**上杉氏**がついた、❿を助ける役職は何か。

⓬ 1429年、沖縄で成立した王国は何か。

⓭ 南北朝の動乱期に、対馬や壱岐、九州北部を中心とする海賊集団が朝鮮半島から東シナ海にかけての沿岸をおそったが、この集団は何とよばれたか。

⓮ **日明貿易**で使われた証明書は何か。

⓯ **日朝貿易**は、対馬の何氏を通しておこなわれたか。

⓰ 日朝貿易で取引された主な輸入品は何か。

⓱ 15世紀前半に沖縄の三山を統一し、⓬を成立させたのはだれか。

⓲ 13世紀ころの北海道において、狩猟(しゅりょう)・漁労(ぎょろう)・交易を生業とし、独自の言語と宗教をもっていた人々は何とよばれたか。

⓳ 和人とよばれた本州の勢力が⓲を圧迫したため、1457年に蜂起した大首長はだれか。

[地図問題] **A**～**E**に適する室町時代の戦乱名を答えよ。

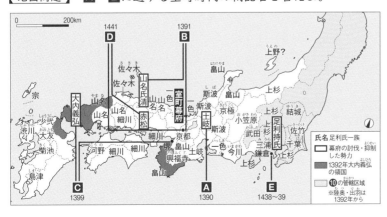

右側の解答欄
❶
❷
❸
❹
❺
❻
❼
❽
❾
❿
⓫
⓬
⓭
⓮
⓯
⓰
⓱
⓲
⓳

[地図問題]

A

B

C

D

E

……⊕ p.93〜96／餌 p.119〜123

惣村の形成

鎌倉時代後期、畿内とその周辺では、荘園や公領の内部にいくつかの村が自然発生的にうまれ、農民たちはみずからの手で自治の村をつくり上げていった。この動きは南北朝の動乱期に全国へ広がっていった。このような自治の村を❶▢▢▢または❶▢村とよぶ。

❶は村民の会議である寄合の取決めにもとづいて運営され、村民は❷▢▢▢を定め、そむいた者は罰せられた。❶の活動は村の神社の祭礼、村の共有地（入会地）や灌漑用水の管理、戦乱にそなえての自衛のほか、領主へおさめる年貢を村が責任をもって請け負う❸▢▢▢（▢▢▢）もおこなわれた。❶村の農民は、神仏に誓って団結し、一揆を結び、荘園領主に対して年貢の軽減や免除を求めて、集団で領主のもとへおしかける強訴や、耕作を放棄して他領へ逃げる逃散をおこすこともあった。

幕府の動揺と土一揆

4代将軍足利義持の時代は、将軍と有力守護の勢力均衡が保たれ、比較的安定していた。しかし、1428（正長元）年、義持が後継者を指名しないまま亡くなり、また、この年の秋には疫病の流行や飢饉などもあって、社会不安が高まった。

近江の民衆が、借金の帳消しを求める❹▢▢をスローガンに掲げて❺▢▢▢▢をおこした。❺は、近畿地方を中心に、❶村の結合をもとにした農民勢力が、一部の都市民や困窮した武士とともに蜂起したもので、ほとんどの❺は❹を要求したことから❹一揆ともいう。❻▢▢▢の▢▢▢は、京都の土倉や酒屋をおそって、実力で借金の帳消しを認めさせ、人びとに衝撃をあたえた。

6代将軍❼▢▢▢▢▢▢は、将軍権力の強化をめざして専制的な政治をおこなった。1438（永享10）年には関東へ討伐軍を送り、翌年の❽▢▢▢▢において、幕府に反抗的な鎌倉公方足利持氏をほろぼした。しかし、1441（嘉吉元）年、❼の政治に反発した有力守護の赤松満祐が❼を暗殺した。これを❾▢▢▢▢とよぶ。これをきっかけに、❿▢▢▢の▢▢▢▢▢▢▢がおこった。一揆は京都を占領し、幕府はやむなくはじめての❹令を出した。このころ、下の者が上の者をしのいでいく実力主義の風潮を⓫▢▢▢とよんだが、❺・❹一揆の高まりは、その典型であった。

応仁の乱

❾後、将軍権力は弱まっていった。8代将軍⓬▢▢▢▢▢▢の時代には、政治・社会が混乱するなかで、管領の⓭▢▢▢▢と四職の1人⓮▢▢▢▢（▢▢▢）が幕府の実権をにぎろうとして争い、両者の対立に将軍家や管領家のあとつぎ問題がからみ、ついに1467（応仁元）年、⓯▢▢の乱がおこった。全国の守護は⓭方（東軍）と⓮方（西軍）にわかれ、京都をおもな戦場として11年間におよぶ戦いをくり広げた。京都は⓰▢▢▢とよばれる雇い兵の乱暴と戦火で荒れ果て、戦乱は各地に広がった。将軍の権威は失われ、京都で戦っていた守護の領国では、現地にいた守護代や国人たちに実権が移っていった。こうして、これまでの朝廷や幕府を頂点とする伝統的な秩序はくずれ、荘園制の解体も進み、⓫の風潮はますます強まっていった。

山城の国一揆と一向一揆

⓯の乱後、畿内や北陸では、地方武士である国人が一揆を結んで守護に反抗し、倒そうとする動きさえおこった。1485（文明17）年、山城南部の地域では、山城の守護である畠山氏の一族で内紛がおきた。このとき、地域の国人たちが団結して結んだ⓱▢▢の▢▢▢は、畠山氏の両軍を国外に追い出すことに成功し、地域の住民や荘園領主の支持を得た。⓱は、国掟を定めて、その後の8年間、自治的支配を実現した。

1488（長享2）年におこった⓲▢▢▢の▢▢▢▢▢は、一向宗（浄土真宗本願寺派）の勢力を背景としていた。一向宗は、とくに本願寺の⓳▢▢の活動によって、北陸・東海・近畿地方で大きな勢力となった。加賀では、門徒は講によって強く結束し、強大になった門徒が国人と結んで立ち上がり、守護富樫政親を倒した。これ以後、約1世紀のあいだ、加賀国は本願寺が事実上支配した。

❶ 畿内とその周辺では、荘園や公領の内部にいくつかの村が自然発生的にうまれ、農民たちはみずからの手で自治の村をつくり上げていったが、その村を何とよぶか。

❷ 村民が定めた、❶の内部の法令は何か。

❸ 領主へおさめる年貢を、村が責任をもって請け負う制度は何か。

❹ 近江の民衆がスローガンとした、借金の帳消しを求める言葉は何か。

❺ 近畿地方を中心に、❶村の結合をもとにした農民勢力が一部の都市民や困窮した武士とともに蜂起したものを何とよぶか。

❻ 民衆が京都の土倉や酒屋をおそって、実力で借金の帳消しを認めさせた出来事を何とよぶか。

❼ 将軍権力の強化をめざして専制的な政治をおこなった室町幕府の6代将軍はだれか。

❽ ❼が1438年に関東へ討伐軍を送り、翌年に幕府に反抗的な鎌倉公方足利持氏をほろぼした出来事は何か。

❾ 1441年、❼の政治に反発した有力守護の赤松満祐が将軍を暗殺した出来事は何か。

❿ ❾をきっかけにおこり、京都を占領された幕府がはじめて徳政令を出すこととなった出来事は何か。

⓫ 下の者が上の者をしのいでいく実力主義の風潮を何とよぶか。

⓬ 将軍権力が弱まるなかで、8代将軍に就任したのはだれか。

⓭ 幕府の実権をにぎろうとして、四職の1人と争った管領はだれか。

⓮ ⓭の管領と争った四職はだれか。

⓯ ⓭と⓮の対立に将軍家や管領家のあとつぎ問題がからみ、1467年に始まった戦いは何か。

⓰ ⓯の乱のころから登場した、軽装(けいそう)で機動力に富んだ雇い兵を何とよぶか。

⓱ 1485年、山城の守護畠山氏の一族の内紛に対して地域の国人たちが団結して一揆を結び、畠山氏を国外に追い出した出来事は何か。

⓲ 1488年に一向宗の勢力を背景とし、守護の**富樫政親**を倒した出来事は何か。

⓳ 本願寺にうまれ、一向宗の布教をおこなった僧はだれか。

【史料問題】 次の史料の空欄に適する語句と、この史料が示す一揆の名称を答えよ。

> 一天下(いってんか)の土民(どみん)蜂起す。〔　　　〕と号し、酒屋・土倉・寺院等を破却(はきゃく)せしめ、雑物等(ぞうもつとう)恣(ほしいまま)にこれを取り、借銭等(しゃくせん)悉(ことごとく)これを破る。官領これを成敗(せいばい)す。凡(およ)そ亡国(ぼう)(こく)の基(もとい)、これに過ぐべからず。日本開白(かいびゃく)以来、土民蜂起是(こ)れ初めなり。
> 『大乗院日記目録(だいじょういん)』

❶
————————————
❷
————————————
❸
————————————
❹
————————————
❺
————————————
❻
————————————
❼
————————————
❽
————————————
❾
————————————
❿
————————————
⓫
————————————
⓬
————————————
⓭
————————————
⓮
————————————
⓯
————————————
⓰
————————————
⓱
————————————
⓲
————————————
⓳
————————————

【史料問題】
空欄:
————————————
一揆の名称:
————————————

數 p.96～99／詳 p.123～127

活発な経済活動

戦乱があいついだ時代にも、農民・商工民は活発な経済活動をすすめていった。農民は、惣のもとでたがいに協力し、収穫量を上げるために働いた。灌漑や排水の施設をつくり、二毛作を各地でおこない、畿内の一部では❶[　　]もおこなわれた。肥料も刈敷・草木灰のほかに下肥も広く使われ、早く収穫できる早稲などの品種改良もすすんだ。

手工業では、京都の高級絹織物や摂津の酒のほかに、加賀の絹織物、美濃の和紙、尾張の陶器、備前の刀剣などの地方特産物がうまれ、手工業者や商人たちは、朝廷や大寺社を保護者（本所）として同業組合の座を結成した。商業もさかんになり、商品は連雀商人らの行商人の手で売られたほか、各地で定期市がたち、月に6回の❷[　　]も広まった。京都や奈良などの大きな都市では、❸[　　]をかまえた小売店が毎日店を出すようになった。商人の座もふえ、座に所属する商人は本所に営業税をおさめるかわりに、通行税の免除や販売の独占権を認められ、広い範囲にわたって活動した。しかし、戦国時代になると座に加わらない新しい商人の活動がめだつようになった。

貨幣は宋銭のほかにあらたに永楽通宝などの❹[　　]も使われたので、流通量はいちじるしくふえたが、しだいに国内産の質の悪い私鋳銭も流通するようになったため、幕府や戦国大名は❺[　　]令を出して統制をはかった。貨幣経済の発達により、金融業もさかんになってきた。当時、酒屋などの富裕な商工業者は、❻[　　]とよばれる高利貸を兼ねる者が多く、幕府もこれら❻・酒屋を保護・統制するとともに、営業税（❻役・酒屋役）を徴収した。為替手形の一種である割符が利用されて、遠く離れた場所との取引も活発になり、廻船がひんぱんに往来した。各地には問屋ができ、❼[　　]や車借とよばれる運送業者が荷物を京都や奈良へはこんだ。

室町文化

室町時代は、武家が文化的にも成長していった時代であった。武家は禅宗の強い影響をうけながら、武家の力強さと伝統的な公家文化の美しさとを融合させていった。京都で発展した室町文化は、戦国時代には地方へも普及し、今日の日本の伝統文化の原型を形成していった。また、庶民の地位も高まってきたことから、文化面でも広く交流がすすみ、庶民性や地方的な特色がいっそう強まった。庶民の文芸の発展や新仏教の地方への広まりなどは、そのあらわれである。

動乱期の文化

南北朝時代には、動乱のなかで時代の転換期をみすえた歴史書や軍記物語が書かれた。北畠親房は、南朝の皇統の正統性を論じた歴史書『❽[　　]』を著した。軍記物語では、南北朝の動乱をえがいた『❾[　　]』がまとめられた。また、和歌を上下の2句にわけ、交代でよんでまとめる❿[　　]が広く流行した。

喫茶の習慣は、禅宗の流行とともに鎌倉時代から広まっていた。南北朝時代以後、各地で⓫[　　]がおこなわれ、とくに茶の種類の飲みわけを賭ける⓬[　　]が流行した。これらは新興武士たちによく支持された。その新しもの好きの気質を「⓭[　　]」（派手・ぜいたくの意）とよぶ。

室町文化の成立

義満のころに、武家文化と公家文化の融合がすすんだ。義満が京都の北山の別荘にたてた⓮[　　]は、その象徴である。幕府は武家社会に広まった臨済宗を保護し、⓯[　　]の制をととのえた。その⓯を中心に、中国文化の影響をうけた文化がうまれた。⓯の僧は政治・外交顧問として活動する者も多く、また漢詩などの⓯文学がさかんとなり、⓯版とよばれる出版もおこなわれた。禅の境地をえがく⓰[　　]も、このころから多くえがかれた。⓱[　　]も、室町時代に花開いた。⓱楽師は早くから寺社の保護のもとに座を結成していたが、14世紀末ころ、奈良興福寺を本所とした観世座から⓲[　　]・⓳[　　]父子が出て、将軍義満の保護をうけ、芸術性の高い猿楽⓱を完成させた。その理念は、⓳の『⓴[　　]』に示されている。

❶ 畿内の一部でおこなわれた、同じ土地で米・麦・そばを続けて栽培することを何とよぶか。

❷ 月に6回開かれた定期市を何とよぶか。

❸ 京都や奈良などの大きな都市において、小売店が商品を棚に並べて販売する方式を何とよぶか。

❹ 宋銭のほかにあらたに使われた、**永楽通宝**などは何とよばれたか。

❺ 国内産の質の悪い私鋳銭が流通するようになったため、幕府や戦国大名が出した法令は何か。

❻ **酒屋**などの富裕な商工業者が兼ねた高利貸を何とよぶか。

❼ 馬を利用して荷物を運搬する運送業者を何とよぶか。

❽ 北畠親房が南朝の皇統の正統性を論じた歴史書は何か。

❾ 南北朝の動乱をえがいた軍記物語は何か。

❿ 和歌を上下の2句にわけ、交代でよんでまとめる詩形を何とよぶか。

⓫ 人びとが集まって茶をたしなむことを何とよぶか。

⓬ 南北朝時代以後流行した、茶の種類の飲みわけを賭けることを何とよぶか。

⓭ 新しいもの好きの気質をもった新興武士は、何とよばれたか。

⓮ 3代将軍足利義満が京都の北山の別荘にたてた舎利殿(しゃりでん)は何か。

⓯ 南宋の制度にならい、武家社会に広まった臨済宗を保護してととのえた制度は何か。

⓰ 禅の境地をえがく、墨絵の代表的技法は何か。

⓱ 繊細な表情の仮面と、美しく豪華な衣装を着用し、謡(うたい)とよばれる歌と舞を中心に進行する、室町時代に花開いた日本の伝統芸能は何か。

⓲ 14世紀末ころに**観世座**から出て将軍義満の保護をうけ、芸術性の高い**猿楽**⓱を完成させた父子のうち、父親はだれか。

⓳ ⓲とともに活躍した⓲の子はだれか。

⓴ 猿楽⓱の理念が示された、⓱の理論書は何か。

[史料問題] 『水無瀬三吟百韻(みなせさんぎんひゃくいん)』から引用した各❿について、**A**～**F**それぞれの作品の作者はだれか。

A	雪ながら山本かすむ夕べかな
B	行く水とほく梅にほふさと (ゆ)(みず)(通)
C	川風に一むら柳春見えて
D	舟さす音もしるきあけがた
E	月や猶霧わたる夜に残るらん (なお)
F	霜おく野はら秋は暮れけり (しも)

❶
❷
❸
❹
❺
❻
❼
❽
❾
❿
⓫
⓬
⓭
⓮
⓯
⓰
⓱
⓲
⓳
⓴

[史料問題]
A　　　**B**

C　　　**D**

E　　　**F**

室町文化の展開

応仁の乱後、8代将軍足利義政は京都の**東山**に山荘をつくり、ここに**❶**□□をたてた。このころには、禅の精神にもとづく簡素さと伝統文化の奥深いおもむきがきわだつようになる。**東求堂同仁斎**にみられる**❷**□□□□は、近代の和風住宅の原型となった。禅宗寺院や**❷**の住宅には、それに調和する庭園がつくられた。とくに**龍安寺石庭**などの**❸**□□は、禅の精神を形に示している。義政は、**❷**の1室に花をかざり、**水墨画**を床の間にかけたり、襖絵にえがかせたりして、静かに茶をたてて趣味の生活にひたった。墨だけの1色の濃淡でえがく水墨画は、15世紀初めまで五山の僧が中国の影響をうけてえがいていた。このころに**❹**□□が日本的な水墨画を大成した。また、その技法を大和絵に取り入れた**❺**□□派が成立した。

茶の湯では、**村田珠光**（しゅこう）が出て茶室で心静かに茶を味わう**❻**□□が始まり、のちの**千利休**により完成された。茶の湯のほか、生花の原型とされる**立花**や聞香などは、現代までうけつがれている。

政治や経済面で力を失った公家は、有職故実や古典を研究し、**一条兼良**（かねら）らは多くの研究書を残した。また、神道思想では、**吉田兼倶**が反本地垂迹説（神本仏迹説）にもとづき、**唯一神道**を完成した。

庶民の芸能

民衆が参加し、集団で楽しむ文化がうまれたことも、この時代の大きな特色であった。能は上流社会で愛好されたほか、より素朴で娯楽的な能が各地に定着し、風刺的な**狂言**をあいまにはさみ民衆のあいだで演じられた。**連歌**は、同席した人びとが交代でよみあう集団の文芸で、やがて和歌と対等の地位を得た。応仁の乱ころには**❼**□□が**正風連歌**を確立し、全国をめぐり普及につとめた。絵入りの短編物語の**❽**□□□□が読まれ語りつがれた。流行歌の**小歌**も人びとの心をとらえた。また、祭礼などのときにははなやかな衣服を着たり、飾り物をつけたりして踊る**風流**が人気を集め、この風流と念仏踊りとが結びついた**盆踊り**は、各地でさかんにおこなわれた。

文化の地方普及

応仁の乱で京都は荒れ果てて、生活基盤を失った公家や僧たちは戦国大名などを頼り、地方にくだった。地方の武士たちも彼らを積極的にむかえた。

日明貿易で栄えていた**大内**氏の城下町山口には、多くの文化人が集まり、儒学や古典の研究・出版がおこなわれた。関東でも、15世紀のなかごろ、関東管領**上杉憲実**が**❾**□□□□を再興し、日本各地から多くの学生が集まった。武士の子弟は、寺院で教育をうけるようになり、都市の有力商工業者や農村の指導者たちのあいだにも、文字を学ぶ者がふえていった。

新仏教の動向

天台・真言宗などの旧仏教は、朝廷・幕府の衰退や荘園の崩壊により衰え、鎌倉新仏教各宗派が、武士・農民・商工業者らに信仰され都市や農村に広まった。

禅宗では、京都・鎌倉で権威を保つ五山派に対し、地方布教をすすめる禅宗諸派は**❿**□□とよばれ、その動きが活発になった。とくに曹洞宗などが地方武士や民衆から支持され各地に広がった。臨済宗では妙心寺派のほか**大徳寺**派の一休宗純らが出た。日蓮宗は、東国を拠点としていたが、15世紀なかばになると、**⓫**□□の布教により、京都の富裕な商工業者たちに広まった。1532（天文元）年、彼らは**法華一揆**を結んで**一向一揆**と対決し、町政を自治的に運営したが、その後、延暦寺による**⓬**□□□□**の乱**により、一時京都を追われた。浄土真宗（一向宗）は、農民・商人たちのあいだに広まった。応仁の乱のころ、本願寺の**⓭**□□は、阿弥陀仏の救いを信じればだれでも極楽に往生できると説き、**⓮**□□とよばれるかなまじり文のわかりやすい手紙を書くなど、精力的な布教をおこなった。**⓭**は畿内近国でつくられていた惣村に入り、自治組織である惣をそのまま宗教組織に組みかえるなどして信者をふやしていった。しかし、畿内近国では延暦寺の圧力をうけるようになったため、布教活動の中心を北陸に移して教えを広め、これを背景として、各地で一向一揆がおこった。

❶　8代将軍**足利義政**が京都の**東山**に山荘をつくり、そこに建立した仏殿は何か。

❷　**東求堂同仁斎**にみられる、近代の和風住宅の原型となった住宅の様式は何か。

❸　象徴的表現で小宇宙をあらわしたといわれる、右写真の**龍安寺石庭**などの砂と石で表現した日本庭園の作庭様式を何とよぶか。

▲龍安寺石庭

❹　15世紀に日本的な**水墨画**を大成し、右下写真の『秋冬山水図（しゅうとうさんすいず）』をえがいたのはだれか。

❺　水墨画のえがき方を大和絵に取り入れて成立した画派を何とよぶか。

❻　茶室で心静かに茶を味わうことを何とよぶか。

❼　**正風連歌**を確立し、全国をめぐって普及につとめたのはだれか。

❽　人びとのあいだで読まれ、語りつがれた、絵入りの短編物語を何とよぶか。

❾　関東管領**上杉憲実**が再興した、高等教育機関は何か。

❿　禅宗で、京都や鎌倉で権威を保つ五山派に対し、地方布教をすすめた禅宗諸派を何とよぶか。

▲『秋冬山水図』

⓫　日蓮宗を京都の裕福な商工業者たちに布教したのはだれか。

⓬　1532年、法華宗徒たちが**法華一揆**を結んで**一向一揆**と対立した後、延暦寺とも衝突して一時京都を追われることとなった出来事は何か。

⓭　阿弥陀仏の救いを信じれば、だれでも極楽に往生できると説いた本願寺の僧はだれか。

⓮　⓭が書いた、かなまじり文のわかりやすい手紙を何とよぶか。

[資料問題]　下資料は❶の敷地内にある**東求堂同仁斎**である。❷の特徴をあらわしている**A**〜**D**の名称は何か。

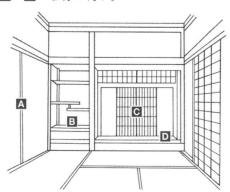

❶

❷

❸

❹

❺

❻

❼

❽

❾

❿

⓫

⓬

⓭

⓮

[資料問題]

A

B

C

D

24 戦国の動乱

書 p.103〜105／詳 p.132〜136

戦国大名の登場

応仁の乱後、幕府の権威が衰えるなか、全国各地で将軍の権威に頼らず、実力で領国（分国）をつくり上げ、独自の支配をおこなった地方権力を、❶□□□□□とよぶ。約1世紀にわたる戦国時代は、新旧の武家勢力が交代する動乱の時代であった。

関東地方では、15世紀後半に鎌倉公方が、足利持氏の子成氏の**古河公方**と、将軍義政の兄弟**政知**の堀越公方に分裂していた。15世紀末、❷□□□□□（伊勢宗瑞）はこの混乱に乗じて堀越公方をほろぼし伊豆をうばい、ついで相模に進出して小田原を根拠地とした。中部地方では、16世紀なかば、越後の守護上杉氏の守護代**長尾景虎**が、関東管領上杉氏をついで❸□□□□を名乗った。一方、甲斐の守護❹□□□□は、信濃へ領国を拡大しながら、❸と対立した。中国地方では、守護大名の大内氏が陶晴賢にほろぼされたのち、安芸の国人❺□□□□が台頭した。九州では、鎌倉時代以来、薩摩を中心に南九州を広く支配した**島津氏**、豊後を中心に北九州に勢力をのばした**大友氏**が有力であった。また、四国では土佐の**長宗我部氏**が優勢となっていた。東北地方では小規模な国人勢力が抗争をくり返したが、**伊達氏**が有力大名に成長していった。❶のなかには、甲斐の武田氏や駿河の今川氏、薩摩の島津氏や豊後の大友氏のように、守護出身で❶にその姿をかえた者のほか、越後の上杉氏のように守護代出身の者や、奥州の伊達氏や安芸の毛利氏のように、**下剋上**の風潮のなかで国人からのし上がってきた者もあった。各地で力を強めた❶は、15〜16世紀にかけて激しく戦い、そのなかで京都に攻めのぼり、全国統一の第一歩を踏み出したのが❻□□□□である。

戦国大名の分国支配

❶は領国支配の強化をめざして、富国強兵策をすすめ、治水・灌漑事業に力を入れて農業をさかんにするとともに、土地を調査して税を定める❼□□をおこなって、農村からの新しい収入を確保した。鉱山開発などの産業をおこし、居城の城下を領国の経済の中心地として❽□□□をつくり、商業もさかんにした。また、中央から文化人をまねいて、文化の発展にもつとめた。軍事力を強化するため、❶は領国内の国人だけでなく、惣を構成する農民の地侍までも家臣に取り立て、主従関係を直接・間接に結んで家臣団に編入し軍役を負担させた。❶のなかにはあらたに家臣団に組み入れた国人・地侍を有力家臣にあずける形で組織する者もあった（**寄親・寄子制**）。また、鉄砲・長槍などの新兵器をそなえて戦力を強化した。

領国支配の基本法である❾□□法や❿□法を制定する大名もあった。今川氏の**今川仮名目録**、武田氏の**甲州法度之次第**などである。とくに家臣同士が紛争を自分たちの力で解決しようとした場合の⓫□□□□法などを定めて、家臣団と農民の統制につとめ、違反者をきびしく罰した。

このほか、16世紀なかばにヨーロッパから**鉄砲**や**キリスト教**が伝わると、戦闘の際に鉄砲をもちいる❶や、キリスト教に改宗して**キリシタン大名**となる者もあらわれるようになった。

都市と町衆

交通の発達にともない⓬□□□□・□□□がうまれ、寺社参詣の流行とともに⓭□□□□が各地にうまれた。また⓮□□□□は、浄土真宗の寺院や道場を中心に濠などで囲んだ町で、摂津の石山（大坂）などがその代表例である。そして、❶は市場や町に多くの保護をあたえた。なかには⓯□□令を出して、座を認めず、自由な商業取引を認めて経済活動拡大をねらった❶もいた。都市では商工業者の活動がめざましく、富裕な商工業者たちが自治組織をつくり市政を運営するところもあった。日明貿易の根拠地として栄えた**堺**や**博多**はその代表例で、堺は36人の⓰□□□□、博多は12人の⓱□□□□の合議で市政運営がされた。また、京都では**町**という地縁にもとづく共同体がうまれ、⓲□□□□によって自治的に運営された。彼らは町法を定め、町の防衛にもあたった。現在の京都の**祇園祭**は、⓲が応仁の乱後に再興したものである。

❶ 将軍の権威に頼らず、実力で**領国**をつくり上げ、独自の支配をおこなった地方権力を何とよぶか。

❷ 堀越公方をほろぼして伊豆をうばい、ついで相模に進出して小田原を根拠地としたのはだれか。

❸ 越後の守護上杉氏の守護代**長尾景虎**は、関東管領の上杉氏をついで何と名乗ったか。

❹ 甲斐の守護で、信濃へ領国を拡大しながら❸と対立したのはだれか。

❺ 中国地方で、守護大名の大内氏が陶晴賢にほろぼされたのちに台頭した安芸の国人はだれか。

❻ **桶狭間の戦い**で**今川義元**を破ったのち京都に攻めのぼり、室町幕府をほろぼして、全国統一の第一歩を踏み出した尾張の❶はだれか。

❼ ❶が実施した、土地を調査して税を定めることを何とよぶか。

❽ 居城の城下に、領国の経済の中心地として設けた町を何とよぶか。

❾ 領国支配の基本法で、❶が訴訟の公平性を確保するために制定した法令を何とよぶか。

❿ 領国支配の基本法で、当主が書き残して子孫に与えた家訓を何とよぶか。

⓫ 家臣同士が紛争を自分たちの力で解決しようとした場合、理由にかかわりなく両者を罰する法原則を何とよぶか。

⓬ 交通の発達にともなってうまれた町(都市)を2種類答えよ。

⓭ 寺社参詣の流行とともにうまれた町を何とよぶか。

⓮ 浄土真宗の寺院や道場を中心に、濠などで囲まれた町を何とよぶか。

⓯ 座などの支配を認めず、自由に商業取引ができるように出された法令は何か。

⓰ **堺**で市政を運営した、36人からなる組織は何か。

⓱ **博多**で市政を運営した、12人からなる組織は何か。

⓲ 京都を自治的に運営し、町法を定め**町**の防衛もおこなった組織は何か。

【史料問題】 次の「ガスパル＝ヴィレラ書簡」の空欄に共通してはいる都市名は何か。

〔　〕の町は甚だ広大にして、大なる商人多数あり。此の町はベニス市の如く執政官に依りて治めらる。　　　　　　　　　　　（一五六一〈永禄四〉年書簡）

　日本全国、当〔　〕の町より安全なる所なく、他の諸国において動乱あるも、此の町にはかつてなく、敗者も勝者も、此の町に来住すれば皆平和に生活し、諸人相和し、他人に害を加ふる者なし。……町は甚だ堅固にして、西方は海を以て、又他の側は深き堀を以て囲まれ、常に水充満せり。
　　　　　　　　　　　　　　　　　　　　　（一五六二〈永禄五〉年書簡）
　　　　　　　　　　　　　　　　　　　　　（『耶蘇会士日本通信』）

❶ ....

❷ ....

❸ ....

❹ ....

❺ ....

❻ ....

❼ ....

❽ ....

❾ ....

❿ ....

⓫ ....

⓬ ....

⓭ ....

⓮ ....

⓯ ....

⓰ ....

⓱ ....

⓲ ....

【史料問題】

空欄：
....

25 天下人の登場

📖 p.108〜111／📕 p.138〜143

近世への転換・銀の交易と鉄砲伝来

1530年代以降、❶[　　　]などで銀が大幅に増産され、中国の明では銀で税をおさめさせていたため、❷[　　]の[　]が大量に中国に流れこんだ。一方、❸[　　　]の[　]などが日本にもたらされて、貿易が活発になった。ただし明は民間貿易を認めておらず、取締りに対抗して武装した密貿易商人が活躍した。

　ポルトガルは、15世紀になると東南アジアの香辛料を求めてアフリカをまわり、15世紀末にはインドへの航路を開いた。スペインもアメリカ大陸から太平洋を横断してフィリピンへ進出した。ローマ教皇がひきいるカトリック教会の海外布教もあと押しして、ヨーロッパを中心に世界の諸地域が交流する❹[　　　]時代が始まった。ポルトガルはインドや東南アジアに拠点を築き、1540年代になると九州各地にたどりつくようになった。1543(天文12)年、ポルトガル人が九州南方の種子島に来航し、❺[　　]を伝えた。❺は堺などで製造が始まり、戦国大名のあいだに急速に広まった。

キリスト教と南蛮貿易

1549(天文18)年、カトリック教会のイエズス会の宣教師❻[　　　][　]=[　　　]が、インドや東南アジアをへて、鹿児島に来航し、❼[　]教を伝え、❻のあとも宣教師が来日し多くの信者(キリシタン)を獲得した。とくに九州の大名のなかには貿易の利益を得るために❼教に入信した❽[　　　　　]があらわれ、家臣や領民に❼教が広まった。また、中国南部のマカオに進出していたポルトガル商人が長崎へ来港し、❸と❷などの売買を始めた。西洋商人のよび名からこの貿易を❾[　　　]という。

織田信長の政権

尾張の❿[　　　]は、1560(永禄3)年、駿河の大名今川義元を桶狭間の戦いで破ると、三河の徳川家康と同盟を結んだ。政変で殺害された将軍の弟足利義昭から幕府再興の働きかけをうけると、軍勢をひきいて義昭とともに京都にのぼり、幕府を再興させた。領国内の関所では通行料をとることを禁じ、商業都市堺の支配にも乗り出した。、1571(元亀2)年、なお敵対する比叡山延暦寺を焼討ちした。やがて義昭と対立すると、1573(天正元)年に京都から追放し室町幕府を滅亡させた。1575(天正3)年には三河の長篠の戦いで、徳川家康を助け、大量の鉄砲を使って甲斐の武田氏を破った。翌年には近江に⓫[　　　]を築き始め、その城下町を楽市として商業税を免除し、普請や伝馬の負担も免除して繁栄をはかった。1580(天正8)年には、一向一揆の中心である本願寺を屈服させ、大坂から退去させた。1582(天正10)年に武田氏をほろぼすと、東日本の大名らが服属の姿勢をみせ、天下人としての名声を高めた。しかし、四国・中国地方の大名を攻める準備をすすめるさなかに、重臣の明智光秀にそむかれて本能寺の変でほろびた。

豊臣秀吉の全国統一

同じく❿の重臣だった羽柴秀吉はすぐに光秀を討ち、❿の最有力家臣の柴田勝家も破り、1583(天正11)年、本願寺の跡地に壮大な⓬[　　　]を築き始めた。❿の次男信雄および徳川家康とも小牧・長久手の戦いで対戦したが、信雄と講和して臣従させた。まもなく朝廷で高い地位につき、1585(天正13)年には紀伊や四国などを支配下とし、朝廷内の争いに介入し公卿の最高位にあたる⓭[　　]についた。翌年、天皇から⓮[　　]の姓をあたえられ⓮秀吉と称し、以後、天皇の権威で諸大名を服属させ、朝廷の官位をつけてみずからの下に編成した。

　越後の上杉氏や徳川家康を臣従させて東方を固め、1587(天正15)年には、南九州の島津氏を降伏させて九州を支配下においた。京都に新築した聚楽第に本拠を移し、翌年には後陽成天皇を招き諸大名に政権への忠誠を誓わせた。関東では、小田原攻めで北条氏を1590(天正18)年にほろぼすと、続けて伊達氏ら東北の大名を服属させ、徳川氏を関東へ移し、全国の領主を支配下におさめた。

　❿と⓮秀吉、2人の政権をあわせて織豊政権とよぶ。

❶　1530年代以降、大幅に銀を増産した島根県の鉱山はどこか。

❷　税を銀でおさめていた中国の明では、大量に銀が必要となったため、中国が輸入したものは何か。

❸　❷のかわりに中国から日本にもたらされたものは何か。

❹　15世紀以降、ヨーロッパを中心に世界の諸地域が広く交流するようになったが、この時代を何とよぶか。

❺　1543年、種子島に来航したポルトガル人がもたらしたものは何か。

❻　1549年に鹿児島に来航した、イエズス会の宣教師はだれか。

❼　❻が日本に伝えた宗教は何か。

❽　貿易の利益を得るため、❼教に入信した大名たちは何とよばれたか。

❾　ポルトガル商人と日本との貿易を何とよぶか。

❿　1573年、足利義昭を追放し、室町幕府に終止符を打ち、いち早く全国統一に乗り出したのはだれか。

⓫　❿が近江の琵琶湖畔に築いた城は何か。

⓬　明智光秀を倒し、❿の後継者として全国を平定していった羽柴秀吉が、石山本願寺の跡地に築いた、壮大な城は何か。

⓭　1585年に紀伊や四国を攻めて支配下におさめた秀吉が、朝廷内の最高位をめぐる公家の争いに介入し、みずからついた官職は何か。

⓮　1586年に秀吉が天皇からあたえられた姓は何か。

［地図問題］　地図中 A～P の空欄に適する語句を語群より記号で選べ。

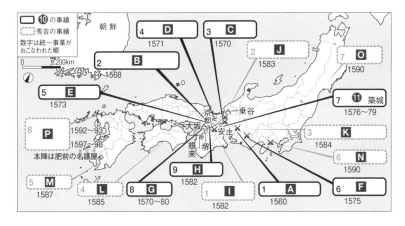

〔語群〕

ア、奥羽平定　イ、小牧・長久手の戦い　ウ、小田原攻め

エ、長篠の戦い　オ、桶狭間の戦い　カ、山崎の戦い　キ、本能寺の変

ク、石山合戦　ケ、四国平定　コ、九州平定　サ、文禄の役・慶長の役

シ、室町幕府滅亡　ス、足利義昭を奉じ入京　セ、延暦寺焼討ち

ソ、姉川の戦い　タ、賤ヶ岳の戦い

❶
❷
❸
❹
❺
❻
❼
❽
❾
❿
⓫
⓬
⓭
⓮

［地図問題］

A　　　　　B

C　　　　　D

E　　　　　F

G　　　　　H

I　　　　　J

K　　　　　L

M　　　　　N

O　　　　　P

26 豊臣政権と桃山文化

検地と刀狩

近畿地方を根拠とした豊臣秀吉は、惣村の伝統をふまえて、❶□を単位として検地をおこなった。これを❷□□□□□という。あらたな基準で田畑屋敷の面積を1区画ごとにはかり、❸□□を定め、作人（百姓）を記載した検地帳を作成して❶に交付した。年貢を負担する百姓1人だけの土地所持を認め（**一地一作人**）、村でまとめて年貢をおさめさせた。大名にも❸で知行をあたえ、秀吉も近畿地方を中心に220万石をこえる直轄地を確保した。また秀吉は1585（天正13）年、支配下のほぼ全域で大名の❹□□□（□□□）をおこなった。1588（天正16）年には、百姓から刀・脇差などの武具を取り上げる❺□□令を出し、一揆の防止と耕作に専念させる意図を示した。一方、直轄都市である京都・大坂などでは年貢にあたる地子を免除し、町と❶（在方）とを区別した。寺社や公家と結びついた座を解散させ、豪商と結んで町での商工業の振興をはかった。但馬の生野銀山などを直轄し、各地の金銀山からも運上を取って財政基盤とし、金銀貨の公定にも乗り出した。1591（天正19）年には、大陸侵攻にむけて、全国の国郡ごとに❶々の❸を掌握し、大名らを戦争に動員する❻□□の基準とした。奉公人が町人・百姓になることや勝手にやめることも取り締まった。秀吉の政策により、武士や奉公人と百姓との❼□□□□□が定まっていった。

秀吉の外交

秀吉は信長と同じく、当初、キリスト教に好意的であったが、九州を平定すると、教会が長崎を獲得し、キリシタン大名をつうじて信徒に強い力をもっていることを知って警戒し、1587（天正15）年、❽□□□□□□□令で宣教師に国外退去を命じ、翌年には長崎を直轄地としたが、布教と一体化していた貿易をつづけたため、宣教師追放は徹底しなかった。

　秀吉は早くから大陸侵攻の意志を示し、九州平定後、対馬の宗氏を通して朝鮮国王に服属と来日を求め、他の近隣諸国へも同様の要求をした。朝鮮が明出兵協力の要求を拒否すると肥前に名護屋城を築き、1592（文禄元）年、約16万の兵を朝鮮へ送りこんだ。日本勢は漢城（ソウル）を陥れ、朝鮮全域にまで侵攻した。だが朝鮮の民衆は抵抗し、水軍も補給路を攻撃し、明が軍勢を送り朝鮮を助けたので、日本軍の侵攻はゆきづまった。明との講和交渉が決裂すると、秀吉はふたたび朝鮮に軍勢を送ったが、翌年に死去した。**五大老・五奉行**が軍勢を撤退させ、❾□□□□・□□□の役はおわった。

桃山文化・芸能と風俗

秀吉が晩年に居城とした**伏見城**の地を桃山とよんだことから、織豊政権の時代を❿□□・□□時代、この時代の文化を⓫□□文化とよぶ。天下人や大名、豪商らの気風を反映した豪華で壮大な文化で、また仏教色がうすれ世俗的な色彩が強まった。⓫文化を象徴するのは城で、平野部に石垣と堀をめぐらした平山城や**平城**が築かれ、城下町も巨大化した。高層の**天守（天主）**と、大広間をもつ書院造の御殿が中心につくられた。城や寺院の壁や襖には、金箔などの上に青や緑の濃い絵具で着色した⓬□□□がえがかれ、信長や秀吉につかえた**狩野派**が活躍した。茶の湯は武将や商人に愛好された。堺の商人⓭□□□は簡素な侘び茶を大成し茶道を確立させた。都市では庶民の風流踊りがさかんになり、京都で**出雲お国（阿国）**が、「かぶき者」の姿で踊った（かぶき踊り）。節をつけた物語劇を、あやつり人形と**三味線**の伴奏とともに語る人形浄瑠璃もうまれた。庶民の生活をえがく**風俗画**の屏風絵も数多く製作された。

国際的な文化の交流

宣教師らが伝えた天文・地理や医学、パン・カステラ・たばこなどは南蛮文化とよばれた。イエズス会の**ヴァリニャーノ**は、キリスト教の初等教育学校（**セミナリオ**）や高等教育学校（**コレジオ**）を何か所か設け、1582（天正10）年には、九州の少年たちを⓮□□□□□□□としてローマ教皇のもとへ派遣した。金属製活字による活版印刷術を導入し、キリスト教の書物が翻訳され、日本の古典や日本語辞書が**キリシタン版**として出版された。

❶ 惣村の伝統をふまえ、秀吉が検地をおこなった単位を何とよぶか。

❷ 秀吉のおこなった新しい方法の検地を何とよぶか。

❸ その土地の生産性を土地の等級(とうきゅう)に応じて定めてあらわした単位を何とよぶか。

❹ 1585年に秀吉が支配下のほぼ全域でおこなった、大名の所領を移す政策は何か。

❺ 秀吉が1588年に出した、百姓から刀・脇差などの武具を取り上げる法令を何とよぶか。

❻ 1591年、秀吉は全国の国郡ごとに各❶々の❸を掌握して、大名らを戦争に動員する何の基準としたか。

❼ 秀吉の政策によって武士や奉公人と百姓との身分分離が定まっていったが、このことを何とよぶか。

❽ 1587年に出された、宣教師に国外退去を命じた法令は何か。

❾ 秀吉がおこなった2度にわたる朝鮮侵攻を総称して何とよぶか。

❿ 秀吉が晩年に居城とした伏見城の土地のよび名から、織豊政権の時代を何とよぶか。

⓫ ❿の時代を中心とする文化を何とよぶか。

⓬ 城や寺院の襖にえがかれた、金箔などの上に青や緑の濃い絵具で着色した絵を何とよぶか。

⓭ 堺の商人で、簡素な**侘び茶**を大成し、茶道を確立させたのはだれか。

⓮ 1582年、ヨーロッパのローマ教皇のもとへ派遣された、九州の**キリシタン大名**にゆかりのある少年たちのことを何とよぶか。

【資料問題】 各資料について答えよ。

A

資料**A**は、慶長年間に播磨(はりま)平野の小丘陵に築城された代表的な**平山城**である。城郭の中核をなす高層の**天守閣**が特徴で、別名白鷺城(しらさぎ)ともよばれるこの城の名称は何か。

B

資料**B**は、⓬の代表作である。大名の剛毅(ごうき)な気風を伝えているこの迫力ある『**唐獅子図屏風**(からじしずびょうぶ)』をえがいたのはだれか。

C

資料**C**は、庶民のあいだで流行した異様な風体でめだとうとする「かぶき者」の踊り(**かぶき踊り**)を始めた女性である。これはだれか。

❶
----
❷
----
❸
----
❹
----
❺
----
❻
----
❼
----
❽
----
❾
----
❿

⓫

⓬

⓭

⓮

【資料問題】

A

B

C
----

27 江戸幕府の成立　I

敎 p.122～125／詳 p.154～160

幕府の開設

　徳川家康は、1590(天正18)年、豊臣秀吉から関東に領地をあたえられ、江戸を本拠地として領国経営につとめ、五大老でもっとも重んじられた。秀吉の死後、家康の地位はさらに高まったが、五奉行の１人の**❶**　　　　　と対立を深め、1600(慶長５)年、**❷**　　　　の戦いで**❶**らを倒した。

　1603(慶長８)年、家康は征夷大将軍に任命され**江戸幕府**を開き、諸大名に**江戸城**と市街地造成の建設や土木事業を命じ、全国の支配者だと示した。これより265年間にわたる**江戸時代**が始まった。

　家康は将軍職を徳川氏の世襲とし、子の**❸**　　　　に将軍職をゆずったあとも、大御所として実権をにぎった。秀吉の子**❹**　　　は、大坂城を本拠地とし60万石の一大名となっていたが、家康は1614～15(慶長19～元和元)年、２度の**❺**　　　　　(冬の陣・夏の陣)で豊臣氏をほろぼし、江戸幕府の権力を万全なものとした。幕府は、経済的基盤である直轄領(幕領)を全国の総石高の約７分の１(400万石)を有し、将軍直属の家臣の**❻**　　　の知行地は300万石であった。全国の主要な鉱山と都市も直轄地とし、商工業や貿易を支配し、貨幣の発行権限もにぎった。軍事面では、将軍に直接あうこと(御目見え)のできる**❻**と、できない**❼**　　　　　らの直属の家臣団がいた。諸大名には軍事的な負担(軍役)を課し、圧倒的な力をもった。幕府の職制は、３代将軍**❽**　　　　のころに確立した。幕政の中心で将軍を支えて政務をまとめたのが、**❾**　　　で、**若年寄**が補佐した。**寺社奉行・町奉行・勘定奉行**の**❿**　　　　が政務を分担した。役職は譜代大名と**❻**が１ヶ月交代の月番制で政務を担い、役職をまたぐ事項は**評定所**で**❾**と**❿**が合議して裁決した。

大名の統制

　幕府は、各種方策で権力の強化をはかった。1615(元和元)年、大名の住む城を１つに限る**⓫**　　　　　令を発し、ついで**⓬**　　　　　　を定めて大名の厳守心得を示し、違反者は**改易・減封**などの処分とした。翌年に家康が死ぬと、２代将軍の**❸**もその翌年に全国の土地領有者としての立場を明示した。**❽**は、３代将軍に就任するにあたって、全国の大名に**石高**に応じた軍事的な負担を割りあて、軍勢をひきいて上洛し、将軍の軍事指揮権を示した。**⓬**は、ほぼ将軍の代替わりごとに出された。とくに**❽**の寛永令では、大名に対し原則１年おきに１年間、江戸で役務につく**⓭**　　　　　を義務づけ、妻子の江戸居住を強制した。**⓭**は大名にとり多額の出費となり、藩財政を圧迫することとなった。大名は、将軍と主従関係を結んだ１万石以上の武士のことで、徳川氏との関係で、**⓮**　　　・　　　・　　　にわけ全国に配置した。大名の領地とその支配機構を藩とよぶ。大名は家臣団を編成して城下町に住まわせ、家老や奉行などの役職を設けて藩政を担当させた。こうして将軍と諸大名との主従関係が確立し、将軍(幕府)と大名(藩)が全国の土地と人民を支配する体制ができあがった。これを**幕藩体制**とよぶ。

朝廷と寺社

　家康は、1615(元和元)年、**⓯**　　　　　　　　を定め、朝廷に対する統制の基準を示した。また**⓰**　　　　　　をおいて監視させ、有力な公家である摂家が就任する関白などに朝廷を統制する権限をあたえ、公家から選ばれた２人の**⓱**　　　　　をつうじて朝廷を操作し、天皇と朝廷が政治にかかわらないよう規制した。1627(寛永４)年の**⓲**　　　事件を機に幕府は朝廷への統制をいっそう強めた。

　幕府は宗教統制にも力を入れ、**⓳**　　　　　などで寺院を規制し、庶民を支配するためのしくみにもちいた。キリスト教禁教策の１つとして**⓴**　　制度を設け、武士や神職もふくめすべての人びとをいずれかの寺の檀家とし、それを寺に証明(**⓴**)させることにした。仏教のほか、神道・修験道・陰陽道なども幕府から容認された。

❶ 豊臣秀吉の死後、豊臣家を支えようとして、地位が高まった**徳川家康**と対立した五奉行の1人はだれか。

❷ 家康が、❶らの武将団を倒した1600(慶長5)年の戦いは何か。

❸ 将軍職を代々徳川氏がうけつぐことを示すため、家康が将軍職をゆずり第2代将軍となった自身の息子はだれか。

❹ ❷の戦い以降、大坂城を本拠地とし60万石の一大名となっていた豊臣秀吉の子はだれか。

❺ 家康が、❹を倒し豊臣氏をほろぼした2度の戦いの総称は何か。

❻ 将軍に直接あうこと(御目見え)のできる直属の家臣を何とよぶか。

❼ 御目見えができない直属の家臣団は何とよばれるか。

❽ 幕府の職制がほぼととのったとされるころの3代将軍はだれか。

❾ 将軍を支え政務をまとめた幕政の最高職を何とよぶか。

❿ 幕府の政務を分担した**寺社奉行・町奉行・勘定奉行**の総称は何か。

⓫ 大名の住む城を1つに限るとした1615(元和元)年の法令は何か。

⓬ 大名の厳守心得を示し、違反者は**改易・減封**などの処分をすると定め、将軍代替わりごとに示された法令は何か。

⓭ 大名に対し原則として1年おきに1年間、江戸で役務につくことを義務づけた制度は何か。

⓮ 大名は徳川氏との関係から3種に分類された。その3種とは何か。

⓯ 家康が朝廷に対して示した1615(元和元)年の統制の基準とは何か。

⓰ 幕府が朝廷を監視するために設定した要職は何か。

⓱ 朝廷を統制する権限をあたえ、幕府の指示・命令をうけ連絡にあたった公家から選ばれた二人の役職名は何か。

⓲ 後水尾天皇が、幕府に無断で多くの僧に高僧用の法衣の着用を許してとがめられた1627(寛永4)年の事件は何か。

⓳ 寺院を規制するために示された法令は何か。

⓴ 武士や神職もふくめ、すべての人びとをいずれかの寺の檀家とし、それを寺に証明させることにしたキリスト教禁教策の制度の1つは何か。

【資料問題】 次の資料1の空欄**A**～**E**の役職と史料2の名称を答えよ。

〔資料1〕

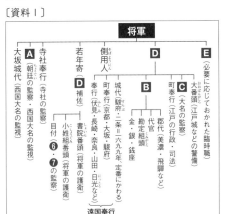

〔史料2〕

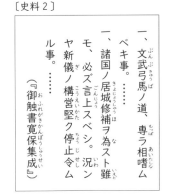

❶
❷
❸
❹
❺
❻
❼
❽
❾
❿
⓫
⓬
⓭
⓮
⓯
⓰
⓱
⓲
⓳
⓴

【資料問題】

資料1

A

B

C

D

E

史料2：

📖 p.125〜128／📘 p.167〜172

身分と社会

近世の社会は身分の秩序を基礎に成り立っていた。武士は、政治や軍事、学問・知識を独占し、苗字を名乗り、刀を携帯する❶▢▢▢などの特権をもつ支配身分である。武士は将軍を頂点として、大名・旗本・御家人などいくつもの階層からなり、主人への忠誠や上下の別が強制された。天皇家や公家、上層の僧侶・神職なども支配身分である。一方、社会の大半を占める被支配身分は、農業を中心に林業・漁業などに従事する❷▢▢▢、手工業者である❸▢▢▢、商人を中心とする都市の❹▢▢▢の3つがおもなものである。このような社会の秩序を「**士農工商**」とよぶこともある。

　村や都市社会の周縁には、一般の僧侶・神職をはじめ宗教者、医者などの知識人、人形遣い・役者などの芸能者など、小さな身分集団がさまざまな形で存在した。さらに下位の身分とされたのが、かわた（長吏）や非人などである。かわたや非人は、居住地や衣服・髪型などで区別され、賤視された。武士や有力な❷や❹の各家では、家長の権限が強く、家督や家の財産、家業は長子を通して子孫に相続され、その他の家族は軽んじられ、女性は家督をつぐことができなかった。

村と百姓

近世の社会を構成する最大の要素は村と❷であった。村は❷の家屋敷・寺院・神社のある集落と、田畑（耕地）・林野・浜を含む広い領域から成り立っていた。村には、田畑・家屋敷をもつ高持の❺▢▢▢▢▢を中心とする自治的な組織があり、**名主（庄屋）・組頭・百姓代**の❻▢▢▢▢▢により運営された。また村には、田畑をもたない❼▢▢▢▢も多くいて、小作や日雇いの仕事をいとなんだ。村では、入会地の利用、用水や山野の管理、道の整備、治安や防災などの仕事を共同で担い、経費である村入用は村民が負担した。村は**村法（村掟）**にもとづいて運営され、これにそむいた場合は**村八分**などの制裁が加えられた。幕府や諸藩は、こうした村の自治に依存して、年貢・諸役の割当てや取立てを実現した。これを❽▢▢▢制とよぶ。❷は数戸ずつ❾▢▢▢▢に編成され、日常生活を助けあい、納税や犯罪などに連帯責任を負わされた。❷の負担は年貢米である❿▢▢▢▢が中心で、村の石高の40〜50%を米や貨幣で領主におさめた。このほか、農業以外の副業などにかけられた⓫▢▢▢▢や、一国単位でかけられる土木工事などの労働である**国役**があり、街道周辺の村々では人馬を出す**伝馬役**も課せられて、重い負担となった。

　幕府は❺の経営を安定させ、❺が貨幣経済に巻き込まれないようにし、年貢の徴収を確実にしようとした。このため、1643（寛永20）年に⓬▢▢▢▢▢▢の▢▢令を出して土地の売買を禁じ、1673（延宝元）年には⓭▢▢▢▢▢令を出して、❷が一定の経営規模を保つように定めた。また、たばこなどの商品作物を自由に栽培することを禁じ、その他生活面でもきびしく規制した。

町と町人

近世の初めに、全国に多くの⓮▢▢▢▢がつくられ、武士のほかに商人や手工業者も屋敷地への税負担を免除されて定着した。⓮では居住地域は身分ごとに決められ、大半は城郭と武家地で、政治・軍事の諸施設や家臣団の屋敷がおかれた。寺社地には有力な寺院や神社をはじめ多くの寺社が集められ、宗教統制の役割を担った。

　❹地は**町方**ともよばれ、商人・手工業者が住み経済活動の中心となった。**町**という小さな自治組織が数多くあり、町には町屋敷をもつ家持の❹がおり、**名主（年寄）・月行事**などを中心に、町法（町掟）にもとづいて運営された。町には田・畑がなく、❹は重い年貢負担はまぬかれたが、上下水道の整備など都市機能を維持するため、**町人足役**を労働や貨幣で負担した。町にはこのほか、宅地を借りて家屋をたてる⓯▢▢▢や、家屋を借りて住む⓰▢▢▢、また商家の奉公人などさまざまな人びとが住んでいた。

❶ 支配身分である武士は、政治や軍事、学問・知識を独占し、苗字を名乗ることができた。また、刀の所持・携行を許可されたが、その特権は何か。

❷ 農業を中心に林業・漁業などに従事する人々の身分的総称は何か。

❸ 手工業者である人々の身分的総称は何か。

❹ 商人を中心とする都市に住む人びとの身分的総称は何か。

❺ 田畑・屋敷をもち、年貢・諸役を負担する農民を何とよぶか。

❻ 村を運営した❺による、名主(庄屋)・組頭・百姓代などの村役人の総称は何か。

❼ ❺以外に村にいた田畑をもたず無高の農民を何とよぶか。

❽ 村の自治を利用することにより、年貢・諸役の割当てや取立てを幕府や諸藩が確実におこなうことができた制度は何か。

❾ 日常生活の助けあいとともに、納税や犯罪などについて連帯責任を負うとされた数戸ずつの❷の編成を何とよぶか。

❿ ❺がもつ田畑・家屋敷に対する負担の年貢米を何とよぶか。

⓫ 農業以外の副業などにかけられた税の総称は何か。

⓬ 年貢の徴収を確実にしようとした幕府が、❷の経営をできるだけ安定させ、貨幣経済にあまり巻き込まれないようにするため、1643(寛永20)年に出した土地の売買を禁じた法令は何か。

⓭ ❷が一定の経営規模を保つように定めた1673(延宝元)年の法令は何か。

⓮ 藩主の居城周辺に、武士のほか、屋敷地への税負担を免除された商人や手工業者が定着し形成された場所を何とよぶか。

⓯ 地主から宅地を借りて家屋をたてた町人を何とよぶか。

⓰ 家屋を借りて住んだ町人を何とよぶか。

【史料問題】 次の史料名を答え、Ａ・Ｂに適する語句を答えよ。

一、身上能き百姓は〔 Ａ 〕を買取り、弥宜く成り、身体成らざる者は〔 Ｂ 〕を沽却せしめ、猶々身上成るべからざるの間、向後〔 Ｂ 〕売買停止たるべき事。

（『御触書寛保集成』）

---

❶
❷
❸
❹
❺
❻
❼
❽
❾
❿
⓫
⓬
⓭
⓮
⓯
⓰

【史料問題】
史料名：

Ａ

Ｂ

海外貿易の発展

16世紀後半からヨーロッパではイギリス・オランダが国力を強め、国の保護のもとにアジア貿易に乗り出してきた。1600(慶長5)年オランダ船が豊後に漂着すると、徳川家康は貿易にも意欲を出して、乗組員のオランダ人ヤン=ヨーステンとイギリス人ウィリアム=アダムズらを江戸にまねいて外交顧問とした。イギリスとオランダはやがて貿易を許されて、❶□□に商館を開いた。

スペイン・ポルトガルとの交易も続いていたが、ポルトガル商人が中国産生糸(白糸)を独占して値段をつり上げるのを防ぐため、幕府は特定の商人に❷□□□□□をつくらせ、輸入生糸をまとめて安く購入させる制度を設けた。

幕府は日本人の海外渡航も奨励し、九州の島津氏らの大名や特権商人らに海外渡航を許可する❸□□□をあたえ、毎年平均十数隻の❹□□□□が東南アジア各地へ渡航した。これらの船は生糸などを輸入し、銀・銅などを輸出した。また、海外に移住する日本人もふえ、東南アジアの各地に自治制をしいた❺□□□がつくられた。

禁教と鎖国

3代将軍徳川家光のころになると、海外通交は規制されるようになり、その理由の第1は、キリスト教の禁教政策にあった。幕府は初めキリスト教を黙認していたが、徳川家康は、キリスト教の布教がスペイン・ポルトガルの侵略をまねくとして、1612(慶長17)年に幕領、翌年には全国におよぶ❻□□□を出した。こののち、幕府や諸藩は宣教師やキリスト教信者に対して処刑や国外追放などきびしい迫害を加えた。このため多くの信者は改宗したが、一部の信者は迫害に屈せず、殉教する者や潜伏キリシタンとよばれひそかに信仰をまもる者もいた。

理由の第2は、幕府による貿易統制で、幕府は九州の大名が海外貿易によって強大化することを警戒し、1616(元和2)年に中国船を除く外国船の寄港地を❶と❼□□に制限した。その後、イギリスはオランダとの競争に敗れて日本を去り、さらに幕府は禁教を理由にスペインとの交渉を断絶した。1631(寛永8)年、徳川家光は、海外渡航には❸のほかに老中奉書を必要とすることにし、1633(寛永10)年には❽□□□以外の海外渡航を禁止した。さらに、1635(寛永12)年には、日本人の海外渡航と帰国とを全面的に禁止した。その後、1637(寛永14)年には❾□□の乱(❾・天草一揆)がおこった。乱は、かつてキリシタン大名が統治した❾・天草地方の領主が、飢饉のなかで領民に過酷な年貢を課し、キリスト教信者を弾圧したことに抵抗した土豪や百姓の一揆であった。信者の益田(天草四郎)時貞を首領として原城跡にたてこもった3万人余りの一揆勢に対し、幕府は約12万人の大軍を動員し、翌38年ようやく鎮圧した。❾の乱ののち、幕府は信者を根絶するため❿□□を強化し、寺請制度を設けるなど宗教統制をいっそう強めた。さらに、1639(寛永16)年、ポルトガル船の来航を禁止し、1641(寛永18)年、❶のオランダ商館を❼の⓫□□に移した。

こうして幕府が貿易を独占する体制が確立し、国内ではキリスト教の禁止が徹底され、幕府の統制力はいっそう強まった。これ以降、200年余りにわたり、日本はオランダ商館・中国の民間商船・朝鮮・琉球王国・アイヌ民族以外との交渉を閉ざし、⓬□□とよばれる状態が続いた。この結果、国内の産業や文化への海外からの影響は制限された。幕府が対外関係を統制できたのは、当時の日本の経済が海外に依存せずに成り立っていたためである。幕府はオランダ船が❼の⓫に来航するたびに、商館長から⓭□□□□□□□を提出させて、海外情報を手に入れた。中国とは正式な国交が回復せず、❼で民間の商人と私貿易をおこない、明を滅亡させた清の民間の貿易船も❼に来航し貿易額は増加した。幕府はのちに❼に居住していた清国人を、唐人屋敷とよばれる区画内に移した。

❶　幕府がはじめにイギリスとオランダに商館の開設を許可した場所であり、1616(元和２)年以降、中国船を除く外国船の寄港地となった港はどこか。

❷　ポルトガル商人が中国産生糸を独占して値段をつり上げるのを防ぐため、幕府が特定の商人につくらせた制度は何か。

❸　幕府が九州の島津氏らの大名や特権商人らにあたえた、海外渡航を許可する書状は何か。

❹　❸を携帯し、南方の各地から生糸などを輸入した商船を何とよぶか。

❺　海外に移住する日本人が増えたため、南方の各地につくられた自治制の町を何とよぶか。

❻　1612(慶長17)年に幕領、翌年には全国に出された、キリスト教の布教を防ぐための命令は何か。

❼　外国船の寄港地として栄え、1622(元和８)年には元和の大殉教が断行された場所はどこか。

❽　❸に加えて**老中奉書**を携帯し、1633(寛永10)年には唯一の海外渡航を認められた船は何か。

❾　1637(寛永14)年、領主が過酷な年貢を課すとともにキリスト教の弾圧をおこなったため、キリスト教徒の**益田(天草四郎)時貞**を首領としておきた一揆は何か。

❿　幕府がキリスト教徒を根絶するために、右の写真のような板を利用し実施した制度は何か。

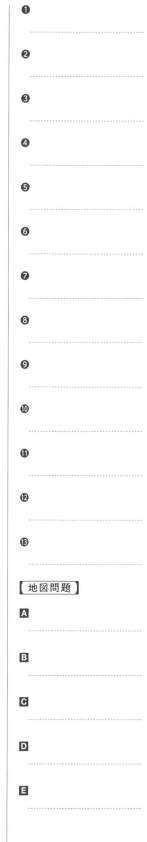

⓫　1641(寛永18)年に、❶にあったオランダ商館が移設された場所はどこか。

⓬　日本はオランダ商館・中国の民間商船・朝鮮・琉球王国・アイヌ民族以外との交渉を閉ざすこととなったが、この外交政策を何とよぶか。

⓭　幕府が海外情報を手に入れるために、オランダ商館長に提出させたものは何か。

［地図問題］　右の🅐〜🅔の地名を答えよ。
＊🅒は王朝名でもある
＊🅓はオランダの拠点となった港市
＊🅔はイギリスが、オランダに敗れた島名

❶
....
❷
....
❸
....
❹
....
❺
....
❻
....
❼
....
❽
....
❾
....
❿
....
⓫
....
⓬
....
⓭
....

［地図問題］
🅐
....
🅑
....
🅒
....
🅓
....
🅔
....

p.131〜133／p.163〜167

朝鮮と琉球・蝦夷地

豊臣秀吉による朝鮮侵略以来、中国や朝鮮との外交関係は停滞していたが、徳川家康は**対馬藩主宗氏**に朝鮮と交渉する地位を認め、1609(慶長14)年、朝鮮とのあいだで❶□□約条を結び、釜山に**倭館**が設置された。宗氏は朝鮮貿易の独占権を得た。朝鮮からは、のちにほぼ将軍の代替わりごとに、❷□□□□□□が来日することとなった。

琉球王国は、1609(慶長14)年、薩摩の**島津氏**の軍に征服され、薩摩藩の支配下に入った。薩摩藩は、琉球に対して砂糖などを上納させる一方で、明や清への朝貢を続けさせたので、中国の産物を手に入れることができた。また琉球は、琉球国王の代替わりごとに❸□□を、将軍の代替わりごとに❹□□を幕府へ派遣してきた。

蝦夷ヶ島では和人地(北海道南部)に勢力をもっていた**松前氏**が、家康からアイヌとの交易独占権を認められた。松前藩の不正な交易にアイヌは反発して、1669(寛文9)年に❺□□□□□□□を中心に蜂起したが敗れた。この結果、アイヌは松前藩に全面的に服従することとなった。

こうして幕府は、**長崎・対馬・薩摩・松前**の「4つの窓口」を通して異国・異民族との交流をもった。明清交替を契機に、東アジアにおいては、中国を中心にした外交体制と、日本を中心にしたこれら「4つの窓口」を通した外交秩序とが、共存する状態となった。

寛永期の文化

幕藩体制が築かれた寛永期(1624〜44年)には、桃山文化をうけつぎながら、新しい文化がうまれた。

学問では、室町時代の五山の禅僧が学んでいた❻□□□学を中心に儒学がさかんになり、君臣・父子の別をわきまえ上下の身分秩序を重んじた❻学は、幕府や藩に受け入れられた。家康は❻学者の❼□□□(道春)を江戸にまねき、❼の子孫は代々儒者として幕府につかえ幕府の学問を担った。

建築では、幕府が❽□□造の豪華な❾□□□□□□□[資料1]をつくり、一方京都では❿□□□[資料2]がつくられ、書院造に草庵風の茶室を取り入れた⓫□□□□造がもちいられた。

絵画では、狩野派の⓬□□□□□が幕府の御用絵師となり、活動の場を江戸に移して画壇の中心となった。京都の上層の町衆であった⓭□□□□□は、独特のやわらかみのある装飾画を生み出した。⓭と縁戚関係のある多才な文化人⓮□□□□□も書画・蒔絵・陶芸にすぐれた作品を残した。

陶芸では文禄・慶長の役の際、諸大名が連れ帰った朝鮮人陶工によって、九州・中国地方の各地に陶磁器生産が始まった。寛永期には、有田焼の⓯□□□□□□□が、今までになかった赤を基調としてさまざまな色彩でえがく赤絵の技法を完成させた。

文芸では、御伽草子のあとをうけた仮名草子が、教訓や道徳を主とした作品を生み出した。また連歌の第一句(発句)を独立させた俳諧もさかんになって、あらたに民衆文化の基盤となっていった。

[資料1]

[資料2]

❶ 1609(慶長14)年、**対馬藩主宗氏**が朝鮮とのあいだで結んだ貿易上の規定は何か。

❷ ❶約条を結んだのち、将軍の代替りごとに朝鮮から来日した使者を何とよぶか。

❸ 琉球国王の代替わりごとに、琉球王国から派遣された使者を何とよぶか。

❹ 将軍の代替わりごとに、琉球王国から派遣された使者を何とよぶか。

❺ 幕府からの交易独占権を得た**松前氏**に反発し、1669(寛文９)年に蜂起したアイヌの中心人物はだれか。

❻ 幕府や藩で受け入れられ、上下の身分秩序を重んじた学問は何か。

❼ ❻学を教授するため、家康にまねかれて幕府に仕えた学者はだれか。

❽ 上から見ると建物の配置が「エ」の字にみえるのが特徴で、本殿と拝殿を幣殿(石の間)でつなぐ様式から「石の間造り」「八棟造り」ともよばれる神社の建築様式は何か。

❾ ❽造の代表的建築物であり、徳川家康をまつった神社は何か。

❿ ７世紀の初めからなかごろまでに、八条宮初代智仁親王と二代智忠親王によってつくられ、回遊式の日本庭園がある京都の施設は何か。

⓫ 書院造に草庵風の茶室を取り入れた建築様式を何とよぶか。

⓬ 狩野派で幕府の御用絵師となり、画壇の中心となったのはだれか。

⓭ 京都の町衆であり、独特な装飾画を生み出したのはだれか。

⓮ ⓭と縁戚関係であり、書画・蒔絵・陶芸などにすぐれた作品を残したのはだれか。

⓯ 赤を基調としてさまざまな色彩でえがく赤絵の技法を完成させたのはだれか。

[資料問題]

Ａ ⓭の作品である右の屏風の名称は何か。

Ｂ ⓮の作品である左下の箱の名称は何か。

Ｃ ⓯の様式を特徴とする右下の皿の名称は何か。

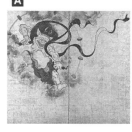

❶

❷

❸

❹

❺

❻

❼

❽

❾

❿

⓫

⓬

⓭

⓮

⓯

[資料問題]

Ａ

Ｂ

Ｃ

平和と秩序

17世紀なかばすぎ、半世紀近い動乱が続いた中国で、**清**が明を完全にほろぼし、新しい秩序がうまれた。この結果、東アジア全体に平和がおとずれ、日本でも島原の乱を最後に幕府が諸藩に出兵を命じるほどの軍事行動はなくなった。

1651（慶安4）年、3代将軍徳川家光が世を去り、子の❶□□□が11歳で4代将軍となった。このころ幕府は、大名の改易にともない主家を失って発生する**牢人**の問題を、根本的に解決する必要にせまられていた。軍学者**由井（比）正雪**が同志をつのり、江戸と駿府などで**由井正雪の乱（❷□□の変）**をおこすと、幕府はあとつぎのない大名が死の直前に急いで養子（相続人）をとる末期養子の禁止をゆるめ、50歳未満の大名にはこれを認めることとした。こうして牢人がふえるのを防ぐ一方、社会秩序を乱そうとする**かぶき者**の取締りを強めた。

ついで幕府は、それまで美化されてきた殉死をきびしく禁じ、主人の死後は殉死せず、あとつぎの新しい主人に奉公することを義務づけた。大名が幕府に出していた人質（証人）の制度もゆるめた。こうして、平和な時代が続くなかで、戦国時代から残っていた慣習は一つひとつ取り除かれていった。

この時期には、幕府から命じられる諸藩の軍事的な負担が減ったことから、藩主は権力を強化し、治水工事や新田開発をすすめて農業生産を高め、財政を安定させた。**徳川光圀**（水戸）・**池田光政**（岡山）・**保科正之**（会津）らの藩主は、儒学者を顧問にして藩政の改革をすすめた。

元禄時代

平和と安定を背景に、経済が発展した5代将軍❸□□□□の治世を、❹□□時代とよぶ。❸は、1683（天和3）年に代替わりの武家諸法度を出し、それまでの武力を重んじる「弓馬の道」にかわり、主君に対する❺□□と父祖に対する❻□□を重んじ、また❼□□による秩序を武士に求めた。❸は、側用人出身の❽□□□□を抜擢して政治を補佐させ、老中・若年寄などの重職に左右されない将軍の専制政治をめざした。❺・❻や❼を重んじる立場から、**大嘗会**などの朝廷儀式も復興させた。また、❸は1685（貞享2）年から20年余りにわたり❾□□の令を出し、すべての生き物の殺生を禁じ、とくに犬を大切にし、江戸では大規模な犬小屋をつくって野犬を収容した。この法令によって庶民は迷惑をこうむったが、町に野犬が横行したり捨て子が放置されたりする状態は解消された。さらに近親者が死亡した際に忌引や喪に服す日数を定めた❿□□令を出し、❾の令とともに、殺生や死の穢れをきらう風潮がつくり出された。

一方、1657（明暦3）年におきた明暦の大火により江戸の復興費用や寺社造営の出費が増加し、さらに金・銀の産出量が減少するなど、幕府の財政は急速に悪化した。そこで、幕府は**勘定吟味役荻原重秀**の提案により、質を落とした⓫□□□□を大量に発行した。貨幣の増発により財政は一時的にうるおったが、貨幣価値が下がったために物価は上昇し、人びとの生活を圧迫した。1707（宝永4）年には富士山が大噴火し、駿河・相模などの国々に降砂や洪水による大きな被害が出た。

正徳の政治

❸のあと、6代（家宣）・7代（家継）将軍の時代は、将軍の学問の師であった朱子学者⓬□□□□□と側用人の**間部詮房**らによる**正徳の政治**がおこなわれた。⓬らは、まず❾の令を廃止した。ついで将軍職の地位と権威を高めるために、儀礼の整備に力を入れ、⓭□□□□を創設し天皇家との結びつきを強めた。また、朝鮮通信使の待遇を簡素化し、将軍の呼称もこれまでの「大君」が低い意味をもつとして、「日本国王」に改めた。ついで評判の悪かった⓫にかえて、金の含有量を以前の慶長小判と同率とした⓮□□□□をつくった。しかし、新旧金銀の交換をめぐり、かえって社会の混乱を引きおこした。また、長崎貿易では海外に金・銀が流出するのを防ぐため⓯□□□□□を出し、中国船とオランダ船の船数や貿易額を制限した。

❶ 1651（慶安4）年、3代将軍徳川家光のあとをついで11歳で即位した4代将軍はだれか。

❷ ❶の即位の際、軍学者の**由井（比）正雪**が同志をつのり江戸や駿府で幕府転覆をはかったが、未然におわった反乱を別名何の変とよぶか。

❸ 政治の安定と経済の発展をもたらし、1683（天和3）年に代替わりの武家諸法度を制定した5代将軍はだれか。

❹ 平和と安定を背景に経済の発展がもたらされた❸の治世を何とよぶか。

❺ ❸が武家諸法度のなかで重んじた、主君に対するいつわりのない誠実な心を何とよぶか。

❻ ❸が武家諸法度のなかで重んじた、父祖を敬う道徳的概念を何とよぶか。

❼ ❸は、何によって秩序を守ることを武士に求めたか。

❽ ❸により側用人から抜擢され、幕政を主導したのはだれか。

❾ 1685（貞享2）年に制定された、すべての生き物の殺生を禁じた命令は何か。

❿ 近親者が死亡した際の忌引きや喪に服す日数を定めた法令は何か。

⓫ **荻原重秀**の提案により、質を落として大量に発行された小判は何か。

⓬ 6代（**家宣**）・7代（**家継**）将軍の学問の師であり、5代将軍❸のあと、政治の中心を担った朱子学者はだれか。

⓭ 将軍職の地位と権威を高め、天皇家との結びつきを強めるために創設された宮家は何か。

⓮ ⓬が鋳造し、金の含有量を増やして慶長小判と同率にして発行した小判は何か。

⓯ 海外に金や銀が流出するのを防ぐため、貿易額を制限した命令は何か。

［史料問題］

次の史料名を答え、**A**〜**D**に適する語句を答えよ。

一、（ **A** ）を励し、（ **B** ）を正すべき事。
一、（ **C** ）は同姓相応の者を撰び、若之無きにおゐては、由緒を正し、存生の内言上致すべし。五拾以上十七以下の輩、末期に及び（ **C** ）致すと雖も、吟味の上之を立つべし。縦、実子と雖も筋目違たる儀、之を立つべからざる事。附、（ **D** ）の儀、弥制禁せしむる事。
（『御触書寛保集成』）

❶
❷
❸
❹
❺
❻
❼
❽
❾
❿
⓫
⓬
⓭
⓮
⓯

［史料問題］

史料名：

A

B

C

D

農業生産の進展

近世の農業の特徴は、規模は小さいが、小家族がせまい耕地に高度な技術と労働を集中し多くの収穫量をあげようとした点である。農業技術では、深耕用の ❶ 　　　　、脱穀用の ❷ 　　　　など、鉄製の農具が工夫され、穀物を選別する ❸ 　　　、灌漑用の踏車が考案された。肥料は村内や入会地からの刈敷と、家畜の糞尿と敷藁をまぜた厩肥が中心であった。作物は年貢用の米が主で、小麦や粟・稗・蕎麦などの雑穀、麻・木綿などの衣料の原料、灯油原料の油菜、養蚕の桑などが生産された。17世紀初めから幕府や諸藩が積極的に新田開発し耕地が拡大した。箱根芦ノ湖からの**箱根用水**や、利根川からの見沼代用水による新田が代表例である。都市の有力商人が出資し開発した**町人請負新田**では、大規模な治水・灌漑工事がすすめられた。田畑の面積は、18世紀初めには江戸初期の2倍近くにふえ、農業生産はめざましい発達をとげ、年貢米も大きく増加した。幕府や大名は、米以外の作物生産を奨励し税収入の増大をはかり、全国各地で風土に適した特産物がさかんにつくられ、江戸・上方など遠隔地へ向けて出荷された。一方、❹ 　　　　　　の栽培がさかんになると多くの肥料が必要となり、おもな肥料の刈敷が不足し、貨幣で購入する ❺ 　　　　が使われるようになった。都市周辺部では人糞尿の下肥、綿産地などでは**干鰯・〆粕・油粕・糠**などが ❺ として普及した。村々はしだいに商品流通に巻き込まれていき、農業の知識と技術を解説する**宮崎安貞**の『❻ 　　　　　　』や**大蔵永常**の『**広益国産考**』などの**農書**がつくられ普及した。

諸産業の発達

林業は、都市の発展に必要な建築資材を供給し大きな役割を果たした。良質な大木をかかえる山地は幕府や諸藩の直轄となり、なかでも尾張藩や秋田藩の**木曽檜や秋田杉**は全国的に有名となった。燃料源である薪や炭は、村々の入会地から近隣の城下町などへ大量に出荷された。木工技術の進歩や、漆塗りの技術の普及で木製品や漆器なども広く流通した。

漁業は、おもな動物性蛋白源として、また肥料の原料としての需要もあり発達した。沿岸部の漁場で網をもちいる**上方漁法**が普及し、鰯や鰊は干鰯・〆粕などに加工され、綿作などの❹生産の肥料として上方をはじめ各地に出荷された。そのほか瀬戸内海の鯛、土佐の鰹などの釣漁、網や銛を使った紀伊・土佐・肥前・長門などの捕鯨などがみられた。17世紀末以降、銅にかわる中国(清)向け輸出品に ❼ 　　　や昆布などがもちいられ、蝦夷地や陸奥で漁業がさかんになった。製塩業では、瀬戸内海沿岸で高度な土木技術を必要とする ❽ 　　　　　　が開かれて、塩が量産され各地に流通した。

鉱山業は採掘技術が進歩し、17世紀初めには各地で金・銀を産出した。銀は世界でも有数の産出量でおもな貿易品となったが、17世紀後半は金・銀にかわって銅の産出量がふえ、銅銭の需要にこたえたほか長崎貿易の最大の輸出品となった。また、**たたら**による鉄の生産もさかんであった。

手工業の発達

手工業も小規模経営ながら高度な技術をもつ職人によって発達した。近世の初めは、城郭・武家屋敷・寺社・都市などの建設、鉱山の経営、武器の生産などに従事する大工・鍛冶が職人とされた。その後、各業種ごとに仲間や組合ができ手工業が多様に発展し、村々でも零細な手工業からなる ❾ 　　　　　**工業**がおこなわれた。織物では、戦国時代末期に朝鮮伝来の綿作が普及し、女性による地機での木綿生産がさかんになり、河内の木綿などの特産品がうまれた。絹織物は京都❿ 　　　で高度な技術をもちいる ⓫ 　　　　によって独占的に織られたがのちに、その技術は各地に広まった。陶磁器は、文禄・慶長の役のときに朝鮮から連れ帰った陶工が伝えた技術が普及した。佐賀藩が保護した**肥前有田**の磁器は、長崎貿易の主要な輸出品となり、尾張の**瀬戸**や美濃の多治見でも生産が活発になった。醸造業では、**伏見・灘・伊丹**などで銘酒が生産され、西日本の醤油が、関東の銚子や**野田**など全国でも生産され、日本の食文化形成に大きな役割を果たした。

❶ 田畑の深耕用に開発され、近世の中期ごろに全
国に普及した刃の部分が3～4本に分かれた農具
（右の絵❶参照）は何か。

❷ それまでの扱箸にかわり、元禄ごろに考案され
た脱穀機（右の絵❷参照）は何か。

❸ 17世紀後半に中国から伝来し江戸中期に普及し
た農具は籾殻や塵芥を手回しの風で機外に吹き飛
ばすことによって、米粒を選別した。この農具
（右の絵❸参照）は何か。

❹ 四木（桑・漆・茶・楮）三草（麻・藍・紅花）のほ
か各地で生産された特産物などの、販売を目的と
した作物を総称して何とよぶか。

❺ 貨幣で購入した肥料を何とよぶか。

❻ 宮崎安貞が1697年に書いた農業の知識と技術を解説する農書は何か。

❼ 日本から中国（清）に輸出された、いりこ・ほしあわび・ふかのひれの
3品はその輸送時の状態から、何とよばれたか。

❽ 潮の干満を利用し、海水を低地に引き入れ水分を蒸発させ濃度を高め
て塩を量産した方式の塩田は何とよぶか。

❾ 江戸時代に農業の道具や技術がすすみ、空いた時間に自前で原料・道
具を用意して村々でおこなわれた零細な手工業を何とよぶか。

❿ 絹織物において、高度な技術が発達した京都の生産地はどこか。

⓫ ❿で発達した腰かけて両足で操作ができる織機は、やがて全国に広ま
り上野の桐生などでも使用され絹織物が生産されるようになった。その
織機を何とよぶか。

平鍬

【資料問題】 下図の農具の名称を答えよ。
Ⓐは、中国より中世後期に伝わった揚水機であるが、江戸時代にはしだい
に踏車にかわっていった。
Ⓑは、実の選別をする。

Ⓐ

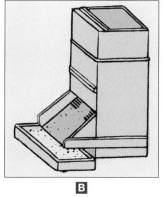
Ⓑ

❶ _____
❷ _____
❸ _____
❹ _____
❺ _____
❻ _____
❼ _____
❽ _____
❾ _____
❿ _____
⓫ _____

【資料問題】
Ⓐ _____
Ⓑ _____

⑱ p.138～141／⑲ p.175～176、p.182～187

交通と流通の発達

陸上交通は、幕府によって江戸から京都・大坂や各地の城下町につうじる❶[　　　]や脇街道が整備され、多くの宿駅もおかれた。宿駅には参勤交代の大名が宿泊する❷[　　]、一般旅行客のための**旅籠屋**、物資を輸送する人・馬の交代や飛脚業務を扱う**問屋場**などが設けられ交通の便をはかった。幕府は東海道の箱根・**新居**、中山道の碓氷・**木曽福島**などの要所に❸[　　]をおき、武器や江戸から大名の妻子が移動することを取り締まった。近世中期になると、商人の荷物の輸送や庶民の寺社詣などで各地の街道や宿駅は発達し、また**飛脚**による通信制度が整備された。物資の大量輸送には、海や河川、湖などの水上交通の方が適していた。17世紀初めから河川の舟運が整備され、京都の豪商**角倉了以**は賀茂川などを整備し、高瀬川などを開削して水路を開いた。陸上と河川交通をむすぶ拠点には、**河岸**とよばれる港町が各地につくられた。海上交通は、各地の城下町や港町を結び、流通の範囲が一気に広がった。17世紀後半に、江戸の商人❹[　　　　]が出羽酒田から江戸にいたる❺[　　　　　]・❻[　　　　　]のルートを整備した。こうして全国の海上交通網が形成され、大坂と江戸は各地からの物資の集散地となり、南海路では❼[　　　　]・❽[　　　]が往復し、大坂から木綿・油・酒などを江戸にはこんだ。一方、18世紀末ころから、日本海の❾[　　　]や尾張の内海船など、遠隔地を結ぶ廻船が各地で発達した。

商業の展開

近世初期に活躍した**豪商**は、海外との交易が制限され、国内の水陸交通網が整備されると衰えていった。17世紀後半になると、全国の商品流通は、各主要都市を根拠地とする❿[　　]が支配し、❿が仕入れた商品は、仲買や小売商人の手を通じて都市や全国に送られた。❿や仲買は仲間・組合とよばれる同業者団体をつくって営業の独占をはかった。全国市場が確立すると、江戸の⓫[　　　　]や大坂の⓬[　　　　　]のように、江戸・大坂間の輸送の安全や海上事故の共同保障、流通の独占をめざして❿仲間が組織された。また、近江・伊勢・京都の出身で、呉服・木綿などを扱う大商人には、**三井家**のような各主要都市や各地の城下町などに出店をもつ者もあらわれた。18世紀前半になると、幕府は営業税の納税を条件に仲間を公認していき、公認された営業の独占権を⓭[　]、その仲間を⓭仲間とよぶ。また生産地と江戸や大坂などの❿・仲買との売買の場として卸売市場が発達し、都市と農村を結ぶ経済の中枢としての役割を果たすようになった。

貨幣と金融

貨幣を安定して全国に流通させることは、幕府の重要な役割であった。幕府は**金座**・**銀座**・**銭座**を設け、金・銀・銭の⓮[　　]をつくり通用させた。17世紀なかごろまでに⓮は全国に流通したが、⓮の交換比率はそのときどきの相場でかわったため、手数料をとって⓮の交換をする⓯[　　]の役割が大きくなり、三井家や大坂の**鴻池家**のような幕府・諸藩の公金を扱う者も出た。諸大名は、領内限定の**藩札**を発行し⓮の不足をおぎなった。

三都の発展

人と物の流れが活発になると、さまざまな性格の都市が各地にうまれ、**江戸・大坂・京都**の⓰[　　]は全国の流通の要として大きく発展した。江戸は、「将軍のお膝元」として大名など多くの武家が居住し、町人地には人びとが密集し、日本最大の消費都市へと成長した。大坂は「天下の台所」として、西日本や全国の物資の集散地として栄える大商業都市となり、諸大名は⓱[　　]を大坂において領内の年貢米や特産物である**蔵物**を運び、**蔵元・掛屋**とよばれる商人をつうじて販売し貨幣との交換につとめた。幕府は大坂城代や大坂町奉行をおき西日本支配の要とした。京都には、古代から天皇家や公家の居住地があり、寺院、大神社も多数存在した。幕府は京都所司代や京都町奉行に、朝廷・公家・寺社の統制と畿内や周辺諸国の支配にあたらせた。

❶ 江戸幕府によって、江戸から京都・大坂や各地の城下町につうじる交通路が整備されたが、その主要幹線路を総称して何とよぶか。

❷ 参勤交代で通過する大名が宿泊するために設けられた施設は何か。

❸ 幕府が、江戸からの大名の妻子や武器の移動を取り締まる目的で主要幹線路に設けた施設は何か。

❹ 17世紀後半に出羽酒田から江戸にいたる航路を整備したのはだれか。

❺ ❹によって整備された航路で、日本海より津軽海峡をへて太平洋を廻って江戸にいたるルートを何とよぶか。

❻ ❺とは逆に、北陸方面から下関・関門海峡を廻り、瀬戸内海をへて大坂にいたるルートを何とよぶか。

❼ 17世紀初めより江戸と大坂を結んだ、大型で多様な荷物を運んだ運搬船は何か。

❽ おもに酒荷専用の運搬船であったが、やがて酒以外も安価で運送し❼の運搬船より優位にたった運搬船は何か。

❾ 18世紀末ころから発達し、北海道や東北の物資を松前や日本海側の各港に寄港し、下関を廻って大坂に運んだ輸送船は何か。

❿ 生産者や荷主と仲買や小売商人との仲介をした業者を何とよぶか。

⓫ 江戸・大坂間の輸送の安全や海上事故の共同保障、流通の独占をめざして江戸の❿仲間が組織したものは何か。

⓬ ⓫と同じように大坂の❿仲間が組織したものは何か。

⓭ 営業税をおさめることを条件に、江戸幕府が仲間を公認していったが、公認された営業の独占権を何とよんだか。

⓮ 江戸幕府が**金座**・**銀座**・**銭座**を設け発行した貨幣の総称は何か。

⓯ ⓮の交換から預金や貸付や手形などを扱った商人を何とよぶか。

⓰ 江戸時代に政治や全国の流通の要として大きく発展した**江戸**・**大坂**・**京都**を総称して何とよんだか。

⓱ 諸大名が、領内の年貢米や特産物を販売するために江戸や大坂においた施設を何とよぶか。

【地図問題】 A～Eの主要幹線路の名称を答えよ。

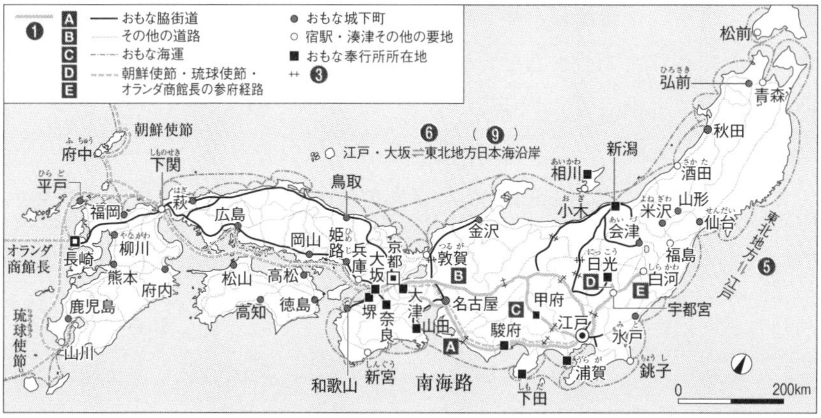

❶

❷

❸

❹

❺

❻

❼

❽

❾

❿

⓫

⓬

⓭

⓮

⓯

⓰

⓱

【資料問題】

A

B

C

D

E

p.142〜145／p.187〜191

元禄文化

17世紀後半から18世紀初めにかけて幕政が安定し、経済が発達すると、多彩な文化が生み出され、武士・町人をはじめ民衆にいたるまで、広く受け入れられた。鎖国の状態となって、外国からの影響が減り、日本独自の文化が成熟し、平和で安定した社会のもとで、儒学が奨励され、実証的な古典研究や自然科学の学問も発展した。また、上方の町人たちは、現実を肯定した文学や華麗な美術作品を受け入れた。紙の生産・流通や、出版・印刷技術の発展などが地方をふくむ文化の広がりを支えた。この時代の文化を❶□□□文化とよぶ。

学問の興隆

5代将軍徳川綱吉は儒学を重視し、江戸に湯島聖堂をたてて、林羅山の孫の林鳳岡を大学頭に任命し、その後、林家の❷□□学が儒学の本流として発展した。宋の朱熹が大成した儒学の1つである❷学の教えは、上下の身分秩序や「忠孝・礼儀」を尊び、大義名分論を基礎とするなど、幕府が封建社会を維持するうえで重んじられた。❷学の一派から出た山崎闇斎は、神道を儒教流に解釈して垂加神道を説いた。これに対し、中江藤樹や門人の熊沢蕃山は、明の王陽明が始めた❸□□学を学んで、知行合一を主張したが、現実を批判する傾向が強かったので警戒され、蕃山は幕府にとがめられて幽閉された。一方、山鹿素行・荻生徂徠らは、直接に孔子や孟子の古典にもどるべきだとして❹□□派を形成した。とくに徂徠は、8代将軍徳川吉宗の顧問になり、現実の政治に役立つ学問をめざした。

儒学のもつ現実的・合理的性格は、ほかの学問にも影響をあたえた。歴史学には史料にもとづく実証的な研究がおこなわれ、新井白石は『読史余論』を著し独自の歴史論を展開した。自然科学では、❺□□□学（博物学）・農学・医学・数学・天文学などが、実用に適する学問として発達した。とくに日本で独自に発達した数学である❻□□□では関孝和が円の研究をすすめ、また天文学では渋川春海（安井算哲）が、従来の暦の誤差をみずからの観測結果にもとづいて修正した。国文学の研究もこの時代から始まった。僧契沖は『万葉集』の注釈など和歌を実証的に研究し、北村季吟は『源氏物語』などを研究して作者本来の意図を明らかにしようとした。

元禄期の文芸

元禄期には、町人の文芸が上方を中心に展開した。代表するのが、❼□□□□・❽□□□□・❾□□□□□□□□である。❼は大坂の町人で、俳諧から、小説に転じ世相・風俗をえがく❿□□□□□□□を書いた。好色物の『好色一代男』、町人物の『日本永代蔵』などの作品がある。❽は伊賀の出身で、幽玄閑寂を第1とする⓫□□□（□□□）□を確立し、東北・北陸の紀行文に創作した俳句を織りまぜた『奥の細道』で俳諧を高めた。❾は京都近くの武士の出身で、町人となって⓬□□□□□や⓭□□□□□の脚本を書き、『国性（姓）爺合戦』などの歴史・時代物、さらに『曽根崎心中』では義理・人情をえがいた世話物に本領を発揮した。❾の作品は人形遣いの辰松八郎兵衛らが演じ、竹本義太夫らによって語られて民衆の共感をよび、その語りは義太夫節という独立した音曲に成長していった。江戸に⓮□□□□□□、上方に⓯□□□らの⓭の名優が出たが、このころは⓬の方に人気があった。

元禄期の美術

美術では、上方を中心に、より洗練された作品が生み出された。絵画では京都の⓰□□□□が俵屋宗達の装飾性の強い画法を取り入れて⓱□派をおこし、上層町人に歓迎された。庶民のあいだでもっとも人気があったのは浮世絵で、とくに⓲□□□□□が江戸で美人・役者などを画題とした版画を始めると、安価に入手できるため人気を集めた。陶器では、京都の⓳□□□□が上絵付の手法をもとに色絵を完成させて、京焼の祖となった。染物では、宮崎友禅が⓴□□□を始め、高級な絹の生地にはなやかな模様をあらわした。

❶ 17世紀後半から幕政が安定し、鎖国によって外国の影響が少なくなったなかで成熟した、日本独自の文化を何とよぶか。

❷ 上下の身分秩序や「**忠孝・礼儀**」を尊び、大義名分論を基礎とするなど、封建社会を維持するうえで、江戸幕府が重んじた学問は何か。

❸ **中江藤樹**や**熊沢蕃山**が学んだ、**知行合一**を主張した学問は何か。

❹ **山鹿素行・荻生徂徠**らが形成した、孔子や孟子の古典に直接戻るべきだと主張した儒教の一派は何か。

❺ 実用に適する学問として発達し、博物学ともよばれる自然科学は何か。

❻ **関孝和**が円の研究をすすめ、日本で独自に発達した数学は何か。

❼ 大坂の町人で、『**好色一代男**』や『**日本永代蔵**』でみずからの才能や工夫で生きぬく町人の姿をえがいたのはだれか。

❽ 伊賀出身で、『**奥の細道**』によって俳諧を高めたのはだれか。

❾ 『**国姓(性)爺合戦**』や『**曽根崎心中**』の脚本を書いたのはだれか。

❿ 世相や風俗をえがく小説を何とよぶか。

⓫ 幽玄閑寂を第1とし、❽によって確立された作風を何とよぶか。

⓬ 日本の伝統芸能で、三味線を利用した語り物の人形劇を何とよぶか。

⓭ 日本の伝統芸能である演劇を何とよぶか。

⓮ 江戸で人気を得た、歌舞伎の名優はだれか。

⓯ 上方で人気を得た、歌舞伎の名優はだれか。

⓰ 「**紅白梅図屏風**」をえがき、上層町人に歓迎されたのはだれか。

⓱ ⓰が、俵屋宗達の装飾性の強い画法を取り入れておこした流派を何とよぶか。

⓲ 右の「**見返り美人図**」をはじめとする、美人・役者を画題とした版画で人気を得たのはだれか。

⓳ 上絵付の手法をもとに**色絵**を完成させ、京焼の祖となったのはだれか。

⓴ 宮崎友禅が始めた、高級な生地にはなやかな模様をあらわす技法は何か。

資料問題 右の儒学者系統図の**ア**、**イ**は学派名、**A**～**F**には学者名を答えよ。

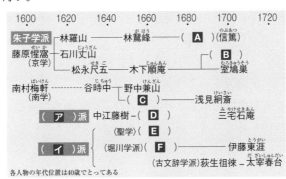

各人物の年代位置は40歳でとってある

❶ ....
❷ ....
❸ ....
❹ ....
❺ ....
❻ ....
❼ ....
❽ ....
❾ ....
❿ ....
⓫ ....
⓬ ....
⓭ ....
⓮ ....
⓯ ....
⓰ ....
⓱ ....
⓲ ....
⓳ ....
⓴ ....

資料問題

ア ....
イ ....
A ....
B ....
C ....
D ....
E ....
F ....

35 幕政の改革と宝暦・天明期の文化　Ⅰ

⊕ p.147〜150／詳 p.192〜197

享保の改革

18世紀に入ると、生産物を売って貨幣を手に入れる動きが広まった。武士は年貢米を売り、貨幣を得て都市で生活していたが、家計支出がかさみ苦しんだ。自給自足が基本の農村にも貨幣経済は浸透していった。また、幕府や諸藩も財政難に苦しんでいた。この時代に紀伊藩主の❶[　　　　　]が8代将軍となった。❶は家康の時代を理想とし、側用人政治をやめ譜代・旗本を重視し多くの優秀な人材を登用して、みずから先頭にたって幕政改革に乗り出した。これを❷[　　]の改革とよぶ。❶は、まず❸[　　　　]令を出し、金銀貸借の訴訟は当事者間で解決させて、幕府の訴訟事務を軽減した。❷の改革の第1のねらいは財政の再建で、❹[　　　]令を出し、支出をへらそうとした。旗本の人材登用では、禄高の低い者が高い役職につく場合、在職中に限り役高の不足分を支給する❺[　　　]の制を実施して、経費を省いた。一方で、収入の増加にも力を入れ、大名に❻[　　　]を命じた。年ごとに収穫高に応じて年貢率を定める検見法を改め、一定期間は年貢率を固定しておく❼[　　　]法を採用し年貢率も引き上げた。商人資金による新田開発をすすめて年貢米を増加させた。幕府の財政はやや立ち直った。そして、米価の上昇で武家の収入を安定させようと、大坂の堂島米市場を公認し米相場を調節させた。そして、さつまいもなどの栽培をすすめ、新しい産業を奨励した。改革の第2のねらいは、江戸の都市問題の解決であった。町奉行に❽[　　　　]を登用し、防火対策としては広小路を設けたり❾[　　　　]を組織した。庶民の意見を聞くため評定所に❿[　　　　]を設置し、貧しい病人のために⓫[　　　　　　]をつくった。❶政権末期には、裁判基準として⓬[　　　　　　　]を制定して、法による合理的な政治も推進された。

社会の変容

18世紀後半になると、米価変動と貨幣経済の浸透により、百姓間で貧富の差が大きくなり、村役人を兼ねる豪農層と貧しい小百姓や土地を手放した小作農とが村内で対立する⓭[　　　　]が各地でおこった。都市でも貧しく不安定な人々がいた。また、凶作や飢饉が、百姓や都市の民衆に打撃をあたえた。幕府や大名などのきびしい支配が百姓の暮らしを追いつめると、百姓は要求を掲げて直接行動に出た。これを⓮[　　　　]とよぶ。17世紀後半には、村々の代表者が百姓の要求をまとめて領主に直訴する一揆がふえた。17世紀末には、広い地域の百姓が連合する大規模な惣百姓一揆がみられた。そして、年貢の増徴や新税の停止、専売制の撤廃などを要求し、藩政に協力する商人や村役人の家を破壊するなどの実力行動もおこった。幕府や諸藩は一揆の要求を一部認めることもあったが、多くは武力で鎮圧し、指導者を厳罰に処した。しかし一揆は増加し続け、凶作や飢饉のときには全国各地で同時に発生した。1732（享保17）年に西日本一帯でおきた⓯[　　　　]の[　　]によって村々は荒廃し、民衆の生活は大きな打撃をうけた。

田沼時代

❶のあと、18世紀後半の9代将軍家重・10代将軍家治の時代に幕府の権力をにぎったのは、側用人から老中になった⓰[　　　　　]である。⓰は、幕府の財政再建のため、積極的に商人を利用した。⓱[　　　]を広く公認して営業税の増収をめざし、商人の力も借りて印旛沼・手賀沼の干拓をすすめ新田開発をおこなった。また⓲[　　　　　]を鋳造させ、貨幣制度を一本化して江戸と上方の流通を円滑にすることを試みた。蝦夷地の開発と交易についても調べさせ、長崎貿易の支払いには銅や俵物をあて、金・銀を流入させようともした。こうした経済政策に刺激され、⓰の時代に学問・文芸などの分野は活気にあふれた。しかし、賄賂の横行から、⓰に反発する声も高まった。1782〜87（天明2〜7）年、東北地方の冷害に始まる⓳[　　　]の[　　　]がおき、⓮などが各地でおこり社会不安が増大し、1787（天明7）年には、江戸・大坂などで⓴[　　　　　]も発生した。この間、⓰の権力は急速に衰え、老中を罷免されて、多くの政策は中止された。

❶ 米価の安定につとめ、「米将軍」とよばれた8代将軍はだれか。

❷ ❶が先頭にたっておこなった、側用人政治をやめて譜代や旗本を重視し、多くの優秀な人材を登用した改革を何とよぶか。

❸ 金銀貸借の訴訟を受けつけず、当事者間で解決させることで幕府の訴訟事務を軽減した命令は何か。

❹ 幕府の財政再建をめざし、支出をおさえるために出された命令は何か。

❺ 旗本の人材登用の際、禄高の低い者が高い役職につく場合に在職中に限って役高の不足分を支給する制度は何か。

❻ 石高1万石につき米100石を上納させ、かわりに参勤交代の江戸滞在期間を半年に短縮する制度は何か。

❼ 収穫高に応じて年貢率を定める検見法を改めて採用された、一定期間は年貢率を固定しておく年貢徴収法は何か。

❽ 町奉行に登用され、防火対策として広小路などを設けたのはだれか。

❾ ❽によって組織された、防火や消火を目的とする組織は何か。

❿ 庶民の不満や意見を投書させるため、評定所に設置されたものは何か。

⓫ 貧しい病人に医療をほどこした施設は何か。

⓬ ❶政権の末期に制定された、裁判の基準を示した法令は何か。

⓭ 18世紀後半に百姓のあいだで貧富の差が大きくなった結果、豪農層と小作農が各地で対立しておこった農民運動を何とよぶか。

⓮ 幕府や大名のきびしい支配が百姓の生活を追いつめた結果、百姓が要求を掲げておこした直接行動を何とよぶか。

⓯ 1732(享保17)年、西日本一帯で"いなご"や"うんか"が大量に発生しておきた大飢饉は何か。

⓰ 9代将軍家重・10代将軍家治時代に幕府の権力を握った老中はだれか。

⓱ 幕府の財政を再建するため、⓰が公認した商人の組織は何か。

⓲ 貨幣制度を一本化し、江戸と上方の流通を円滑にすることをめざして⓰が鋳造させた銀貨は何か。

⓳ 1782〜87(天明2〜7)年の東北地方の冷害によっておきた飢饉は何か。

⓴ 飢饉や⓮が各地でおこって社会不安になるなか、1787(天明7)年に江戸や大阪で発生した暴動は何か。

[資料問題] 右資料が示す、1783(天明3)年の噴火において、死者2000人の被害を出し、江戸でも火山灰が3cm積もり、⓳の一因となったという火山の名は何か。

また、この噴火の降灰が原因で3年後に利根川が氾濫し中止された干拓事業は何か。

❶
_____
❷
_____
❸
_____
❹
_____
❺
_____
❻
_____
❼
_____
❽
_____
❾
_____
❿
_____
⓫
_____
⓬
_____
⓭
_____
⓮
_____
⓯
_____
⓰
_____
⓱
_____
⓲
_____
⓳
_____
⓴
_____

[資料問題]

火山名：
_____

事業名：
_____

📖 p.150〜152／📘 p.198〜203

宝暦・天明期の文化

18世紀後半には、商品経済の発展により、裕福な百姓・町人、武家より幅広い分野で文化の担い手があらわれた。また、庶民教育の充実は庶民の識字率を高め、さまざまな出版物も広まった。そして幕藩体制の矛盾が深まるなかで、幕府政治を批判する思想もうまれるようになった。この時代の文化を**宝暦・天明期の文化**とよぶ。

宝暦・天明期の学問と思想

鎖国政策のもとで西洋の学術を学ぶことは困難であったが、**新井白石**を先駆けとする洋学は、将軍徳川吉宗の時代に漢訳洋書の輸入制限が緩和され、❶[＿＿＿＿＿＿]らがオランダ語を学んだことから、まず**蘭学**として発達した。田沼時代の1774（安永3）年、❷[＿＿＿＿]・[＿＿＿＿]らが西洋医学の解剖書である『❸[＿＿＿＿＿＿]』を訳述すると、蘭学は医学・語学・天文学など実用の学問として急速に発達した。また❹[＿＿＿＿]は、長崎で学んだ西洋科学の知識をもとに多彩な活動をした。

日本古来の思想を求め古典を研究する**国学**は、元禄時代の**契沖**らに始まり、**荷田春満・賀茂真淵**をへて、18世紀後半に❺[＿＿＿＿]が大成した。❺は『❻[＿＿＿＿＿＿]』を著し、古典を正確に読み、古代日本人の純粋さや人間の情を尊ぶことを主張し、儒教・仏教を批判した。また、❼[＿＿＿＿]は『**群書類従**』を編さんし、国史学・国文学の基礎を築いた。

天皇を王として尊ぶ尊王論が18世紀なかばに広まり、国学者の**竹内式部**が尊王論を説いて処罰され（宝暦事件）、兵学者の**山県大弐**が幕政を批判して処刑された（明和事件）。

18世紀の初め、京都の町人**石田梅岩**は❽[＿＿＿]をおこし、儒教道徳に仏教や神道の教えを加えて、庶民に生活倫理をやさしく説いた。

多くの藩では、藩士の子弟教育のために❾[＿＿＿]（藩学）が設立され、朱子学を主とする儒学や武術を習得させた。また、藩の援助をうけ藩士や庶民を教育する**郷学**や、武士・学者・町人による民間の私塾も各地に開かれた。一方で、庶民の子どもたちは❿[＿＿＿]で、読み・書き・そろばんなどの日常生活に役立つ知識を学んだ。これらの庶民教育は、近世後期の民衆文化の発展に大きく寄与した。

宝暦・天明期の文学と美術

江戸時代中期の文学は、身近な政治や社会のできごとを題材とするようになった。小説では、浮世草子が衰え、18世紀なかばから遊里を舞台とした⓫[＿＿＿]や**黄表紙**があらわれたが、代表的作家の⓬[＿＿＿＿]は寛政の改革で処罰された。また、上方では⓭[＿＿＿＿]らが歴史や伝説を題材とした**読本**を著した。俳諧では、18世紀後半に⓮[＿＿＿＿]が出たが、同じころ**柄井川柳**は俳諧の形式を借りて世相や風俗を風刺する⓯[＿＿＿]を広めた。また、短歌の形式を借りて世相や政治を風刺する⓰[＿＿＿]がさかんにつくられ、幕臣の**大田南畝（蜀山人）**らが活躍した。演劇では、18世紀後半から、人形浄瑠璃にかわって、江戸を中心に歌舞伎が人気を集めた。

絵画では、18世紀なかばに⓱[＿＿＿＿]が錦絵とよばれる多色刷の版画を完成させ、**浮世絵**の黄金時代をむかえた。題材は美人・役者・相撲・花鳥などさまざまで、寛政期には美人画の⓲[＿＿＿＿]や、大首絵の手法をもちいて役者絵をえがいた⓳[＿＿＿＿]らが、すぐれた作品を生み出した。伝統的な絵画では、⓴[＿＿＿＿]が写実を重んじ、近代日本画の源流となった。また、明・清の南画から影響をうけた**文人画**が、**池大雅**・⓮らによって大成され、知識人に好まれた。写生画や文人画には西洋画の技法が取りこまれ、**司馬江漢**が❹に学んで銅版画を始めた。

❶ 漢訳洋書の輸入制限が緩和されたことで、オランダ語を学び**蘭学**を発達させたのはだれか。

❷ 西洋医学の解剖書を訳述し、医学を実用の学問として急速に発達させた蘭学者を2人答えよ。

❸ ❷の蘭学者らが訳述した西洋医学の解剖書は何か。

❹ 長崎で学んだ西洋科学の知識をもとに、摩擦充電器(エレキテル)の実験をおこない、寒暖計<ruby>寒暖計<rt>かんだんけい</rt></ruby>や不燃性<ruby>不燃性<rt>ふねんせい</rt></ruby>の布をつくったのはだれか。

❺ 日本古典の研究に没頭し、**国学**を大成させたのはだれか。

❻ 古典を正確に読んで古代日本人の純粋さや人間の情を尊ぶことを主張し、儒教や仏教を批判した❺の著作は何か。

❼ 『**群書類従**』を編さんし、国史学・国文学の基礎を築いたのはだれか。

❽ 京都の町人**石田梅岩**によっておこされた、儒教道徳に仏教や神道の教えを加えて庶民に生活倫理をやさしく説いた学問は何か。

❾ 藩士の子弟教育のために設立され、朱子学を主とする儒学や武術を習得させた施設は何か。

❿ 庶民の子どもたちが、読み・書き・そろばんなどの日常生活に役立つ知識を学んだ施設は何か。

⓫ 18世紀なかばからあらわれた、遊里を舞台とした小説を何とよぶか。

⓬ 寛政の改革で処罰された、⓫の代表的作家はだれか。

⓭ 上方で、歴史や伝説を題材とした**読本**を著したのはだれか。

⓮ 俳諧で18世紀後半に登場した俳人はだれか。

⓯ 18世紀後半に流行した、俳諧の形式を借りて世相や風俗を風刺する詩を何というか。

⓰ 短歌の形式を借り、世相や政治を風刺する和歌を何とよぶか。

⓱ 色刷の版画の**錦絵**を完成させたのはだれか。

⓲ 右上段の**浮世絵**『ポッピンを吹く女』をえがいた、美人画の絵師はだれか。

⓳ 大首絵の手法を用いて右下段の浮世絵『三代目大谷鬼次<ruby>大谷鬼次<rt>おおたにおにじ</rt></ruby>の奴江戸兵衛<ruby>奴江戸兵衛<rt>やっこえどべえ</rt></ruby>』などの役者絵をえがいた絵師はだれか。

⓴ 写実を重んじ、下の『雪松図屏風<ruby>雪松図屏風<rt>ゆきまつずびょうぶ</rt></ruby>』などをえがき、近代日本画の源流となった絵師はだれか。

❶
_____

❷
_____

❸
_____

❹
_____

❺
_____

❻
_____

❼
_____

❽
_____

❾
_____

❿
_____

⓫
_____

⓬
_____

⓭
_____

⓮
_____

⓯
_____

⓰
_____

⓱
_____

⓲
_____

⓳
_____

⓴
_____

寛政の改革

天明の打ちこわしの直後、11代将軍徳川家斉の補佐として老中になったのは、白河藩主❶ [　　　　] である。❶は田沼時代の政治を改め、徳川吉宗の政治を理想とし幕政改革に取り組んだ。これを❷ [　　] の改革とよぶ。❶の施策の第1は農村を復興させることで、❸ [　　　　] 令によって、江戸に一時的に居住する出稼ぎ者には帰農をすすめ、百姓らには荒廃地を田地にもどすための資金を貸した。また、飢饉にそなえて各地に**社倉・義倉**をつくらせて、❹ [　　] によって米穀をたくわえさせた。第2は都市対策で、物価の引下げに乗り出し、倹約令を出して支出をおさえた。旗本・御家人救済のために、6年以上前の借金を帳消しにするという❺ [　　] 令を出して、**札差**に貸金を放棄させた。住居をもたない無宿人対策として、**石川島**に❻ [　　] を設け、収容者に技術を身につけさせ職業につかせようとした。江戸の町人たちに町費を節約させ、節約分の7割を❼ [　　　　] として、それを基金として運用し、飢饉や災害時の貧民を救済するために米穀をたくわえさせた。

一方、❶は思想をきびしくとりしまり、**湯島聖堂**の幕府学問所では、官学と定めた朱子学以外の講義・研究を禁じた。これを❽ [　　　　] の [　] とよぶ。また、❾ [　　　　] が『**海国兵談**』などで海防の必要性を説くと人心をまどわすものとして処罰し、**山東京伝**の小説も風俗を乱すとして処罰した。❷の改革は、きびしい統制や倹約令により民衆の反発をまねいた。朝廷問題で将軍家斉と対立した❶は、老中を在職6年余りで退陣した。❷期には諸藩の藩政改革もさかんに実施された。

鎖国の動揺

このころ、日本近海に外国船があらわれ、海防のあり方の検討が急務となった。1792（寛政4）年、ロシア使節❿ [　　　　　　] が**根室**へ来航し、幕府に通商を求めてきたが幕府はこれを拒否し、長崎への入港許可証を渡す一方で、江戸湾・蝦夷地の海防を強化した。幕府は⓫ [　　　　]（最上徳内）や⓬ [　　　] を蝦夷地調査にむかわせ、**択捉島**に「大日本恵登呂府」の標柱をたてさせ、その外側に異国ロシアとの境界線を引く発想であった。1804（文化元）年、ロシア使節⓭ [　　　] が、長崎へ来航し再度通商を求めてきたが、幕府はこれを拒否した。後日、ロシア軍艦が樺太や択捉島を銃撃し、その後も蝦夷地にあらわれ、日本側と紛争をおこした。

北方での緊張に加えて、1808（文化5）年に、オランダと敵対するイギリスの軍艦が、長崎湾内にまで侵入するという⓮ [　　　　　] 事件がおこった。イギリス船が日本近海に姿をみせたことから、幕府は、1825（文政8）年、⓯ [　　　　] 令（[　　　　] 令）を出し、外国船を攻撃し撃退するように命じた。従来の「4つの窓口」で成立していた自国中心の外交秩序の外側に、ロシア・イギリスなどの武力をもつ列強をあらたな外敵と想定することになった。

大御所政治と大塩の乱

❶の辞任後、文化・文政期から天保期にかけての約50年間、政治の実権は11代将軍徳川家斉がにぎり、将軍職を子にゆずったあとも⓰ [　　　　]（前将軍）として実権をにぎり続け⓰政治ともよばれた。品質のおとる貨幣を大量鋳造し流通させると、幕府財政はうるおい、大奥の生活も華美になった。商人の経済活動も活発になり、都市には庶民文化が花開いたが、農村では貧富の差が広がり、百姓一揆や村方騒動があいつぎ、無宿人もふえ治安が乱れた。幕府は⓱ [　　　　] をおき、江戸周辺の治安維持につとめた。1833（天保4）年からの**天保の飢饉**が全国に広がり、1837（天保8）年の大坂では⓲ [　　　　　] が武装蜂起した。この直轄地大坂でおきた幕府の元役人による武力反抗は、幕府や諸藩に大きな衝撃をあたえた。同年に幕府が浦賀でアメリカ船を打ち払った⓳ [　　　　] 事件がおこり、翌年、これを批判した蘭学者の**渡辺崋山**や**高野長英**らを幕府がきびしく処罰し、この弾圧は⓴ [　　　] とよばれた。

❶ 11代将軍徳川家斉の補佐として老中になったのはだれか。

❷ 田沼時代の政治を改め、徳川吉宗の政治を理想とした幕政改革を何とよぶか。

❸ 農村を復興させるため、江戸に出稼ぎなどで一時的に居住する者に帰農をすすめた法令は何か。

❹ 飢饉にそなえて各地に社倉・義倉をつくらせ、米穀をたくわえさせた制度は何か。

❺ 旗本・御家人を救済するため、6年以上前の借金を帳消しにする法令は何か。

❻ 住居をもたない無宿人対策として、収容した者に技術を身につけさせ職業につかせるため、石川島に設立された施設は何か。

❼ 江戸の町人たちに町費を節約させ、節約分の7割を積み立てさせた制度は何か。

❽ 思想をきびしくとりしまるために、湯島聖堂の幕府学問所で朱子学以外の講義・研究を禁じたことを何とよぶか。

❾ 『海国兵談』を著して海防の必要性を説いたが、❶によって処罰されたのはだれか。

❿ 1792(寛政4)年に根室に来航し、日本の漂流民(大黒屋光太夫ら)を送りとどけるとともに通商を求めたロシア使節はだれか。

⓫ 幕府が、択捉島に「大日本恵登呂府」の標柱を立てることを意図として、最上徳内と蝦夷地の調査に向かわせたのはだれか。

⓬ 北蝦夷地の樺太調査をおこない、樺太が島であることを確認し、島と大陸の間に海峡を発見したのはだれか。

⓭ 1804(文化元)年に入港許可証をもって長崎へ来航し、再び通商を求めたロシア使節はだれか。

⓮ 1808(文化5)年、オランダと敵対関係にあったイギリスの軍艦が長崎湾内にまで侵入した事件は何か。

⓯ 1825(文政8)年、外国船を発見したらただちに撃退するよう幕府が発令した追放令は何か。

⓰ 将軍職を子に譲ったあとも政治の実権を握り続けた11代将軍徳川家斉は、何とよばれたか。

⓱ 農村で貧富の差が広がり、百姓一揆や村方騒動があいついで治安が乱れたため、江戸周辺の治安維持をめざしておかれた役職を何とよぶか。

⓲ 1833年からおこった天保の飢饉は全国に広がった。1837年、大坂で貧しい人々を救うために武装蜂起した、大坂町奉行所の元与力はだれか。

⓳ 1837(天保8)年にアメリカ船が浦賀に接近したため、幕府が打ち払った事件は何か。

⓴ ⓳事件に対し、幕府の対外政策を批判した渡辺崋山や高野長英らを幕府がきびしく処罰した出来事を何とよぶか。

❶
❷
❸
❹
❺
❻
❼
❽
❾
❿
⓫
⓬
⓭
⓮
⓯
⓰
⓱
⓲
⓳
⓴

天保の改革

内政・外交ともに危機が深まるなか、1841(天保12)年、徳川家斉が死去すると、老中❶□□□□□は幕府権力を強めようと❷□□の改革をおこなった。❶は享保・寛政の改革にならい、これまでになくきびしい倹約令・風俗取締令を出した。ぜいたく品や華美な衣服を禁じ、江戸の歌舞伎芝居も町はずれの浅草に移し、役者が町を歩くときは編笠をかぶらせた。ついで❸□□□の法を出し、百姓の江戸出稼ぎを禁じ、江戸に流入した居住者を強制的に農村へ帰らせ、農村の再建と貧民対策をおこなった。

また、物価上昇は、同業の商人同士で結ばれていた組合が、上方市場からの商品流通を独占しているためと判断して、❹□□□の□□を命じた。しかし、これにより流通網がかえって混乱し、江戸への商品輸送はとぼしくなり、物価は依然として下がらなかった。物価の値上がりは幕臣の生活を圧迫したことから、幕府は棄捐令も出し、札差などに低利の貸出しを命じた。

外国船の接近に対しては、江戸湾沿岸の防備をきびしくし、西洋流の砲術を導入した。1843(天保14)年、❶は❺□□令を出し、江戸・大坂周辺のあわせて約50万石の地を直轄地にしようとした。これは幕府財政の安定化と対外防備の強化をねらったものであったが、大名や旗本の反対で実施できず、❶は失脚した。

経済の変化

幕藩体制の財政は年貢米を基本としていたが、天保の飢饉の前後から各地でゆきづまっていった。これに対して、荒廃した耕地を回復し、農村を復興する試みが各地で取り組まれた。しかし、都市の商人と結びつき、各地で商品生産がさかんになると、賃金で雇われる貧しい百姓もふえ、農業を復興させるだけでは幕藩体制の危機を防ぐことはできなかった。

商品生産は、18世紀をつうじて、原料・道具を生産者に前貸しし、その生産物を買い上げる❻□□□□□□が一般化していたが、19世紀に入ると、地主や問屋商人らのなかから家内工場を設けて働き手を集め、協同で手工業生産をおこなう者も出てきた。これを❼□□□□□□(マニュファクチュア)といい、天保期(1830〜44年)ころから大坂周辺や尾張の綿織物業、北関東の絹織物業などでみられた。

朝廷と雄藩の浮上

国内外の危機のなかで、幕府の威信が衰えをみせると、これにかわる上位の権威として、天皇や朝廷が注目されるようになった。また、外様大名を中心に、藩政改革に乗り出し、財政の再建と人材の登用を実施して、藩権力の強化に成功する藩があらわれた。

❽□□藩では、下級武士から登用された❾□□□□□が巨額の借財を整理し、奄美三島の黒砂糖の専売や琉球との貿易などで利益を上げて、藩財政を立て直した。また、藩主の❿□□□□は大砲製造のために反射炉をつくるなど、軍事力の強化にもつとめた。

⓫□□藩では、⓬□□□□が多額の借金を整理し、紙・蠟の専売などで利益を上げ、中・下級藩士を登用した。さらに下関に越荷方をおき、藩みずから入港した船荷を買い上げてそれを委託販売することで莫大な利益を得た。

肥前の⓭□□藩では、均田制を実施して本百姓体制を再建するとともに、陶磁器(有田焼)の専売により藩財政を再建し、反射炉をそなえた大砲製造所を設けて洋式軍事工業の導入をはかった。さらに⓮□□藩でも改革派が緊縮財政に取り組み、藩財政の再建につとめた。これら薩長土肥の西南日本の諸藩は、幕末の政局に強い発言力をもつ⓯□□として力をたくわえていった。

❶ 1841（天保12）年に徳川家斉が死去した後、幕府の権力を強めるために改革をおこなった老中はだれか。

❷ ❶がおこなった改革を何というか。

❸ 百姓の江戸出稼ぎを禁じ、江戸に流入した居住者を強制的に農村へ帰らせた法は何か。

❹ 物価上昇を防ぐため、幕府が同業の商人組合に命じた内容は何か。

❺ 1843（天保14）年幕府が江戸・大坂周辺の約50万石の地を直轄地にしようとした命令は何か。

❻ 原料・道具を生産者に前貸して、その生産物を買い上げる工業形態を何とよぶか。

❼ 地主や問屋商人のなかから家内工場を設けて働き手を集め、商人が協同で手工業生産をおこなう工業形態を何とよぶか。

❽ 藩政改革に乗り出して財政の再建と人材の登用を実施し、藩権力の強化に成功した、現在の鹿児島県あたりにあった藩はどこか。

❾ ❽藩で下級武士から登用され、奄美大島の黒砂糖の専売や琉球との貿易などで利益を上げて藩財政を立て直したのはだれか。

❿ 大砲製造のために**反射炉**をつくるなど、軍事力の強化につとめた❽藩主はだれか。

⓫ 下関に越荷方をおき、藩みずから入港した船荷を買い上げてそれを委託販売することで莫大な利益を得た藩はどこか。

⓬ ⓫藩の財政を再建し、紙や蠟の専売などで利益を上げたのはだれか。

⓭ 均田制を実施して本百姓体制を再建するとともに、**有田焼**の専売により藩財政を立て直した藩はどこか。

⓮ 改革派が緊縮財政に取り組み、藩財政の再建につとめた藩はどこか。

⓯ **薩長土肥**の諸藩は幕末の政局に強い発言力をもつようになったが、これらの藩を総称して何というか。

【地図問題】 下の列強の接近関係図中の**ア**、**イ**の島の名称を答え、**A**〜**I**に適する語を語群より記号で選べ。

〔語 群〕
あ．モリソン
い．プチャーチン
う．ペリー
え．レザノフ
お．フェートン
か．ラクスマン
き．ビッドル
く．オランダ国王
け．ゴローウニン

丸数字は年代順

④ **D** 事件（露）1811
② **B** 来航（露）1804
③ **C** 号事件（英）1808
⑧ **F** 開国勧告 1844
⑪ **I** 来航（露）1853
① **A** 来航（露）1792
⑤ 英船員常陸大津浜に上陸 1824
⑨ **G** 来航（米）1846
⑩ **H** 来航（米）1853
⑦ **E** 号事件（米）1837
⑥ 英船員薩摩宝島に上陸 1824

国後島　根室　箱館　松前　大津浜　水戸　江戸　浦賀　下田　下関　大坂　長崎　鹿児島　山川　宝島

0　200km

❶
❷
❸
❹
❺
❻
❼
❽
❾
❿
⓫
⓬
⓭
⓮
⓯

【地図問題】
ア
イ
A　　**B**
C　　**D**
E　　**F**
G　　**H**
I

39 化政文化

化政文化

18世紀後半、宝暦・天明期に発展した文化は、寛政の改革によりいったん停滞したが、19世紀に入るとふたたび活発になった。11代将軍徳川家斉の半世紀におよぶ長い治世のもと、文化・文政期（1804〜30年）から天保の改革のころまでの文化を❶□□□□文化とよぶ。

この時期、江戸・京都・大坂の三都の繁栄を背景として、町人文化が最盛期をむかえた。また、交通網の発達などにより中央から地方へ文化が普及し、その内容も多種多様なものとなっていった。

学問・思想界の動向

18世紀末から動揺し始めた幕藩体制を、どう立て直すかという観点から、学問・思想の分野で新しい動きがあらわれた。19世紀に入り、外圧が強まると、海防論と開国論がうまれ、なかには積極的に海外との貿易論を主張する者もあらわれた。

洋学では、1811（文化8）年、幕府が天文方に蛮書和解御用をおき、洋書の翻訳にあたらせた。オランダ商館のドイツ人医師❷□□□□□は長崎郊外に❸□□□塾を開いて高野長英らを教え、❹□□□□は大坂に❺□□□塾を開いて福沢諭吉ら多くの人材を育成した。蘭学者のあいだでも高野長英や渡辺崋山のように幕府の対外政策に疑問をもつ者もあらわれたが、❷事件や蛮社の獄などの弾圧により、洋学は幕府批判の政治運動には結びつかなかった。❻□□□□□は幕府の命をうけて全国の海岸を実測し、「大日本沿海輿地全図」の完成へ道を開いた。国学では、19世紀初めに平田篤胤が復古神道をとなえて儒教や仏教を激しく批判し、幕末期の政治に大きな影響をあたえた。

文学と美術

文化・文政期には、滑稽や笑いをもとに庶民生活をえがいた❼□□□□がさかんに読まれた。恋愛小説である❽□□□も庶民に受け入れられたが、代表的作家の為永春水は天保の改革で処罰された。また、読本は勧善懲悪を説く長編小説として人気を集め、江戸で曲亭馬琴の『南総里見八犬伝』が評判を得た。俳諧では、信濃の❾□□□□が村々に暮らす民衆の生活をよみ、和歌では、越後の禅僧良寛が素朴な生活をうたった。美術では、西洋画の影響をうけた日本画も制作され、文人画は全盛期をむかえた。また、民衆の旅が一般化するなかで、錦絵の風景版画が流行し、資料1の❿□□□や資料2の⓫□□□□らの絵が広まった。これらの浮世絵は、開国後に海外へ紹介され、ヨーロッパの印象派に影響をあたえた。

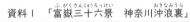

資料1　「富嶽三十六景　神奈川沖浪裏」

資料2　「名所江戸百景　亀戸梅屋敷」

民衆文化の成熟

江戸・上方・京都の三都をはじめ、都市では、芝居・見世物・寄席など、民衆を中心とする芸能がさかんになった。江戸や上方を中心に歌舞伎が人気を博し、鶴屋南北の『東海道四谷怪談』など、好色・怪奇な演目が好まれた。人びとは、春の花見や夏の花火、四季の勧進相撲などの娯楽の場に出かけた。本堂や社殿の修繕費などを得るために有力な寺社は開帳や富突を開催し、縁日とともに多くの人びとを集めた。

名所見物・湯治・巡礼などの旅もさかんになった。とくに伊勢神宮へ集団で参拝する御蔭参りは、60年に1度の周期で大規模におこなわれた。また、五節句や彼岸・盂蘭盆会などの行事、日待・月待や庚申講なども人びとの楽しみであった。

❶　文化・文政期から天保の改革のころまでの文化を何とよぶか。

❷　オランダ商館のドイツ人医師で、**高野長英**らを教えたのはだれか。

❸　❷が長崎郊外に開き、医学・博物学を教えた私塾は何か。

❹　**福沢諭吉**ら多くの人材を育成したのはだれか。

❺　❹が大坂に開き、蘭学を教えた私塾は何か。

❻　幕府の命を受けて全国の海岸を実測し、「**大日本沿海輿地全図**」の完成へ道を開いたのはだれか。

❼　滑稽や笑いをもとに庶民生活をえがいた小説を何とよぶか。

❽　洒落本にかわって文政期以降に流行し、**為永春水**が代表的な作家であるが、天保の改革で弾圧された恋愛小説は何か。

❾　俳諧で、村々に暮らす民衆の生活をよんだ信濃の俳人はだれか。

❿　錦絵の風景版画で「**富嶽三十六景**」の作者はだれか。

⓫　錦絵の風景版画で「**東海道五十三次**」の作者はだれか。

【 史料問題 】　『西域物語』を著し、新たな西洋知識による富国策として、開国による重商主義的国営貿易などの貿易論を以下のようにとなえたのはだれか。

> 日本は海国なれば、渡海・運送・交易は、固より国君の天職最第一の国務なれば、万国へ船舶を遣りて、国用の要用たる産物、及び金銀銅を抜き取て日本へ入れ、国力を厚くすべきは海国具足の仕方なり。
>
> （『経世秘策』）

【 資料問題 】　**A**は、松平定信に才能を見出された画家による『浅間山図屏風』であり、**B**は幕府の対外政策を批判し、蛮社の獄により弾圧をうけた蘭学者でもある画家がえがいた「鷹見泉石像」である。それぞれの画家の名前を答えよ。

❶
　
❷
　
❸
　
❹
　
❺
　
❻
　
❼
　
❽
　
❾
　
❿
　
⓫
　

【 史料問題 】

【 資料問題 】

A

B

④ 開国とその影響

⊕ p.164〜169／⊕ p.220〜224

ペリー来航

18世紀後半から19世紀前半にかけて、幕府が内外の危機に直面する一方で、藩政改革により実力をつける藩があった。イギリスでは17世紀後半に、アメリカ・フランスでも18世紀後半に**市民革命**がおこり、近代民主主義の基礎が築かれ、イギリスで始まった❶□□革命の動きは19世紀には他の欧米諸国にも波及した。その国々は自国の工業製品を売りこむ国外市場や原材料を求め植民地獲得に乗り出し、東アジア・アフリカなどへの進出を本格化させた。

幕府は従来の対外政策を保ちつつも、開港と貿易を要求するヨーロッパ列強への対応を模索した。1840(天保11)年、清で❷□□□**戦争**がおこり、敗れた清はイギリスに香港島をうばわれた。清の劣勢を知った幕府は、1842(天保13)年、❸□□の□□□□令をだし漂着した外国船に燃料や水・食料をあたえることにした。その２年後のオランダ国王による開国勧告を幕府はこばんだが、海防掛を設置して外交方針を検討しはじめた。日本を開国させたのは、アメリカであった。中国との貿易上、貿易船や捕鯨船の寄港地が必要で、それを日本に求めてきた。1846(弘化３)年、アメリカ東インド艦隊司令長官ビッドルが浦賀沖に来航し通商を要求したが、幕府は要求を拒絶した。1853(嘉永６)年、アメリカ東インド艦隊司令長官❹□□□は、軍艦４隻をひきいて浦賀沖へ来航し開国を求めた。幕府はフィルモア大統領の国書を受け取り、翌年の回答を約束して日本を去らせた。❹に続きロシアの使節❺□□□□も長崎に来航し、開国と国境の画定を求めてきた。

不平等条約

1854(安政元)年、ふたたび来航した❹と幕府は❻□□□□条約を結んだ。内容は、(１)**下田・箱館**の２港の開港、(２)アメリカ船への燃料・食料の供給、(３)アメリカに一方的な**最恵国待遇**をあたえること、(４)下田に領事の駐在を認めること、などであった。ついで、イギリス・ロシア・オランダとも類似の内容をふくむ条約を結んだ。このことを老中首座❼□□□□は、幕府の外交方針変更とともに朝廷に報告し、諸大名・幕臣にも意見を求めた。これは朝廷の権威を高めた。幕府は国防強化のため江戸湾に台場(砲台)を築き、大船建造禁止を解除した。アメリカ総領事の❽□□□は、通商条約を結ぶよう強く幕府に求めてきた。しかし、方針をめぐり大名間での対立が激しく、この対立をおさえるために老中❾□□□□は朝廷に働きかけたが、**孝明天皇**の条約調印の勅許は得られなかった。その後、1858(安政５)年、清が第２次❷戦争でイギリス・フランスに敗れると、❽は両国の脅威を説き通商条約の調印を強く幕府にせまった。大老❿□□□□は勅許を得られないまま、同年に⓫□□□□□□条約の調印を断行した。この条約は、(１)**神奈川・長崎・新潟・兵庫**を開港し、江戸・大坂でも通商貿易ができること、(２)通商は自由貿易とすること、などを定めた。しかし、(３)日本が輸入品の関税率を独自に決める権利(⓬□□□□権)は認められず、(４)アメリカ人による日本国内での犯罪はアメリカの領事がアメリカの法で裁くこと(⓭□□□□権)を認めるなど、日本にとって不利な内容の**不平等条約**であった。オランダ・ロシア・イギリス・フランスとも、ほぼ同様の条約を結び、これらは⓮□□の□□条約とよばれる。

国内経済への影響

通商条約にもとづく貿易は、1859(安政６)年から**横浜・長崎・箱館**の３港の居留地で始まった。横浜港の貿易額が圧倒的に多く、相手国ではイギリスが１位を占め、日本は生糸・茶などを多く輸出し、毛織物・綿織物などを輸入して輸出超過(黒字)であった。しかし、安いイギリス工業製品の輸入で、国内の手紡ぎや織物生産はふるわず、貿易品の直接取引は江戸の問屋制度をくずし、そのほか品不足、物価上昇、大量の金貨の海外流出などにより、貿易への反感が高まり、外国勢力を追い出せという⓯□□論の一因となり、外国人殺傷事件がおこった。

❶ 18世紀後半のイギリスで始まった、機械の発明・応用による産業の変革と石炭利用によるエネルギー革命などで社会が大きく変化したことを何とよぶか。

❷ 清がイギリスに敗れ、香港島をうばわれることになった戦争は何か。

❸ ❷の結果、1842年に幕府が異国船打払令をゆるめて出した法令は何か。

❹ 1853（嘉永6）年に、軍艦4隻をひきいて浦賀沖に来航したアメリカ東インド艦隊司令長官はだれか。

❺ ❹に続き、長崎に来航して幕府に開国と国境の画定を求めたロシア使節はだれか。

❻ 1854（安政元）年に7隻の艦隊をひきいて❹がふたたび来航し開国を要求したため、幕府がやむなく結んだ条約は何か。

❼ ❹来航後、幕府の外交方針を変更して、条約締結交渉の事態を朝廷に報告するとともに、諸大名や幕臣にも意見を求めた老中首座はだれか。

❽ アメリカ総領事として来日し、貿易を実現させるための通商条約を結ぶことを強く求めたのはだれか。

❾ 通商条約をめぐって国内の大名間で対立がおきた。その対立をおさえようと朝廷に働きかけて条約調印の勅許を求めた老中はだれか。

❿ ❽がイギリス・フランスの脅威を説いて通商条約の調印を幕府に強くせまったため、勅許なしで調印を断行した大老はだれか。

⓫ ❿が調印した通商条約は何か。

⓬ ⓫条約では認められなかった、輸入品に対する日本の関税率を日本が決める権利を何とよぶか。

⓭ 日本が⓫条約で認めた、日本国内でアメリカ人が犯罪をおかした場合にアメリカの領事がアメリカの法で裁く権利を何とよぶか。

⓮ 日本にとって不利な内容をもつ**不平等条約**を、日本はアメリカについでオランダ・ロシア・イギリス・フランスとも結んだが、これらを総称して何とよぶか。

⓯ 外国勢力を日本から追い出そうとする排外思想を何というか。

【史料問題】 以下の史料の〔 **A** 〕・〔 **B** 〕に当てはまる港を答えよ。

⓫条約
第三条 下田、箱館港の外、次にいふ所の場所を、左の期限より開くべし。
〔 **A** 〕‥西洋紀元千八百五十九年七月四日
〔 **B** 〕‥同断
　新潟 ‥千八百六十年一月一日
　兵庫 ‥千八百六十三年一月一日
　‥〔 **A** 〕港を開く後六ケ月にして下田港は鎖すべし。此箇条の内に載たる各地は亜墨利加人に居留を許すべし。‥双方の国人、品物を売買する事総て障りなく、其払方等に付ては日本役人これに立会はず。

（『大日本古文書　幕末外国関係文書』）

❶

❷

❸

❹

❺

❻

❼

❽

❾

❿

⓫

⓬

⓭

⓮

⓯

【史料問題】

A

B

幕府の動揺

　ハリスと通商条約の締結をめぐって交渉をしているころ、13代将軍徳川家定に子がいなかったため、あとつぎをめぐり幕府の内部で対立が生じていた。徳川家の分家の1つである一橋家の❶□□□□（水戸藩主徳川斉昭の子）を賢明な人物としておす越前藩主松平慶永や薩摩藩主島津斉彬らの**一橋派**と、御三家のうち紀伊藩主で血筋が近い**徳川慶福**をおす**南紀派**が対立した。このとき南紀派の❷□□□□は、大老に就任すると一橋派をおさえ、慶福を後継将軍に決定し、慶福は14代将軍❸□□□□となった。

　一橋派が❷を独断的と非難すると、❷はいわゆる❹□□の□□を断行して反対派を多数処罰した。処罰として❶らは謹慎を命じられ、長州藩の**吉田松陰**らは死刑になるなど、処罰者の数は100人をこえた。しかし、弾圧には反発も強く、1860（万延元）年、❷が江戸城外で水戸脱藩士らにおそわれて死亡するという❺□□□□の変（右資料）がおきた。この結果、幕府の政治体制は大きくゆさぶられた。

▲『❺の変』

尊王攘夷運動

　❷のあとをうけた老中❻□□□□は、朝廷と幕府の協調をはかり、反幕府勢力をおさえようと❼□□□□の政策をとった。この政策により、孝明天皇の妹**和宮**を将軍❸の夫人としてむかえた。しかし、朝廷を尊び外国人を打ち払おうとする**尊王攘夷論（尊攘論）**をとなえる勢力が反発し、❻が1862（文久2）年、江戸城外でおそわれて負傷し、老中の職をしりぞくという❽□□□□の変がおきた。

　この情況のなかで、❼をすすめる立場から薩摩藩の❾□□□□が朝廷の使者とともに江戸におもむき、幕政改革をうながした。幕府は、**松平慶永を政事総裁職**、❶を将軍後見職につけて幕政に復帰させるとともに、**京都守護職を設けて会津藩主松平容保**を任命した。しかし、薩摩藩の下級武士のあいだでは尊攘論は依然として強く、❾が京都へもどる途中、横浜郊外で薩摩藩士がイギリス人を殺傷する❿□□事件がおきた。

　一方、長州藩の尊攘派は、❾が江戸に滞在しているあいだに、政争が入り乱れた京都の主導権をにぎった。そして、朝廷を動かして、1863（文久3）年、京都にのぼった将軍❸に攘夷決行の命令を出させ、これを口実に**下関**の海峡を通過した外国船を一方的に砲撃した。少し遅れて、薩摩藩は❿事件への賠償を求めるイギリス軍艦と鹿児島湾で交戦し⓫□□□戦争が勃発した。

　この年、❼の立場をとる薩摩・会津藩が長州藩などの尊攘派を京都から追放した。この出来事は⓬□□□□の政変とよばれ、長州藩の尊攘派は、翌年には勢力回復をめざして上京したが、会津・桑名・薩摩藩などの兵に敗れしりぞいた。これを⓭□□の変とよぶ。

　幕府は御所へ攻撃したことを理由に、**長州征討（第1次）**を開始した。イギリス・フランス・オランダ・アメリカは、この征討を攘夷派に打撃をあたえる好機として、下関へ4カ国の連合艦隊を送り、砲台を攻撃した。この⓮□□□□□事件の後、孤立した長州藩は、攘夷路線をすてざるをえなくなり、⓫戦争を戦った薩摩藩も、現状での攘夷が無理であることを痛感し、逆にイギリスに接近して軍備の強化をはかろうとした。

❶ 13代将軍**徳川家定**のあとつぎとして一橋派に擁立された、水戸藩主徳川斉昭の子はだれか。

❷ 大老に就任すると**一橋派**をおさえ、後継将軍を強引に決定した**南紀派**はだれか。

❸ 紀伊藩主で、14代将軍となったのはだれか。

❹ 一橋派が**❷**を独断的だと非難したため、逆に**❷**が反対派を多数処罰した弾圧を何とよぶか。

❺ 1860(万延元)年、**❷**が江戸城で水戸の脱藩士らにおそわれて死亡した事件は何か。

❻ **❷**のあとをうけ、朝廷と幕府の協調をはかった老中はだれか。

❼ **❻**がおこなった、孝明天皇の妹**和宮**を将軍**❸**の夫人にむかえた政策を何とよぶか。

❽ **尊王攘夷論**をとなえる勢力が、**❼**の政策に反発して**❻**をおそった。その後**❻**が、老中の職をしりぞいた事件を何とよぶか。

❾ **❼**をすすめる立場から朝廷の使者とともに江戸におもむき、幕政改革をうながした薩摩藩主はだれか。

❿ **❾**が京都へ戻る途中の横浜郊外で、薩摩藩士がイギリス人を殺傷した事件を何とよぶか。

⓫ 薩摩藩が、**❿**事件の賠償を求めるイギリス軍艦と鹿児島湾で交戦した戦争を何とよぶか。

⓬ **❼**の立場をとる薩摩・会津藩が長州藩などの尊攘派を京都から追放した政変を何とよぶか。

⓭ 長州藩の尊攘派が勢力回復をめざして上京したが、会津・桑名・薩摩藩の兵に敗れてしりぞいた事件を何とよぶか。

⓮ イギリス・フランス・オランダ・アメリカの４カ国が、**下関**の砲台を攻撃した事件を何とよぶか。

【年表問題】 幕末の動きを整理した右の年表の空欄に適する語句を語群より記号で選べ。

〔語群〕
あ．日米修好通商　　い．日米和親
う．禁門　　え．ペリー　　お．薩英
か．四国艦隊下関砲撃
き．安政の大獄　　く．生麦
け．桜田門外　　こ．坂下門外

幕末の動き(月は陰暦)		
1853	6	（ **A** ）来航
	7	プチャーチン来航
1854	3	（ **B** ）条約
1856	7	ハリス着任
1858	6	（ **C** ）条約
	9	（ **D** ）（～59年）
1859	6	神奈川・箱館開港
1860	3	（ **E** ）の変
1861	10	和宮、将軍**❸**へ降嫁
1862	1	（ **F** ）の変
	8	（ **G** ）事件
1863	5	長州藩、外国船を砲撃
	7	（ **H** ）戦争
	8	八月十八日の政変
1864	7	（ **I** ）の変
		長州征討(第１次、～12月)
	8	（ **J** ）事件
1865	4	長州再征を発令
	10	条約勅許
1866	1	薩長連合
	6	長州征討(第２次、～８月)
1867	8	「ええじゃないか」おこる
	10	大政奉還、討幕の密勅
	12	王政復古の大号令

❶

❷

❸

❹

❺

❻

❼

❽

❾

❿

⓫

⓬

⓭

⓮

【年表問題】

A　　　　**B**

C　　　　**D**

E　　　　**F**

G　　　　**H**

I　　　　**J**

倒幕運動　攘夷運動がつまずくと、薩長両藩はしだいに倒幕へと傾いていった。1866（慶応2）年初め、長州藩の❶□□□□・❷□□□□□（のちの木戸孝允）と薩摩藩の❸□□・❹□□□□□は、土佐藩出身の❺□□□□らの仲介で❻□□□□の密約を結ぶと、反幕府の態度をひそかに固めた。この年、幕府は長州征討（第2次）を試みたが薩摩藩は従わず、将軍徳川家茂の急死を理由に戦闘を中止した。

折しも、開国にともなう物価上昇や政局をめぐる抗争により、社会不安が増大し、貧農を中心に世直しをとなえる一揆や打ちこわしも各地でおこっていた。1867（慶応3）年の夏には、東海・近畿に「❼□□□□□□□□」の乱舞もおこった。

こうしたなか、薩長両藩は内政・外交の両面にわたり幕政の限界を認め、武力による倒幕をめざすようになった。両藩は1867（慶応3）年10月14日、朝廷内の倒幕派❽□□□□らと結び、いわゆる討幕の密勅を手に入れた。しかし、15代将軍徳川慶喜は、前土佐藩主山内豊信（容堂）のすすめにより、政権を朝廷に返す策を受け入れ、同日、❾□□□□の上表を朝廷に提出していた。これには、政権は返上しても徳川氏が大名として存続し、国政のうえで実質的な影響力を維持しようとするねらいがあった。

❾の上表で機先を制せられた倒幕派は、12月9日、クーデタを決行し、❿□□□□□の□□□を発して天皇中心の新政府の樹立を宣言した。新政府は、摂政・関白を廃止し、天皇のもとに総裁・議定・参与の三職をおき、参与には有力藩の藩士を入れ、雄藩連合の形をとった。その夜の三職による小御所会議（右資料）では、徳川慶喜に対して内大臣の辞退と領地の返上を内容とする辞官納地を命じた。旧幕府側は大いに不満をもったが、265年続いた江戸幕府は廃止された。

▲小御所会議（島田墨仙筆『王政復古』）奥は明治天皇

新政府の発足　新政府は国内を統一して政治体制の基礎を固めようとしたが、旧幕府側の抵抗は強く、1868（明治元）年1月に⓫□□・□□の戦いがおこり、約1年半にわたる⓬□□戦争が始まった。新政府は徳川慶喜を朝廷の敵とし、同年4月には江戸城を戦うことなく明け渡させ、さらに会津藩や東北諸藩の連合である⓭□□□□□□□□□の抵抗を打ち破り、箱館の五稜郭にたてこもった旧幕府海軍の榎本武揚らも降伏させ、1869（明治2）年5月、内戦を終結させた。

この間の1868（明治元）年3月、新政府は⓮□□□の□□を公布した。⓮には公議世論の尊重と開国和親の新政府方針を示し、天皇が親政することを誓った。翌日、全国の庶民には、⓯□□の□□を掲げて、儒教的道徳の強調、徒党・強訴の禁止、キリシタン禁制など旧幕府の教学政策を引きつぐことを示した。さらに、政府は政体書を制定し、中央の太政官に権力を集め、三権分立の形を取り入れて、あらたな政治体制をととのえようとした。

この年の8月、明治天皇の即位の礼がおこなわれた。政府は9月に年号を慶応から明治に改元して、一世一元の制を採用し、翌年には京都から東京へ事実上、首都を移した。また、幕末期から学問・技術を磨いた者たちを新政府の要職に登用するなど政治改革に乗り出した。幕末から新政府が成立し、近代国家が形成されていく変革の過程を、広く⓰□□□□とよぶ。

❶ 長州藩士であり、**奇兵隊**を組織したのはだれか。

❷ **吉田松陰**に学び、❶とともに長州藩の尊王攘夷派を指導したのはだれか。

❸ 薩摩藩士であり、**勝海舟**を説得し、江戸城無血開城に導いたのはだれか。

❹ 薩摩藩士であり、第2次長州征討に反対して倒幕に大きく貢献し、のちの新政府を導く中心人物となったのはだれか。

❺ 土佐藩出身で、長州藩と薩摩藩の密約を仲介したのはだれか。

❻ ❺が仲介した密約の名称は何か。

❼ 開国による物価上昇や政局をめぐる抗争によって社会不安が増大した結果、「**世直し**」を期待しておきた民衆運動を何とよぶか。

❽ 薩長両藩に協力した、朝廷内の倒幕派の公家はだれか。

❾ 15代将軍徳川慶喜が、政権を朝廷に返上したことを何とよぶか。

❿ 倒幕派が発した、天皇中心の新政府が樹立した宣言とは何か。

⓫ 1868(明治元)年におこった、新政府軍と旧幕府の勢力が衝突した京都での戦いとは何か。

⓬ ⓫の戦いをはじめとする、新政府軍と旧幕府の勢力が約1年半にわたって戦った内戦を総称して何とよぶか。

⓭ 新政府軍に抵抗した、会津藩や東北諸藩の連合を何とよぶか。

⓮ 1868(明治元)年に公布された、新政府の方針を何とよぶか。

⓯ 全国の庶民に向けて掲げられ、旧幕府の教学政策を引きつぐことを新政府が示したものは何か。

⓰ 幕末から新政府が成立して変革していく過程を、広く何とよぶか。

【 史料問題 】 次の史料を読み、[**A**]～[**D**]に適語を入れよ。

『❿ （慶応三年十二月九日）』
　徳川内府、従前御委任ノ大政返上、[**A**]職辞退ノ両条、今般断然聞シメサレ候、　抑癸丑以来未曽有ノ国難、先帝頻年宸襟ヲ悩マセラレ候御次第、衆庶ノ知所ニ候、之ニ依リ、叡慮ヲ決セラレ、王政復古、国威挽回ノ御基立テサセラレ候間、自今摂関、幕府等廃絶、即今先ズ仮ニ[**B**]、議定、参与ノ三職ヲ置カレ、万機行ハセラルベク・・・・・、　　　　（『法令全書』）

『⓮』
一、広ク[**C**]ヲ興シ、万機[**D**]ニ決スベシ。
一、上下心ヲ一ニシテ、盛ニ経綸ヲ行フベシ。
一、官武一途庶民ニ至ル迄、各其志ヲ遂ゲ、人心ヲシテ倦ザラシメン事ヲ要ス。
一、旧来ノ陋習ヲ破リ、天地ノ公道ニ基クベシ。
一、智識ヲ世界ニ求メ、大ニ皇基ヲ振起スベシ。　　　　（『法令全書』）

❶
❷
❸
❹
❺
❻
❼
❽
❾
❿
⓫
⓬
⓭
⓮
⓯
⓰

【 史料問題 】

A

B

C

D

43 明治維新　Ⅰ

📖 p.178〜182／📘 p.236〜241

中央集権の強化　中央集権体制をつくるため、藩制度の廃止を実施し、1869(明治2)年、新政府は諸藩の藩主に❶［　　　　　　　　］を命令した。名目上は新政府が全国の土地・人民を支配したが、旧藩主が知藩事として藩政をおこなっていた。新政府は収入を幕府から引きついだ直轄地から年貢をきびしく徴収したため、各地で農民一揆もおこった。そこで新政府は藩制度を全廃する方針を定め、1871(明治4)年、まず薩摩・長州・土佐の3藩の兵を**御親兵**として軍事力を固め、❷［　　　　　　　　］を断行し、全国は3府72県となり、中央政府から府知事・県令が派遣され、政府の指令が地方に徹底されるようになった。免職となった知藩事を東京に移し、旧藩士の俸禄は政府が負担した。中央政府の制度もととのえられ、**太政官**は正院・左院・右院の三院制となり、正院の下に8省をおいた。要職は、**薩摩・長州・土佐・肥前**の4藩出身の実力者が占め、❸［　　　　　　　］とよばれた。近代的軍隊を創設するため、1873(明治6)年、**山県有朋**の主導で国民皆兵をめざす❹［　　　］令を出した。男性は士族・平民の別なく満20歳に達した者から選抜され3年間の兵役義務を負った。兵役は農工商の平民にはあらたな負担で、旧武士は特権をうばわれ、各方面から反発が強かった。

四民平等　新政府は旧藩主を公家とともに❺［　　　］とし、藩士や旧幕臣を❻［　　　］とした。「農工商」の百姓・町人は平民となった。平民は苗字が許され、住居の移転や職業の選択も自由となり、❺・❻との結婚も認められ、いわゆる❼［　　　　　　］となった。1872(明治5)年には、全国統一の**壬申戸籍**がつくられた。また、江戸時代に賤民とされた人びとに対しては解放令を出し平民と同様としたが、実際には差別は依然として続いた。社会制度改革で、❻は苗字や乗馬が平民にも認められ、1876(明治9)年の廃刀令で帯刀も禁止され、経済的には、政府から家禄があたえられたが、それは政府の大きな負担であったため、1876(明治9)年の❽［　　　　　　　　］で数年分の家禄にあたる**金禄公債証書**をあたえられて家禄はすべて廃止された。この結果、下級❻の生活は苦しくなり、不慣れな商売に手を出して失敗する者もあり❾［　　　］の［　　　］といわれた。

地租改正　政府は廃藩をきっかけに、土地制度と税制の改革を始めた。1872(明治5)年に田畑永代売買の禁止令をといて土地の所有権を認め、翌1873(明治6)年から❿［　　　　　　　　］に着手した。その要点は、(1)土地を測量し土地の価格(地価)を定め、土地所有者に⓫［　　　　］を発行する。そのうえで、(2)課税基準を収穫高から地価に改め、(3)金納に改めて税率を地価の3％とし、(4)土地所有者を納税者とするものであった。政府の財政は一応安定したが、農民の負担は以前とかわらず、負担が大きくなった所もあり、負担軽減を求める一揆が各地でおこった。

殖産興業　政府は⓬［　　　　　　］・⓭［　　　　　　　　］をスローガンとして、産業の育成に力を入れ、工部省・⓮［　　　　］省を設けて事業を推進し、高給で雇った多くの外国人に技術指導にあたらせた。通信・交通制度では、**前島密**の建議で1871(明治4)年に官営の⓯［　　　　］制度をつくり、1872(明治5)年には、東京(新橋)・横浜間に官営の⓰［　　　　］を開通させ、また電信もととのえた。海運では、**岩崎弥太郎**が経営する三菱を保護した。貨幣制度では、1871(明治4)年の⓱［　　　　　　　　］で円・銭・厘を単位とする新硬貨をつくった。鉱工業では、軍需工場・造船所・炭鉱などを経営し、軍事力の強化で⓬をめざした。さらに輸出産業の中心である生糸の生産拡大のため群馬県に官営の⓲［　　　　　　　］を設けた。農業・牧畜では、1869(明治2)年、蝦夷地を**北海道**と改称して⓳［　　　　　　　］をおき、**札幌農学校**を開設し、1874(明治7)年には士族授産の政策もあって⓴［　　　　　　］制度を設け、開拓とともに北方のロシアに対する備えとした。⓭がすすむなかで、特権を得た三井・岩崎(三菱)などの事業家は大きな利益を上げ、**政商**とよばれた。

❶　1869（明治２）年に新政府が諸藩の藩主に出した、名目上新政府が全国の土地・人民を支配することになった命令を何とよぶか。

❷　藩制度を全廃するために1871（明治４）年に新政府が断行し、中央政府から府知事・県令が派遣されて、政府の指令が地方に徹底されるようになった政策を何とよぶか。

❸　中央政府の要職はほとんどが**薩摩・長州・土佐・肥前**の４藩出身の実力者で占められたが、この政権を何とよぶか。

❹　1873（明治６）年に**山県有朋**の主導で出された、国民皆兵をめざす法令は何か。

❺　旧藩主や公家は、新しい社会制度のもとで何という階級となったか。

❻　藩士や旧幕臣は、新しい社会制度のもとで何という階級となったか。

❼　百姓や町人は平民となり、❺・❻との結婚が認められ、苗字が許されて住居移転や職業の選択が自由となったことを何とよぶか。

❽　❻の家禄が政府の大きな負担となったため、1876年に数年分の家禄にあたる**金禄公債証書**を❻にあたえて、家禄をすべて廃止した政策を何とよぶか。

❾　❽の結果、不慣れな商売に手を出して失敗する❻もいたが、これは何とよばれたか。

❿　1873（明治６）年から実施された、課税基準を地価に改め、物納を金納に変更して税率を地価の３％とし、土地所有者を納税者とした土地制度の改革を何とよぶか。

⓫　土地を測量し、収穫高を調査して土地の価格を定めて土地所有者に発行されたものは何か。

⓬　自国の経済発展をめざし、軍事力を強化しようとする政府のスローガンは何か。

⓭　新産業の育成政策をめざした、政府のスローガンは何か。

⓮　1877（明治10）年に第１回内国勧業博覧会を開き、日本国内の産業の発展をうながした省はどこか。

⓯　1871（明治４）年に**前島密**の建議によってつくられた、飛脚にかわる官営の制度は何か。

⓰　1872（明治５）年に東京（新橋）・横浜間に開通したものは何か。

⓱　1871（明治４）年に十進法による円・銭・厘を単位とする新硬貨をつくった条例は何か。

⓲　輸出産業の中心である生糸の生産拡大をめざし、群馬県に設立された官営模範工場は何か。

⓳　1869（明治２）年に蝦夷地を**北海道**と改称し、アメリカの大農場制度や畜産技術の導入をはかるためにおかれた日本の官庁は何とよばれたか。

⓴　1874（明治７）年、士族授産の政策もあって北海道に設けられた制度は何か。

❶

❷

❸

❹

❺

❻

❼

❽

❾

❿

⓫

⓬

⓭

⓮

⓯

⓰

⓱

⓲

⓳

⓴

⦿p.182〜185／⊕p.242〜247

文明開化

富国強兵をめざす政府は、積極的に西洋の近代思想や生活様式などを導入した。この風潮は当時、**❶**▢▢▢▢▢とよばれた。思想の面では、人はうまれながらにして天から自由・平等などの人権をさずかっているとする**天賦人権**の思想が紹介された。**❷**▢▢▢の『**学問のすゝめ**』は、人びとに広く読まれ、**❷**の実学を重んじ立身出世を目標とする考え方は、文部省の教育方針にもとりこまれた。1872(明治5)年、国民皆学をめざす**❸**▢制が公布された。**森有礼**・**❷**・**西周**らの洋学者たちは、1873(明治6)年に**❹**▢▢▢▢▢▢を組織し、翌年から『**明六雑誌**』を発行して封建思想の排除と近代思想の普及につとめた。宗教界では、新政府が神仏習合を禁じる**❺**▢▢▢▢令を出したことから、寺院などを破壊する**❻**▢▢▢▢が各地でおこった。1870(明治3)年には**大教宣布の 詔** を発し、神道を中心とした国民教化をめざした。キリスト教については、列国から抗議があり1873(明治6)年にキリスト教を禁じる高札を撤廃した。これに対応して、政府は強い批判をうけた神道を中心とする国民教化から、神道と仏教による教化へと方針を転換していった。

東京の銀座通りには煉瓦造の二階屋がたちならび、**ガス灯**のたつ道路には**人力車・乗合馬車**が走り、**ざんぎり頭**に洋服姿がみられた。暦も改められ、1872(明治5)年には、**❼**▢▢暦を採用し、1日を24時間、日曜を休日とした。天皇と関わる祝祭日が制定され、従来の行事や慣習が改められた。

明治初期の対外関係

新政府は、開国和親の方針にそって、諸外国との関係を調整しようとした。1871(明治4)年末、**岩倉具視**を大使とする欧米への使節団派遣は、江戸幕府が結んだ条約の改正交渉に失敗し、欧米の文物・制度を視察し帰国した。近隣諸国とは、まず朝鮮に対し国交の樹立を求めたが、鎖国政策をとっていた朝鮮は、江戸幕府とは異なる日本の交渉態度を不満として応じなかった。これに対し**西郷隆盛・板垣退助**らは**❽**▢▢論をとなえたが、1873(明治6)年に欧米視察から帰国し国内改革を優先する**大久保利通**らに反対されたため、西郷らの**❽**論は実現しなかった。その後、1875(明治8)年、日本が朝鮮半島沿岸に軍艦を派遣し圧力を加えたことで**❾**▢▢事件がおこった。日本はこの**❾**事件を機に、朝鮮に開国を強くせまり、翌年、**❿**▢▢▢▢▢▢を結び、朝鮮に日本の領事裁判権や関税免除などを認めさせた。清に対しては1871(明治4)年、はじめて相互対等の形で**⓫**▢▢▢▢▢▢▢を結んだ。しかし、台湾で琉球漂流民殺害事件がおこると、1874(明治7)年、日本は**⓬**▢▢▢▢▢を実施し、清に事実上の賠償金を支払わせた。17世紀以来、島津氏の支配下におかれ、日清両属の形をとっていた琉球については、1872(明治5)年、琉球藩をおいて日本への帰属を明らかにし、1879(明治12)年には**⓭**▢▢▢▢▢をおこない、琉球藩の廃藩を強行し沖縄県をおいた。樺太については、1875(明治8)年、ロシアと**⓮**▢▢▢・▢▢▢条約を結び、樺太全島をロシア領とするかわりに、千島全島を日本領とすることで合意した。また、欧米系住民が定住していた南方の**小笠原諸島**は、江戸幕府が領有を確認していたが、1876(明治9)年に役所を設けて統治を再開した。日本の領土は国際的に画定された。

政府への反抗

政府の近代化政策の急速な推進は、その急激な改革に対する人びととの不満の高まりとなっていた。そして、1873(明治6)年には**徴兵反対一揆(血税一揆)** が、1876(明治9)年には**地租改正反対一揆**がおきた。政府は翌年に地租率を地価2.5%に引き下げた。士族たちの不平も高まっていた。1874(明治7)年、**❽**論争に敗れ参議を辞職した**江藤新平**らによる**⓯**▢▢の乱をはじめ、1876(明治9)年の廃刀令や家禄廃止に反発した士族の反乱が九州を中心に頻発し、1877(明治10)年、**⓰**▢▢戦争がおこった。西郷隆盛を首領とする不平士族によるこの最大の反乱は、政府の徴兵制度による新軍隊に鎮圧され、武力による反乱は終わった。

❶ 富国強兵をめざした政府が、積極的に西洋の近代思想や生活様式を導入した風潮を何というか。

❷ 学ぶことで個人が自立し、国家の独立も達成できると説いた『学問のすゝめ』を著したのはだれか。

❸ 1872(明治5)年に公布され、国民皆学をめざした法令は何か。

❹ 森有礼・西周・❷らの洋学者たちによって結成された、封建思想の排除と近代思想の普及につとめた団体を何とよぶか。

❺ 新政府が出した、それまでの神仏習合を禁じた法令は何か。

❻ ❺をきっかけにおきた、各地で寺院などを破壊した運動は何とよばれたか。

❼ 1872(明治5)年に旧暦を廃して採用された、1日を24時間、日曜を休日とした暦は何か。

❽ 西郷隆盛や板垣退助らがとなえ、朝鮮を武力行使によって開国させようとする考え方を何とよぶか。

❾ 1875(明治8)年、日本が朝鮮半島沿岸に軍艦を派遣して圧力を加えたことがきっかけでおきた事件を何とよぶか。

❿ ❾事件を機に、朝鮮に日本の領事裁判権や関税免除を認めさせた条約は何か。

⓫ 1871(明治4)年に結ばれた、日本初の相互対等の条約は何か。

⓬ 1874(明治7)年、琉球の漂流民が台湾で殺害されたことをきっかけに日本が台湾に軍隊を送った出来事を何とよぶか。

⓭ 1879(明治12)年、琉球藩の廃藩を強行し、沖縄県をおいたことを何とよぶか。

⓮ 樺太全島をロシア領とするかわりに、千島全島を日本領とすることを定めた1875(明治8)年の条約は何か。

⓯ 征韓論争に敗れて参議を辞職した江藤新平を首領とした1874(明治7)年の反乱は何か。

⓰ 1877(明治10)年におきた、西郷隆盛を首領とした不平士族による最大の反乱は何か。

[史料問題] 次の史料の名は何か(通称も答えよ)。

学問ハ身ヲ立ルノ財本共云ベキ者ニシテ、人タルモノ誰カ学バズシテ可ナランヤ。……自今以後、一般ノ人民華士族卒農工商及婦女子必ズ邑ニ不学ノ戸ナク、家ニ不学ノ人ナカラシメン事ヲ期ス。人ノ父兄タル者宜シク此意ヲ体認シ、其愛育ノ情ヲ厚クシ、其子弟ヲシテ必ズ学ニ従事セシメザルベカラザルモノナリ。

❶

❷

❸

❹

❺

❻

❼

❽

❾

❿

⓫

⓬

⓭

⓮

⓯

⓰

[史料問題]

史料名:

通称:

⑧ p.186〜187／⑫ p.247〜250

自由民権運動

征韓論争に敗れて政府をしりぞいた人びとのなかには、国会開設を求める者もあった。1874(明治7)年、❶ [＿＿＿＿＿＿]らは東京で愛国公党をつくり、❷ [＿＿＿＿＿]の[＿＿＿]を太政官の左院に提出した。これが❸ [＿＿＿＿＿＿]の出発点となった。彼らは建白書のなかで官僚の独裁政治を批判し、議会の開設を求めた。

❶らは郷里の高知県で**立志社**をおこし、翌1875(明治8)年、民権派の全国組織をめざして、大阪で**愛国社**を結成した。このとき、政府は❹ [＿＿＿＿＿＿]の[＿]を出し、元老院・大審院・地方官会議を設置して、時間をかけて立憲制へ移行する構えをみせた。その一方で、❺ [＿＿＿]・[＿＿＿]条例を制定して、民権派の活動を取り締まった(右資料)。その後、各地域で新政策を実施する担い手となり、また多額の地租を負担した地主たちが、国政への参加をのぞんで❸に加わった。こうして❸には士族だけではなく、地主や商工業者らも参加するようになった。これに対し、政府は府県会を設置し、議員を公選とするなど、ある程度民意をくめるような地方制度に改めた。

1880(明治13)年、民権派が❻ [＿＿＿＿＿＿]を結成し、政府に国会をすぐに開設するよう要求すると、政府は❼ [＿]条例を定めて民権派の言論・集会・結社をおさえようとした。当時、政府内部では、❽ [＿＿＿＿]らがイギリスの議院内閣制を模範とする国会の開設をとなえていた。これに対し、❾ [＿＿＿＿]らはドイツのように君主権の強い立憲政治をめざし、対立していた。1881(明治14)年には、開拓使の廃止を前にした長官の**黒田清隆**が、同郷の旧薩摩藩出身者に開拓使の施設を不当に安い価格で払い下げようとして問題化した。この❿ [＿＿＿＿＿＿＿＿]事件をとりあげ、民権派が激しく政府を攻撃すると、政府は払下げを中止し、民権派に同調したとして❽を政府から追放した。また、⓫ [＿＿＿＿＿]の[＿]を出し、9年後の1890(明治23)年に国会を開設すると公約した。これを⓬ [＿＿＿＿＿]の[＿＿＿]といい、この結果、❾を中心とする薩長藩閥が政府の実権をにぎった。

民権派は国会開設にそなえて、政党を結成した。1881(明治14)年、まず❶がフランス風の急進的自由主義をとなえる⓭ [＿＿＿＿]を、ついで翌82(明治15)年に❽が穏健なイギリス風の議会主義を主張する⓮ [＿＿＿＿＿]を組織した。また民権派は憲法私案の⓯ [＿＿＿＿＿]もつくった。

さらに、**中江兆民**がルソーの社会契約説を紹介するなど、思想の面での論争も展開された。個人の権利をのばそうという⓰ [＿＿＿]に対し、国家を安定させその勢力をのばそうという⓱ [＿＿＿]があった。しかし国家が独立を保ってこそ個人の自由が保たれるという考えが強かったため、両者は深く結びついていた。

自由民権運動の再編(1)

1881(明治14)年に大蔵卿となった**松方正義**は、増税とデフレーション政策(松方財政)を採った。その結果、米や繭などの価格がいちじるしく下落した。米や繭などを売って定額の地租をおさめる農民は負担がふえ、自作農のなかには生活苦から土地を手放して小作農になる者が出てきた。土地を手放した農民は貧民として都市へ流れこんでいった。一方、地主は土地を小作人に貸しつけて現物の小作料をとって、貸金業などをいとなみながら、農民が手放した土地を集積していった。

▲[荒れる演説会のようす]

❶ 1874(明治7)年に東京で愛国公党をつくり、民権運動を主唱した右写真の土佐藩出身者はだれか。

❷ ❶によって太政官の左院に提出された、議会の開設を要望した建白書を何とよぶか。

❸ ❷を提出したことをきっかけにおきた、憲法制定や国会開設のための政治運動を何とよぶか。

❹ 元老院・大審院・地方官会議を設置し、時間をかけて立憲制へ移行することを示した詔書を何とよぶか。

❺ 民権派の活動を取り締まるために出された2つの法令は何か。

❻ 1880(明治13)年、民権派が国会をすぐに開設するよう要求するために結成した政治結社は何というか。

❼ ❻の動きに対し、言論・集会・結社をおさえるために定めた法令は何か。

❽ 政府内部でイギリスの議院内閣制を模範とする国会の開設をとなえていた、右写真の肥前藩出身者はだれか。

❾ 長州藩出身でドイツのような君主権の強い立憲政治をめざして❽と対立したのはだれか。

❿ 1881(明治14)年におきた、**黒田清隆**が同郷の薩摩藩出身者に開拓使の施設を不当に安い価格で払い下げようとした事件は何か。

⓫ 1881(明治14)年に出された、9年後の1890(明治23)年に国会を開設すると公約した詔勅は何か。

⓬ ❿事件後、❽は政府から追放され、⓫が出された。この結果、❾を中心とする薩長藩閥が政府の実権をにぎることとなったが、この一連の出来事を何とよぶか。

⓭ ❶が結成した、フランス風の急進的自由主義をとなえる政党は何か。

⓮ ❽が結成した、穏健なイギリス風の議会主義を主張する政党は何か。

⓯ 民権派がつくった憲法の私案を何とよぶか。

⓰ 個人の権利をのばそうという考え方を何とよぶか。

⓱ 国家を安定させその勢力をのばそうという考え方を何とよぶか。

[補足問題]

Ａ ⓭・⓮の組織に対抗して、政府側は保守的な立憲帝政党を結成したが、それほどの勢力にはいたらなかった。この政党の創設者はだれか。

Ｂ ⓯の1つで、抵抗権・革命権などの急進的な内容を明記した「東洋大日本国国憲按」をつくったのはだれか。

❶
❷
❸
❹
❺
❻
❼
❽
❾
❿
⓫
⓬
⓭
⓮
⓯
⓰
⓱

[補足問題]

Ａ

Ｂ

46 立憲国家の成立 Ⅱ

教 p.187～190／詳 p.250～255

自由民権運動の再編(2)

松方財政のもとで、深刻な不況が全国におよぶと、民権運動は大きく変化していった。貧農のなかには民権運動に参加する者があらわれる一方で、地主・農民のなかには生活に余裕がなくなり、民権運動から手を引く者も出てきた。

1882(明治15)年、福島県では、県令がすすめる道路の造成事業の徴用に反対する農民や自由党員らが検挙されるという❶□□□□事件がおきた。その後、東日本各地では自由党員や農民による蜂起があいついだ。1884(明治17)年におきた❷□□事件では、埼玉県秩父地方で税の軽減や借金の返済延期などを求めて立ち上がった多数の農民らを、政府は軍隊を出動させて鎮圧した。このように政府が激化事件を力で解決するなかで、自由党は、❷事件の直前に解党し、立憲改進党も活動停止の状態となって、自由民権運動は一時後退していった。しかし、国会開設の時期が近づくと、民権派を中心にわずかな違いをすて、団結して国会開設に備えようという❸□□□□□運動がもりあがった。とくに1887(明治20)年、政府の条約改正案の内容が明るみに出ると、地租の軽減、言論・集会の自由、外交失策の回復(対等条約の締結)を主張する❹□□□□□□□運動を展開して、政府を攻撃した。これに対し、政府は❺□□条例を出して東京に集まっていた民権派を追放した。

憲法の制定

政府は天皇が定める❻□□□□□をつくろうと、1882(明治15)年に伊藤博文をヨーロッパに派遣した。伊藤はドイツ流の憲法理論を学び、翌年帰国すると、立憲政治の準備を開始した。まず1884(明治17)年、❼□□□□を定めて将来の貴族院の土台をつくり、翌年には太政官制を廃止して、❽□□制度をつくり、みずから初代内閣総理大臣となった。

憲法草案は、1886(明治19)年末ころから伊藤博文を中心に、井上毅らが、ドイツ人顧問❾□□□□□□の助言を得て作成した。草案は天皇が出席した枢密院で審議がかさねられ、1889(明治22)年2月11日、❿□□□□□□□(明治憲法)が発布された。❿により、行政は❽、立法は⓫□□□(⓬□□□□と⓭□□□□の2院制)、司法は裁判所と、三権分立体制が確立し、国民は法律の範囲内などで所有権の不可侵や信教の自由など、さまざまな自由が認められ、⓬をつうじて国政に参加する道が開かれた。天皇は元首として⓮□□□□をもつほか、軍事・行政・外交などに関する⓯□□□□をにぎり、これを実際に行使する政府や軍部の力は強かった。

❿と同時に、⓬議員選挙法も制定された。選挙人は満25歳以上の男性で、直接国税(地租と所得税)15円以上を納入する者に限られたので、有権者数は全人口の約1%にすぎず、その大部分は農村の地主であった。また、地方制度でも1888(明治21)年に市制・町村制、1890(明治23)年に府県制・郡制をしき、中央集権的ではあるが一定の地方自治を認めた。そのほかの諸法典も編さんされた。民法は初めフランス系の特色をもつものとなったが、伝統的な家族道徳を破壊するとの批判がおこり、大はばに修正されて、家の制度を存続させる内容をふくむものとなった。

初期議会

1890(明治23)年、第1回⓬議員総選挙がおこなわれ、再建された立憲自由党(のち自由党)や立憲改進党などの民党が⓬で過半数の議席を占めた。11月に第1回⓫が開かれた。日清戦争直前の第6議会までを⓰□□□□□とよんでいる。⓰では民権派の流れをくむ民党と政府とが対立した。政府はすでに憲法発布の直後、黒田清隆首相が、政府の政策は政党の動向に左右されないという⓱□□主義を声明しており、対する民党は、減税を掲げて真向から政府と対決した。第1議会で山県有朋首相は、国防力を増強する必要性を強調し、民党による予算案の削減を拒否したが、民党は応じなかった。このように⓰では、議会における政府と民党との対立が続いた。

❶　1882(明治15)年、福島県で県令がすすめる道路の造成事業への徴用に反対する農民や自由党員らが検挙された事件は何か。

❷　1884(明治17)年、埼玉県で多数の農民らが税の軽減などを求めて立ち上がったが、政府が軍隊を出動させて鎮圧した事件は何か。

❸　国会開設の時期が近づいた際に、民権派を中心にわずかな違いをすて団結し、国会開設に備えようとした運動を何とよぶか。

❹　1887(明治20)年、政府の条約改正案の内容に対して展開された、地租の軽減、言論・集会の自由、外交失策の回復を主張した運動を何とよぶか。

❺　❹運動に対し、東京に集まっていた民権派を追放するために出された法令は何か。

❻　天皇が定めた憲法を何とよぶか。

❼　1884(明治17)年に制定された、将来の貴族院の土台づくりのための法令は何か。

❽　1885(明治18)年、太政官制を廃止してつくられた制度は何か。

❾　憲法草案作成に助言をおこなった、ドイツ人顧問はだれか。

❿　1889(明治22)年2月11日に発布された憲法を何とよぶか。

⓫　❿により、三権分立体制が確立した。行政は内閣、司法は裁判所が担ったが、立法を担った機関の名称を答えよ。

⓬　⓫を構成した、公選の下院を何とよぶか。

⓭　⓫を構成した、非公選の上院を何とよぶか。

⓮　元首として天皇がもった、日本の軍隊を指揮監督する最高の権限は何か。

⓯　❿のもとで天皇がにぎった、軍事・行政・外交に関する権限を総称して何とよぶか。

⓰　1890(明治23)年に第1回⓫が開かれたが、これ以降日清戦争直前の第6議会までを何というか。

⓱　**黒田清隆**首相が声明した、政府の政策は政党の動向に左右されないという主義を何とよぶか。

[史料問題]　❿の条文について、下の史料の[　**A**　]～[　**C**　]に適語を入れよ。

第一条　大日本帝国ハ万世一系ノ天皇之ヲ統治ス。
第四条　天皇ハ国ノ[　**A**　]ニシテ統治権ヲ総攬シ、此ノ憲法ノ条規ニ依リ之ヲ行フ。
第十一条　天皇ハ陸海軍ヲ[　**B**　]ス。
第二十九条　日本臣民ハ法律ノ範囲内ニ於テ言論著作印行集会及結社ノ自由ヲ有ス。
第五十五条　国務各大臣ハ天皇ヲ[　**C**　]シ、其ノ責ニ任ズ。

---

❶
❷
❸
❹
❺
❻
❼
❽
❾
❿
⓫
⓬
⓭
⓮
⓯
⓰
⓱

[史料問題]

A

B

C

47 大陸政策の展開　I

圏 p.192〜195／詳 p.256〜259

条約改正
　幕末に江戸幕府が欧米と結んだ不平等条約を改正することは、国家の独立と富国強兵をめざすうえで重要な課題であった。政府はとくに領事裁判権（治外法権）の撤廃と関税自主権（税権）の回復をめざした。1886（明治19）年にイギリス船が難破した❶□□□□□□□事件で、領事裁判の結果、日本人乗客を救助しなかった船長が当初無罪とされたことは、条約改正の必要性を国民に強く認識させた。このころ、政府は❷□□□□□外務卿（のち外務大臣）が中心となって法権回復のために法典の整備をすすめるとともに、鹿鳴館外交などの極端な❸□□政策をとり、条約改正交渉を有利にすすめようとしていた。しかし、外国人を被告とする裁判に外国人判事を任用するという条件は国家主権の侵害であると批判をまねき、❸政策への反発も加わって、世論は激しくこの改正案を非難した。翌1887（明治20）年、三大事件建白運動がおこると、交渉は中止された。❷のあとをうけて大隈重信外務大臣が交渉にあたったが、政府内外の反対から再度中断した。

　政府が❸政策をとると、言論界では日本の民族文化を再認識すべきだとの議論が活発化した。三宅雪嶺らは民族文化の尊重をよびかけ、❹□□□□□主義を主張し、対する徳富蘇峰は❺□□□□主義をとなえ、一部の特権階級のためではなく、国民の生活の西欧化が必要だと主張した。

　その後、イギリスがロシアの東アジア進出を牽制するため日本に好意的になったことを背景に、相互対等の原則で改正交渉が再開された。しかし、1891（明治24）年の❻□□事件がおきたため、交渉はすすまなかった。

　条約改正に成功したのは、❼□□□□□外務大臣のときであった。1894（明治27）年、❼は領事裁判権の撤廃と関税自主権の一部回復、たがいの最恵国待遇を内容とする❽□□□□□条約に調印した。ついで1911（明治44）年には、❾□□□□□外務大臣が、残されていた関税自主権の回復に成功した。開国以来半世紀をへて、ようやく日本は列国と対等の条約をもつことになった。

朝鮮をめぐる対立
　日本のアジア外交の中心は朝鮮にむけられた。朝鮮を開国させた日本は、さらに勢力をのばそうとし、朝鮮国内にも親日派が台頭してきた。しかし、1882（明治15）年、首都の漢城（現在のソウル）で保守的な軍隊が中心となった❿□□□□がおこり、清が朝鮮を属邦とする立場から事態の収拾に乗り出すと、朝鮮政府は清を頼るようになった。

　1884（明治17）年、清仏戦争で清の勢力が弱まるのを好機とみて、親日的な金玉均（キムオッキュン）らの改革派は日本公使館の援助を得てクーデタをおこしたが、清軍が鎮圧に加わり、失敗に終わった。この⓫□□□□できわめて悪化した日清関係を打開するため、翌1885（明治18）年、両国は天津条約（テンチン）を結び、両国とも朝鮮から撤兵し、今後、朝鮮に出兵するときは、たがいにあらかじめ通知することになった。

　清が日本の朝鮮進出をさまたげ、その影響力により朝鮮政府内の親日派が追放されると、清や朝鮮に対する日本の世論は急速に悪化していった。福沢諭吉が創刊した『時事新報』は「脱亜論」を発表し、日本は朝鮮の自主的改造に期待するのをやめて、今後は東アジア問題に対しては欧米列強と同じ態度でのぞむべきであると論じた。

日清戦争（1）
　朝鮮における日清の対立は、1894（明治27）年、朝鮮で減税と排日を農民たちが要求した⓬□□□□戦争（東学の乱）がおこると、清は朝鮮政府の要請を理由に出兵し、日本は清からの出兵通知をうけ対抗して出兵した。その後も朝鮮の内政改革で日清両国は対立し、同年8月、日本は清に宣戦布告し、⓭□□□戦争が始まった。国をあげて戦争にのぞんだ日本に対し、清は軍隊を統一的に指揮し訓練する体制ができておらず、戦いは日本の勝利に終わった。

❶ 1886（明治19）年にイギリス船が難破し、船長以下乗組員全員は脱出したが、日本人乗客は全員水死した事件は何か。

❷ ❶事件のころ、法権回復のために法典の整備をすすめた日本政府の外務卿はだれか。

❸ ❷が、条約改正交渉を有利にすすめるために展開した❷の政策は何か。

❹ 日本の民族文化を尊重すべきだとする、**三宅雪嶺**らが主張した思想を何とよぶか。

❺ ❹主義に対して、一部の特権階級のためではなく、国民の西欧化が必要だと主張する**徳富蘇峰**がとなえた思想を何とよぶか。

❻ 1891（明治24）年、訪日中のロシア皇太子ニコライが、滋賀県大津で警護の日本人警察官に切りつけられて負傷した事件を何とよぶか。

❼ 日本が条約改正に成功したときの外務大臣はだれか。

❽ 1894（明治27）年に調印された、領事裁判権の撤廃と関税自主権の一部回復、たがいの最恵国待遇を内容とするイギリスとの条約名は何か。

❾ 1911（明治44）年、日本の関税自主権の回復に成功した外務大臣はだれか。

❿ 1882（明治15）年、朝鮮で保守的な軍隊を中心にしておきた反乱は何か。

⓫ 1884年、親日的な**金玉均**らの改革派が日本公使館の支援を受けて朝鮮内でクーデタをおこしたが、清軍の鎮圧によって失敗した出来事は何か。

⓬ 1894年、朝鮮で減税と排日を要求しておきた農民の反乱は何か。

⓭ ⓬戦争をきっかけに日清両国が朝鮮に出兵し、朝鮮の内政改革をめぐって対立した結果、日本が清に宣戦を布告して始まった戦争は何か。

【資料問題】 下の資料は、1895（明治28）年に下関（しものせき）で開かれた日清講和会議のようすである。この会議に出席した日本の全権（2名）と、清の全権（1名）を答えよ。

▲永地秀太筆『下関講和談判』

❶

❷

❸

❹

❺

❻

❼

❽

❾

❿

⓫

⓬

⓭

【資料問題】
日本：

日本：

清：

◉ p.195〜197／◉ p.259〜262

日清戦争（2）

1895（明治28）年4月、戦勝国の日本で講和会議が開かれ、日本全権伊藤博文・陸奥宗光と清の全権李鴻章は❶□□条約に調印した。この条約で清は、（1）朝鮮の独立を認め、（2）日本に遼東半島・台湾・澎湖諸島をゆずり、（3）賠償金2億両（当時の日本円で約3億1000万円）を日本に支払い、（4）あらたに沙市・重慶など4港を開くことなどを約束した。

戦勝の結果、日本ははじめて海外に植民地をもち、大陸にも足場を築くことになった。しかし、中国東北部（「満洲」）への進出をめざしていたロシアは、日本の進出を警戒し、ドイツ・フランスをさそい日本に対して❷□□□□をおこない、遼東半島を清へ返還するよう勧告した。日本は返還に応じたが、こののち「臥薪嘗胆」を合言葉にロシアへの敵意が高まり、日本政府は軍事力の増強につとめた。国内では国家を強くすることが必要だとする国家主義が思想界の主流となっていった。

藩閥と政党

日清戦争が終わると国内の政局も大きくかわった。政府は議会を無視しては政治がおこなえないことを知り、政党も政権に近づくために政府と妥協しようとした。しかし、この動きはすぐには実を結ばなかった。

1898（明治31）年、自由党と進歩党の両党が合同して❸□□党を結成し、衆議院に絶対多数をもった。第3次伊藤内閣は退陣し、大隈重信を首相、板垣退助を内務大臣とする❹□□内閣が成立した。この内閣は、陸海軍大臣を除く全閣僚を❸党員で占めた日本最初の政党内閣であった。しかし、閣内では旧自由・進歩両党の対立が続き、尾崎行雄がいわゆる共和演説で文部大臣を辞任すると、後任をめぐって党内の対立は激化した。この結果、内閣はわずか4カ月で倒れ、党そのものも❸党（旧自由党系）と❸本党（旧進歩党系）に分裂した。❹内閣のあとをうけた第2次山県有朋内閣は、1899（明治32）年、政党の影響力が官僚におよびにくくするために文官任用令を改正し、翌年には政党の力が軍におよぶことを防ぐため、陸軍・海軍大臣には現役の将官しかなれないとする❺□□□制を定めた。この制度は、のちに内閣の行動を制約することになった。さらに、❻□□法を制定して、政治・労働運動の規制を強化した。これに対し、議会運営における政党の必要性を感じていた伊藤博文は、1900（明治33）年、❸党を中心に❼□□□□□□を結成し、これを与党として内閣を組織した。こうして政党政治が発展する基礎ができ上がった。

列強の中国進出

20世紀をむかえるころ、欧米列強は植民地の獲得につとめる一方で、独占的な鉄道敷設・鉱山開発などの貿易以外の分野にも勢力範囲を形成するようになった。日清戦争に敗れて巨額の賠償金を負った清は、その借入金の担保をきっかけとして、欧米列強の進出をまねくことになった。シベリアの開発と極東政策を推進させるため、シベリア鉄道の建設をすすめていたロシアは、遼東半島の旅順・大連を租借し、ドイツは山東半島の膠州湾を、イギリスは九竜（龍）半島などを租借した。また日本は、台湾の対岸にあたる福建省の利権の優先権を認めさせた。さらに、フランスは広州湾を租借して勢力をのばした。こうした動きに、アメリカの国務長官ジョン＝ヘイは、中国における通商の自由を求めた門戸開放宣言を発し、列強に対抗した。

列強の中国進出に対して、清では排外運動がおこった。山東省で「扶清滅洋」をとなえる❽□□□□が勢力を増し、1900（明治33）年には北京の列国公使館を包囲した。このような❽の勢いが高まるのをみた清朝政府は❽に同調し、公使館の救援にむかった列国軍隊と交戦状態に入った。これを❾□□□□（❽戦争）とよぶ。列国は連合軍を送ってこれを鎮圧し、翌年には❿□□□□を結んで、清に巨額の賠償金支払いと外国軍隊の駐留を認めさせた。

❶　1895(明治28)年に開かれた講和会議で調印された、「朝鮮の独立を認める」「**遼東半島**などをゆずる」「賠償金を支払う」ことなどが約束された条約は何か。

❷　中国東北部への進出をめざしていたロシアが、日本の進出を警戒してドイツ・フランスをさそって遼東半島を清へ返還するよう要求してきたことを何とよぶか。

❸　1898(明治31)年、自由党と進歩党の両党が合同して結成された政党は何か。

❹　大隈重信を首相、板垣退助を内務大臣とする内閣を何とよぶか。

❺　1900(明治33)年に制定された、政党の力が軍におよぶことを防ぐために陸軍・海軍の大臣には現役の将官しかなれないとした制度は何か。

❻　1900(明治33)年、政治・労働運動の規制を強化するために制定された法令は何か。

❼　1900(明治33)年に❸党を中心に結成され、これを与党として内閣が組織されたが、その後の政党政治の発展する基礎となったこの政党は何か。

❽　「**扶清滅洋**」をとなえ、1900(明治33)年に北京の列国公使館を包囲した清国民衆による反乱組織を何とよぶか。

❾　清朝政府が❽に同調したため、公使館の救援に向かった列国軍と交戦状態となった出来事を何とよぶか。

❿　列国が連合軍を送って❾を鎮圧した翌年、清に賠償金の支払いと外国軍隊の北京駐留を認めさせるなどの内容で調印されたものは何か。

【地図問題】　下の列強による中国進出についての地図を見て、**Ａ**〜**Ｇ**の地名を答えよ。

❶

❷

❸

❹

❺

❻

❼

❽

❾

❿

【地図問題】

Ａ

Ｂ

Ｃ

Ｄ

Ｅ

Ｆ

Ｇ

101

日英同盟　日清戦争後、朝鮮政府は朝鮮の国号を❶ [   ] と改め、自立の動きを強めた。北清事変後、ロシアは満洲を事実上占領し、韓国における日本の権利や利益に圧力をかけてきた。韓国をめぐる日本とロシアの対立が激化すると、日本政府内部にはロシアと協商を結んで事態を解決するか、イギリスと同盟してロシアに対抗するかの2つの意見がうまれた。結局、1902（明治35）年、❷ [   ] 内閣は❸ [   ] を結び、ロシアの南下を防ごうとした。

　ロシアが満洲からの撤兵を実行しないことが明らかになると、日本国内では、反ロシアの声が強まり、多くの新聞は開戦を主張し強硬な開戦論が説かれた。**内村鑑三**はキリスト教的人道主義の立場から、**幸徳秋水**らは社会主義の立場から反戦論を説いたが、世論はしだいに開戦論に傾いていった。

日露戦争　❷内閣のロシアとの最終交渉が決裂すると、ついに1904（明治37）年2月、日本は旅順を攻撃し、ロシアに宣戦布告して、❹ [   ] 戦争が始まった。政府はロシアの満洲占領に反対するイギリス・アメリカの支持を取りつけて巨額の外債を募集し、国内では国民も増税にたえ、また戦場に兵士を送り出した。ロシア国内の混乱などもあって、日本が戦局を有利にすすめた。1905（明治38）年初め、日本軍は旅順を占領し、3月の奉天の戦い、5月の❺ [   ] に勝って、勝敗はほぼ決まったが、国力的にも限界であった日本は、アメリカの仲介によりロシアとの講和会議を開いた。会議には日本全権**小村寿太郎**とロシア全権**ウィッテ**らが出席し、❻ [   ] 条約が調印された。その結果、ロシアは（1）韓国に対する日本の指導権を認め、（2）**旅順・大連の租借権**、**長春以南の鉄道と付属の利権**を日本にゆずり、（3）**北緯50度以南の樺太（サハリン）**を日本にゆずり、（4）**沿海州とカムチャツカの漁業権**を日本に認めた。しかし、賠償金が認められなかったため、国民は❻条約調印に不満で、調印の日に東京で開かれた国民大会は❼ [   ] 事件に発展した。

日露戦後の国際関係　アジアの新興国日本が大国ロシアに勝ったことは、アジアの民族独立運動にも大きな影響をおよぼした。❽ [   ] は清朝打倒をめざす**中国同盟会**を東京で発足させ、インドの独立運動なども活発になった。日本は、❹戦争後、韓国の外交権をうばい、❾ [   ] をおいて伊藤博文が初代統監となり、保護国とした。1907（明治40）年には内政権もうばい、軍隊を解散させた。日本に対する抵抗（**義兵運動**）が本格的に始まった。1909（明治42）年には伊藤博文が、韓国の独立運動家**安重根（アンジュングン）**により暗殺された。翌1910（明治43）年、日本は❿ [   ] 条約を調印させ、首都の漢城を**京城**と改め、⓫ [   ] をおき植民地支配を始めた。

　日本は満洲に進出し、1906（明治39）年、⓬ [   ] を旅順におき、政府と民間が半分ずつ出資する⓭ [   ]（ [   ] ）を設立し満洲南部に進出し、日露協約を結び勢力範囲を定めた。アメリカが列国による⓭の共同経営を提唱したが、日本は拒否し日米関係が悪化した。

桂園時代　20世紀をむかえると、伊藤や山県有朋は非公式に天皇を補佐する⓮ [   ] となり、次期首相の推薦や重要会議などで大きな影響力を行使した。1901（明治34）年に成立した第1次❷内閣は❹戦争まで政権を担当した。つづく第1次⓯ [   ] 内閣は、**鉄道国有法**を成立させたが、日本社会党の結党を黙認し⓮の不評を買い、1907（明治40）年の恐慌で財政がゆきづまると、翌年❷が引きついだ。第2次❷内閣は、1908（明治41）年、**戊申詔書**を発布し、勤勉と倹約など、国民道徳の強化につとめ、地方改良運動などで国内の安定をはかった。1910（明治43）年には**韓国を併合**し、翌年には**条約改正**を達成したが、国内で**大逆事件**などがおこり再度⓯に政権をゆずった。山県系の❷と立憲政友会の⓯が交代で政権を担当したこの時期を⓰ [   ] 時代とよんでいる。

❶ 日清戦争後、自立の動きを強めた朝鮮政府が、ロシアの支援も受けて改めた朝鮮の国号は何か。

❷ 1902(明治35)年、イギリスと同盟を結び、ロシアに対抗した首相はだれか。

❸ ロシアの南下を防ぐために結ばれた軍事同盟は何か。

❹ 1904(明治37)年、日本が旅順を攻撃してロシアに宣戦を布告したことで始まった戦争は何か。

❺ 1905(明治38)年5月、❹戦争の軍事上の勝敗を決定づけた戦いは何か。

❻ アメリカの仲介により、日本とロシアとのあいだで結ばれた講和条約は何か。

❼ ❻条約が賠償金をまったくとれない講和条約だったために、東京で開かれた国民大会が暴動に発展した出来事を何とよぶか。

❽ 清朝打倒をめざし、中国同盟会を東京で発足させたのはだれか。

❾ ❹戦争後、韓国の外交権をうばって漢城に設置された、日本政府の代表機関は何か。

❿ 1910(明治43)年に調印し、首都の漢城を**京城**と改め、日本が、植民地支配を始めた時の条約は何か。

⓫ ❿条約にもとづいて、朝鮮を統治するために設置された官庁は何か。

⓬ 1906(明治39)年、日本が満洲へ進出するために設置した機関は何か。

⓭ 満洲南部への経済進出を独占的にすすめ、政府と民間が半分ずつ出資して設立された会社は何か。

⓮ 伊藤博文や山県有朋らは政界の第一線をしりぞいて天皇を補佐する役割を担ったが、その地位を何というか。

⓯ 鉄道国有法を成立させたが、日本社会党の結党を黙認したために⓮の不評を買ってしまった首相はだれか。

⓰ 山県系の❷と、立憲政友会の⓯が交代で政権を担当した時代を何とよぶか。

[資料問題]　下の資料は、❻条約調印のようすである。この会議に出席した、日本の全権とロシアの全権を答えよ。

▲白滝幾之助筆『❻講和談判』

❶
----
❷
----
❸
----
❹
----
❺
----
❻
----
❼
----
❽
----
❾
----
❿

⓫

⓬

⓭

⓮

⓯

⓰

[資料問題]

日本：

ロシア：

第一次世界大戦と日本

⑯ p.201〜205／⑰ p.266〜272

大正政変

1912（大正元）年、大正天皇が即位し、**大正**と改元された。国家財政の悪化に直面していた第2次西園寺内閣は、陸軍の2個師団増設要求を認めなかった。陸軍大臣上原勇作は天皇に辞表を提出し、陸軍も後任の大臣を推薦しなかった。内閣は総辞職となり、桂太郎が後継首相に指名され組閣した。しかし、立憲政友会の尾崎行雄や立憲国民党の犬養毅を中心とする野党勢力や言論界が、「閥族打破・憲政擁護」を掲げた❶□□□□□□□□□□運動をおこすと、1913（大正2）年、在職わずか50日余りで退陣した。これを❷□□□□□□とよぶ。つぎの首相は薩摩出身の海軍大将**山本権兵衛**で、立憲政友会を与党とし、文官任用令を改正し、軍部大臣現役武官制も改めて官僚・軍部への政党の影響力拡大につとめたが、海軍高官による汚職事件の❸□□□□□事件がおこり、山本内閣は総辞職した。その後成立した**第2次大隈内閣**は陸軍の2個師団増設案を成立させた。

第一次世界大戦

1890年代から積極的な**世界政策**をすすめるドイツは、オーストリア・イタリアとの❹□□□□を強化した。これに対しイギリスは、フランス・ロシアと❺□□□をむすび、ドイツを包囲する体制をとった。「**ヨーロッパの火薬庫**」とよばれ紛争が絶えないバルカン半島で、1914年6月に、オーストリア帝位継承者がセルビア人に暗殺され、翌月オーストリアはセルビアに宣戦を布告した。ここにヨーロッパの大部分の国は❺の連合国側と、ドイツを中心とする同盟側にわかれ、❻□□□□□□□が始まった。はじめ優勢であったドイツの海上輸送路をイギリスがさえぎると、ドイツは潜水艦による**無差別攻撃**を始めた。その後アメリカが連合国側に加わると、戦局は連合国側に有利となった。1917年に**ロシア革命**がおこり、1922年、世界最初の社会主義国家（ソヴィエト社会主義共和国連邦〈ソ連〉）が誕生すると、革命政府は1918年にドイツと単独で講和を結んだ。同年ドイツが西部戦線で敗れると、同盟側の国々が降伏した。アメリカ大統領**ウィルソン**の**平和原則十四カ条**発表をうけ休戦交渉に入ったドイツで革命がおこり、新政府が休戦協定を結び、4年余りにわたり、双方の動員兵力が6500万人以上に達した**総力戦**は終わった。

日本の参戦

日本は第2次大隈内閣が日英同盟協約を理由に連合国側にたち、外務大臣加藤高明主導で参戦した。日本軍は東アジアのドイツ領を攻め青島と山東省の権益を接収し、赤道以北のドイツ領南洋諸島の一部を占領した。中国では1911年、❼□□□□□がおこり、翌年❽□□□□□が成立し清はほろんだ。1915（大正4）年、日本が北京の袁世凱政府に❾□□□□□□の□□を認めさせたことで、中国の抗日運動は高揚し、アメリカは日本を警戒した。

連合国側のアメリカ・イギリス・フランス・日本は社会主義国家誕生をおそれ、内戦中のソヴィエト政権に対し干渉戦争を始め、日本はアメリカなどとともに❿□□□□□□□をおこなった。

民本主義と政党内閣の成立

1918（大正7）年8月、政府の❿宣言をきっかけに米価が高騰し、富山県の主婦らの運動はたちまち全国に広がり⓫□□□□とよばれた。寺内正毅首相は、軍隊を出動させ鎮圧にあたったが、責任を追及する世論の前に総辞職した。

1916（大正5）年、⓬□□□□は⓭□□□主義をとなえ、普通選挙制度による政党政治を実現し、下層階級の経済的不平等を改めることを求めた。民衆の政治への関心が高まり、政党の力もさらに強まった。この風潮を「⓮□□□□□□」とよんでいる。

1918（大正7）年、立憲政友会総裁⓯□□が首相となり本格的な政党内閣を組織した。しかし、⓯は社会政策や普通選挙制の導入には慎重で、1920（大正9）年の総選挙で圧勝したが、大戦後の反動恐慌や汚職事件が続発し、翌年暗殺された。高橋是清の後継内閣が短命に終わり、海軍大将加藤友三郎が立憲政友会の支持で内閣を組織すると、その後約2年間にわたり3代の非政党内閣が続いた。

❶ 内大臣で侍従長を兼任していた桂太郎が首相となるのは、宮中と府中（政府）の境界を乱すと批判して、「**閥族打破・憲政擁護**」を掲げた内閣打倒の国民運動を何とよぶか。

❷ 桂内閣が50日余りで退陣した1913（大正2）年の出来事を何とよぶか。

❸ **山本権兵衛**内閣が総辞職するきっかけとなった、外国からの軍艦や兵器の購入をめぐる海軍高官の汚職事件を何とよぶか。

❹ 1890年代から積極的に世界政策をすすめたドイツが、オーストリア・イタリアとの関係を強化するためにむすんだ軍事同盟は何か。

❺ 中東方面へ進出したドイツと対立したイギリスが、フランス・ロシアに近づいてむすび、ドイツを包囲した体制は何か。

❻ 1914（大正3）年、ヨーロッパの大部分は、❺の連合国側とドイツを中心とする同盟国側にわかれて、かつてない規模の戦争をはじめた。この戦争とは何か。

❼ 1911（明治44）年、中国内でおきた革命は何か。

❽ ❼がきっかけとなり、清が滅んで成立した新国家名は何か。

❾ 1915（大正4）年に**大隈内閣**の加藤外務大臣が北京の**袁世凱**政府に対してつきつけた、山東省などの日本の権益の強化を認めさせた要求は何か。

❿ 日本がアメリカなどとともにおこなったソヴィエト政権への干渉戦争を何とよぶか。

⓫ ❿が原因となり米の価格が前年の約2倍となったため、富山県の漁村で米の安売りを求める運動がおこり、それが全国に広がって暴動に発展することもあった。この運動は何か。

⓬ 1916（大正5）年、普通選挙制度にもとづく政党政治の実現や、下層階級の経済的不平等を改めることを求めたのはだれか。

⓭ ⓬がとなえた、天皇主権の明治憲法の枠内で民主主義の長所を生かそうとする考え方は何か。

⓮ 民衆の政治への関心が高まり、政党の力がいちだんと強まったが、この風潮を何とよぶか。

⓯ 立憲政友会総裁であり、陸・海軍大臣と外務大臣を除く閣僚のすべてを立憲政友会の党員から選び、本格的な政党内閣を組織し国民からは「平民宰相」とよばれたのはだれか。

【史料問題】 次の演説をおこなったのは誰か。

> 彼等ハ常ニロヲ開ケバ直ニ忠愛ヲ唱ヘ、恰モ忠君愛国ハ自分ノ一手専売ノ如ク唱ヘテアリマスルガ、其為ストコロヲ見レバ、常ニ玉座ノ蔭ニ隠レテ政敵ヲ狙撃スルガ如キ挙動ヲ執ツテ居ルノデアル。

❶
❷
❸
❹
❺
❻
❼
❽
❾
❿
⓫
⓬
⓭
⓮
⓯

【史料問題】

51 ワシントン体制　Ⅰ

パリ講和会議

1919(大正8)年、第一次世界大戦の戦後処理をするため**パリ講和会議**が開かれ、ヴェルサイユ宮殿において、ドイツと連合国とのあいだで❶[　　　　　　　]条約が調印された。時の原敬内閣は**西園寺公望**らを全権として会議に派遣した。❶条約でドイツは、すべての植民地を失い、本国の一部も割譲させられ、軍備も制限されたうえ、巨額の賠償金を課せられた。東ヨーロッパでは、**民族自決**の新しい理念から新国家が数多くうまれ、ヨーロッパを中心に❷[　　　　　　　]体制とよばれる国際秩序ができあがった。このときアメリカ大統領ウィルソンの提唱により、翌1920(大正9)年、初の国際平和維持機関として❸[　　　　　]が設立され、日本は**常任理事国**となった。しかし、提唱国のアメリカは上院の反対で不参加であった。❸は戦争に訴えることなく、各国間の協調を促進しようとしたものであった。

日本は講和会議で山東省の旧ドイツ権益の継承を要求し、中国の反対を押し切って認めさせた。この後、北京の学生デモをきっかけに、中国では❹[　　]・[　　]運動とよばれる国民運動がおきた。

これ以前、日本の植民地となっていた朝鮮でも、民族自決の国際世論にはげまされて独立を求める運動が高揚していた。1919年3月1日、京城(現在のソウル)で始まった❺[　　]・[　　　　]運動は、各地に広まった。これに対して日本は、憲兵・軍隊・警察を動員して弾圧したが、この❺運動をきっかけとして朝鮮総督と台湾総督については文官の総督就任を認める官制改正を実施し、朝鮮の憲兵警察を廃止するなど、植民地統治方針について若干の改善をおこなった。

ワシントン体制

第一次世界大戦後、国際政治の主導権をにぎったアメリカは、パリ講和会議では十分議論をつくせなかった海軍軍備制限と太平洋および極東問題などを審議するため、1921(大正10)年、各国代表をまねいて❻[　　　　　　]会議を開いた。原内閣はこれに応じて、海軍大臣**加藤友三郎**らを全権として派遣した。

会議では、3つの条約があらたに結ばれた。第1は、1921(大正10)年のアメリカ・イギリス・日本・フランスによる❼[　　　　]条約で、これにより太平洋の諸島に関する各国勢力の現状維持が確認され、日英同盟協約の終了が同意された。第2は、翌1922(大正11)年の❽[　　　]条約で、中国と、中国に利害関係をもつ国々が参加し、中国の領土と主権の尊重、中国における各国の経済上の機会均等などが約束された。また、この会議の場を借りて日中間に交渉がもたれ、日本は山東半島の権益を中国に返還することになった。第3は、アメリカ・イギリス・日本・フランス・イタリアの5カ国による❾[　　　　　　　　　]条約(1922年)で、その要点は主力艦保有量比率を米・英各5、日本3、仏・伊各1.67とし、今後10年間の建造を禁止するというものであった。日本国内では、海軍軍令部が対米7割を強く主張したが、全権の加藤はこれをおさえて調印に踏み切った。

これら3つの条約によって、日本が大戦中から太平洋・東アジア地域において勢力を拡大する行動に歯止めがかけられることになり、東アジアにおける新しい国際秩序ができあがった。これを❿[　　　　　　]体制とよんでいる。

協調外交の展開

1920年代をつうじて国際協調の気運が高まり、日本は❸の常任理事国として国際社会で一定の責任を担うようになった。1924(大正13)年、**加藤高明**内閣の外務大臣となった⓫[　　　　　　]は、アメリカとの協調関係を維持するとともに、中国に対しては武力ではなく、外交交渉により日本の経済的権益をまもろうとした。この方針による外交を⓬[　　　]とよぶ。日本は、1925(大正14)年、**日ソ基本条約**を結び、ソ連との国交を樹立した。海軍の軍備制限につづいて、陸軍においても軍縮と軍装備の近代化がすすめられた。

❶　1919（大正8）年、第一次世界大戦後の戦後処理をするために**パリ講和会議**が開かれた。ヴェルサイユ宮殿においてドイツと連合国とのあいだで結ばれた講和条約は何か。

❷　❶条約の調印後、ヨーロッパを中心に成立した国際秩序を何とよぶか。

❸　1920（大正9）年に設立された、初の国際平和維持機関は何か。

❹　日本はパリ講和会議で山東省の旧ドイツ権益を認めさせたが、この結果が伝えられた直後に中国でおきた国民運動は何か。

❺　日本の植民地となっていた朝鮮で独立を求める運動が高揚し、1919（大正8）年3月1日に京城から始まって各地に広まった運動は何か。

❻　1921（大正10）年、海軍軍備制限と太平洋や極東問題などを審議するために、アメリカで開かれた会議は何か。

❼　アメリカ・イギリス・日本・フランスで結ばれた、太平洋の諸島に関する各国勢力の現状維持が確認された条約は何か。

❽　中国と中国に利害関係もつ国々が参加し、中国の領土と主権の尊重、中国における各国の経済上の機会均等を約束した条約は何か。

❾　アメリカ・イギリス・日本・フランス・イタリアで結ばれた、主力艦保有量比率と今後10年間の建造禁止を約束した条約は何か。

❿　❼〜❾の条約によって東アジアにおける新しい秩序ができあがったが、この体制を何とよぶか。

⓫　アメリカとの協調関係を維持するとともに、中国に対しては武力ではなく外交交渉によって経済的権益をまもろうとした**加藤高明**内閣の外務大臣はだれか。

⓬　⓫の方針による外交を何とよぶか。

[地図問題]　下の地図において、日本が❶条約で委任統治権を得た旧ドイツ権益の都市Aと地域Bの名称は何か。

凡例
- 日清戦争前の日本領土
- 日清戦争後の領有
- 日露戦争後の領有、または租借
- 韓国併合条約で領有
- 南満州鉄道

❶

❷

❸

❹

❺

❻

❼

❽

❾

❿

⓫

⓬

[地図問題]

A

B

107

52 ワシントン体制　Ⅱ

不況と震災

第一次世界大戦が終結してヨーロッパ諸国の復興がすすんでくると、大戦中に輸出超過で好調だった日本の貿易は輸入超過となり、1920(大正9)年には株価の暴落をきっかけに、❶[　　　　　]が発生した。紡績業や製系業では、操業短縮をせざるをえなくなり、以後、1920年代をつうじて慢性的な不況が続いた。1923(大正12)年9月1日には❷[　　　　　]がおこり、東京・横浜など日本の中枢部に壊滅的打撃をあたえた。多くの企業が倒産し、経済的にも大きな打撃をうけた。この混乱のなかで、朝鮮人が暴動をおこしたとの流言が広まり、政府も戒厳令をしいた。こうしたなか、恐怖心にかられた民衆や一部の警察官によって、朝鮮人・中国人が殺害された。さらに❸[　　　　]者や労働運動家などが、軍人や警察官によって殺害される事件がおこった。

社会運動の勃興

20世紀に入ると、労働運動を指導する理論として❸が広まった。1901(明治34)年、最初の❸政党である**社会民主党**が結成されたが、治安警察法によって結成直後に禁止された。日露戦争に際し、**幸徳秋水**らは『**平民新聞**』を発行して、❸の立場から反戦論を展開した。❸への弾圧が強まるなかで、1910(明治43)年、幸徳秋水らが天皇の暗殺をくわだてたとして処刑される❹[　　]事件がおこった。政府はこれをきっかけに、警視庁内に特別高等課(❺[　　])をおき、❸運動をきびしく取り締まった。

しかし、ロシア革命の影響や労働運動の高まりにともなって❸運動も息を吹き返した。1922(大正11)年には❻[　　　　]党が非合法のうちに結成された。その後、選挙制度が改革され参政権が拡大すると、❸勢力が政治的進出の動きを強め、❸政党である労働農民党が合法的に結成された。

社会的に差別されていた女性の解放をめざす運動は、明治末期に平塚らいてう(明)らによって結成された文学者団体の❼[　　　]に始まった。また平塚と**市川房枝**らが、1920(大正9)年に設立した❽[　　　　]は、参政権を要求するなど、女性の地位を高める運動を展開した。

被差別部落への社会的差別を撤廃しようとする**部落解放運動**も、この時期に本格的に始められ、1922(大正11)年には❾[　　　　]を結成し、運動を軌道に乗せた。

護憲三派内閣

1924(大正13)年、貴族院の勢力による**清浦奎吾**内閣が成立すると、これを衆議院に基礎をもたない**超然内閣**として批判する**立憲政友会・憲政会・革新倶楽部**の3党が結束を固め、内閣の打倒と政党内閣の樹立をめざす❿[　　　　　　]運動をおこした。清浦内閣は、立憲政友会を脱退した勢力が組織した政友本党を与党に議会を解散して総選挙にのぞんだが、護憲三派が圧勝し、第1党の憲政会総裁⓫[　　　　]が護憲三派による連立内閣を組織した。

⓫内閣は幣原喜重郎外務大臣による**協調外交**と軍縮を推進し、内政面では最大の懸案であった成年男性による参政権の実現に取り組んだ。そのころ、欧米先進諸国では、成年男性の参政権が認められていたが、日本では原敬内閣のときからその参政権獲得運動が、労働運動や社会運動と結びついて急速なもり上がりをみせていた。⓫内閣は、1925(大正14)年、いわゆる⓬[　　　　]法を成立させた。これによって、納税額にかかわりなく満25歳以上の成年男性は衆議院議員の選挙権をもつこととなり、有権者は一挙にそれまでの4倍にふえた。一方で、⓬法と同じ時期に⓭[　　　　]法が制定された。これは、「国体」の変革や私有財産制度の否認を目的とする運動を取り締まるための法律であり、1925年の日ソ国交樹立にともなう共産主義思想の波及を防ぐこともねらいとしていた。

⓫内閣が成立し、1932(昭和7)年の**五・一五事件**で犬養毅内閣が倒れるまでの約8年間は、憲政会(のちの⓮[　　　]党)と立憲政友会との2大政党が交代で政権を担当した。このように、衆議院に基盤をもつ政党が交代で内閣を組織することは、「⓯[　　]の[　　]」とみなされた。

❶ 第一次世界大戦後に日本の貿易が輸入超過となり、株価の暴落をきっかけにおきた経済不況を何とよぶか。

❷ 1923(大正12)年におきた、東京・横浜など日本の中枢部に大打撃をあたえた自然災害は何か。

❸ 20世紀に入り、労働者を指導する理論として広まった思想は何か。

❹ ❸への弾圧が強まるなかで、『**平民新聞**』を発行して反戦論を展開した**幸徳秋水**らが天皇の暗殺をくわだてたとして処刑された事件は何か。

❺ ❹をきっかけに、❸運動をきびしく取り締まるために警視庁内におかれた秘密警察の略称は何か。

❻ 1922(大正11)年、非合法のうちに結成された政党は何か。

❼ 明治末期に平塚らいてうらによって結成され、社会的に差別されていた女性の解放をめざす運動を始めた文学者団体は何か。

❽ 平塚らいてうと**市川房枝**らが設立した、女性の地位を高める運動を展開した女性団体は何か。

❾ 1922(大正11)年に結成された、被差別部落への社会的差別を撤廃しようとする部落解放運動を軌道に乗せた団体は何か。

❿ 1924(大正13)年に成立した**清浦奎吾**内閣を**超然内閣**だとして批判する**立憲政友会・憲政会・革新倶楽部**の3党が結束して、内閣の打倒と政党内閣の樹立をめざした運動を何とよぶか。

⓫ ❿の結果、護憲三派による連立政権を組織したのはだれか。

⓬ 1925(大正14)年に成立した、納税額にかかわりなく満25歳以上の成年男性が衆議院議員の選挙権をもつことを定めた法令は何か。

⓭ ⓬と同時期に制定された、共産主義思想の波及などを防ぐことをねらいとした法令は何か。

⓮ ⓫が内閣を組織してから犬養毅内閣が倒れるまでの約8年間、立憲政友会と交代で政権を担当した憲政会は、のちに**政友本党**と合同したが、その時の新政党名は何か。

⓯ 衆議院に基板をもつ政党が交代で内閣を組織することは、政治上何とみなされたか。

[史料問題] 次の史料(法令)名を答え、**A**・**B**に適する語句は答えよ。

第一条 ［　**A**　］ヲ変革シ又ハ［　**B**　］ヲ否認スルコトヲ目的トシテ結社ヲ組織シ又ハ情ヲ知リテ之ニ加入シタル者ハ十年以下ノ懲役又ハ禁錮ニ処ス。

(『官報』)

---

❶

❷

❸

❹

❺

❻

❼

❽

❾

❿

⓫

⓬

⓭

⓮

⓯

[史料問題]

法令名：

A

B

53 近代産業の発展

⎙ p.212〜217／⎙ p.279〜288

通貨と銀行

1872(明治5)年、❶▢▢▢▢▢が中心となり❷▢▢▢▢▢条例を定めた。1876(明治9)年以降、民間銀行による金貨とは交換できない不換紙幣の発行が増加し、紙幣価値を下落させインフレーションをおこした。紙幣価値の下落は、政府の歳入を減少させ、外国への支払いは増え、金・銀は底をついてきた。政府は1880(明治13)年、増税と官営工場の払下げの方針を打ち出した。翌年、大蔵卿となった❸▢▢▢▢▢の方策は❹▢▢▢▢▢とよばれ、増税で歳入をふやして政府の歳出を徹底的に減らし、歳入の余りで不換紙幣を処分するデフレーション政策であった。金・銀貨が蓄積していった。1882(明治15)年に❺▢▢▢▢▢を設立して、紙幣の発行を限定した。そして、1885(明治18)年から銀貨と交換できる紙幣を発行し、❻▢▢▢制が成立した。

産業革命

1880年代前半の❹の増税とデフレーション政策による不況は、貿易が輸出超過に転じ❻制が確立すると物価は安定していった。官営事業の払下げも1880年代なかばころから、軍事工場を除き、特定の**政商**たちに安く払い下げられ、民間の近代産業の発展をうながした。鉄道や紡績などで株式会社設立のブームもおこり、機械技術を活用する❼▢▢▢▢▢が始まった。

日本の❼は、製糸・紡績の**軽工業**を中心に展開した。**富岡製糸場**の技術に水力や蒸気力をもちいた器械製糸の小規模工場が各地につくられ、生糸の輸出額は総輸出額の30%前後を占めた。紡績業では、1883(明治16)年にイギリス製紡績機や蒸気機関を導入した❽▢▢▢▢▢が開業した。綿織物生産では**豊田佐吉**考案の国産**力織機**が各地に広まった。工業の発達を支えた金融面では、政府が日清戦争の賠償金を準備金として1897(明治30)年に❾▢▢▢制を確立させ、貨幣価値を安定させて外資の導入をはかった。日本の❼は、軽工業を中心として、1900(明治33)年ころまでに達成された。

重工業のめばえ

日清戦争後、軍備と近代的産業の拡張をめざし、官営の❿▢▢▢▢▢が建設された。1901(明治34)年に鉄鋼の国内生産が始まり日露戦争のころには軌道にのったが、需要には追いつかなかった。造船の技術は世界的な水準に達し大型船の国産化がすすんだ。鉄道は民営会社を中心に発達し、1906(明治39)年に⓫▢▢▢▢**法**で主要幹線は国有とされ、鉄道全長の90%を国有鉄道が占めた。⓬▢▢▢▢▢も本格的に始まり大都市に電灯が普及した。

財閥の成立

20世紀の初めに、日本は❼を達成したが、このころから⓭▢▢がめだってきた。一族で多くの企業を支配する⓭は、大正期にかけて多くの部門にわたり株式を所有することで会社を支配する持株会社をつくり、**コンツェルン**の形をととのえていった。

農村の変化

農業は、米作を主とする小規模経営が中心であったが、肥料や品種の改良で生産性は高まり、商品作物では、桑栽培や養蚕が生糸の輸出増で好調であった。反面、安価な輸入品により綿花栽培は衰えた。農村では不況や不作で自作農が小作農に没落する一方、土地を集め小作料を取って生活する⓮▢▢▢がふえた。貧しい農民は子女を都市へ出稼ぎに出した。

労働運動の展開

❼で資本主義が成立すると、新たに工場労働者の待遇問題がうまれた。1897(明治30)年に**高野房太郎**らが⓯▢▢▢▢▢を結成し、労働者の団結が始まった。政府は**治安警察法**で規制する一方で、1911(明治44)年に⓰▢▢**法**を制定し、労働条件の悪化による能率の低下や労使対立激化の回避をはかろうとしたが、内容は不徹底であった。公害問題も発生し、1891(明治24)年の⓱▢▢▢▢**事件**が社会問題になった。大正デモクラシーの風潮と景気の変動を背景に、労働運動が活発となり、1921(大正10)年に友愛会から改名した⓲▢▢▢▢▢は、その前年に第1回メーデーをおこない、小作争議からは⓳▢▢▢▢▢が結成された。

❶ ヨーロッパで先進的な産業を見学後、民部省・大蔵省に出仕して近代的な諸改革を立案し、その後銀行を拠点に日本の経済発展に尽力した右写真の**政商**はだれか。

❷ 1872(明治5)年に❶が中心となり、紙幣を発行できる国立銀行という名の民間銀行の設立について定めた条例は何か。

❸ 1881(明治14)年に大蔵卿となり、増税で歳入をふやす一方で政府の歳出を徹底的に減らし、歳入の余りで不換紙幣を処分するデフレーション政策をすすめたのはだれか。

❹ ❸の方策は何とよばれるか。

❺ 政府が貨幣の価値を安定させるため、1882年に設立した銀行は何か。

❻ 1885(明治18)年から、銀貨と交換できる紙幣を発行したことで成立した制度は何か。

❼ 官営事業の払下げをきっかけに、鉄道や紡績を中心に株式会社をつくろうとするブームがおこった。そして、機械技術を活用して始まった技術革新と、それにともなう社会変化を何とよぶか。

❽ 1883(明治16)年、イギリス製の紡績機や蒸気機関を本格的に導入して開業した会社は何か。

❾ 日清戦争で得た賠償金を準備金とし、1897年に確立した制度は何か。

❿ 日清戦争後、輸入に頼っていた鉄鋼を国内で生産できるように建設された官営の製鉄所は何か。

⓫ 1906年に公布された、主要幹線をすべて国有化した法令は何か。

⓬ ⓫法のころに本格的に始まった発電方法は何か。

⓭ 三井・三菱のような政商や住友・古河のような鉱山業で富を得た者は一族で多くの企業を支配するようになったが、この経営形態を何とよぶか。

⓮ 土地を集めてその小作料を得て生活し、自身は耕作から離れ、財をふやした人びとを何とよぶか。

⓯ 1897(明治30)年、アメリカから帰国した**高野房太郎**らによって結成された団体は何か。

⓰ 資本家と労働者の階級対立の激化をさけるために、1911(明治44)年に制定された法令は何か。

⓱ 足尾銅山から流れ出た鉱毒が、渡良瀬川流域の農・漁業民に深刻な被害をあたえていた。**田中正造**が訴えたこの社会問題は何か。

⓲ 労働者の地位向上をめざして1912(大正元)年に結成された友愛会は、1921(大正10)年に何と改称したか。

⓳ 小作料の引下げを求める小作争議が頻発した。その中で結成され、小作争議を指導した団体は何か。

❶

❷

❸

❹

❺

❻

❼

❽

❾

❿

⓫

⓬

⓭

⓮

⓯

⓰

⓱

⓲

⓳

54 近代の文化

⑧ p.218〜222／⑭ p.288〜294

明治の文化　開国後一気に流入した西洋文化と、日本の伝統的文化や生活様式が相互に接触し、新しい文化が生み出された。また、文化が国民的な広がりをみせた背景には、教育の普及や、交通・通信・出版の発達があった。しかし、政府が指導・育成した面もあり、思想・信教・教育・学問などに国家主義的な性格もあらわれた。信教界にも国家主義の影響がおよび、国教化は失敗したが、政府に保護されて神社神道は国民に浸透した。仏教は**廃仏毀釈**の風潮がおさまり勢力をもりかえした。キリスト教では、**内村鑑三**不敬事件のように国家主義と対立する例もあった。

教育の普及　教育では、明治初期の学制によって全国的に**小学校**が設置され、その後、1886（明治19）年の❶□□□で、帝国大学を頂点とする学校体系が整備された。小学校で国民は4年間（のちには6年間に延長）の**義務教育**をうけると、明治末期の就学率は98％をこえた。

　1880年代から国家主義的な風潮が高まり、1890（明治23）年に❷□□□□□が発布され、忠君愛国の道徳が強調された。国定教科書制度が始まり、統一された教科書で国家主義的教育が徹底された。

　私学の設立もさかんになり、福沢諭吉の慶応義塾、大隈重信の東京専門学校（現在の早稲田大学）など、女子教育では**津田梅子**の女子英学塾（現在の津田塾大学）などが設立された。

近代化と学問　学問でも国家の関与がめだち、政府が外国人教師を高給で多くまねき研究・教育をすすめたが、明治中期以降は日本人学者の手でおこなわれた。経済学では、自由放任の経済政策や自由貿易を主張するイギリスの経済学が導入され、やがてドイツの保護貿易論や社会政策の学説が主流となった。法律学でも、フランス人**ボアソナード**の民法が批判されたのちはドイツ法学が主流となった。日本史や日本文学などの分野も、西洋学問の研究方法がとり入れられた。自然科学の分野では、殖産興業推進のため欧米の近代科学技術が導入され、明治期の終わりころには、**北里柴三郎**の細菌学の研究をはじめ、地震学などで世界的水準の研究が生み出された。

近代文学　近代文化の普及は新聞や雑誌によるところが大きい。これらによって国民のあいだに広まった近代文学は、❸□□□□□の『小説神髄』に始まり、❸は文学の中心は小説で、人生をありのままに写すものだと論じて❹□□主義をとなえた。それを二葉亭四迷は❺□□□□□で『浮雲』を書き、文学作品へと結実させた。日清戦争前後には、人間の感情面を重んじる❻□□主義による、**北村透谷**の評論、明星派の**与謝野晶子**の情熱的な短歌、森鷗外や樋口一葉の叙情味あふれる小説などが発表された。また、**正岡子規**は俳句の革新と万葉調の和歌の復興につとめ、伝統文学の革新だと注目された。日露戦争前後になると、社会の暗い現実をえぐり出そうとする❼□□主義がフランス・ロシアの影響により流行し、**国木田独歩・島崎藤村**らが出た。石川啄木も、社会主義思想を盛り込んだ生活詩をうたっている。しかし明治末期には、知識人の内面生活を国家・社会との関係で見つめようとする**夏目漱石**らの反❼主義の作品もあらわれた。

明治の芸術　美術は、文明開化で日本画や木彫などは一時衰えたが、ヨーロッパで日本画が高い評価をうけ、また1880年代の国粋主義による伝統美術復興の動きがおきた。アメリカ人の❽□□□□や❾□□□□の活動はめざましく、❾は❿□□□□学校を設立し日本画の復興と創造につとめた。西洋画は、フランスに留学し印象派の画風をもたらした**黒田清輝**らにより普及した。演劇は歌舞伎が引き続き親しまれ、**河竹黙阿弥**らが新しい要素を盛り込んだ。日清戦争前後からは⓫□□□とよばれる現代社会劇がうまれた。音楽では軍隊用に西洋音楽が輸入され、⓬□□が小学校教育に取り入れられ、東京音楽学校からは**滝廉太郎**らの作曲家もあらわれた。

❶ 帝国大学を頂点とする学校体系が整備されることとなった、1886(明治19)年制定の法令は何か。

❷ 忠君愛国の道徳が強調されることとなった1890(明治23)年発布の勅語は何か。

❸ 西洋文学の理論をもとに『小説神髄』を著したのはだれか。

❹ ❸が、「文学の中心は小説であり、それは人生をありのままに写すものだ」と論じて主張した主義を何とよぶか。

❺ 二葉亭四迷が『浮雲』にもちいた、話し言葉に近い文章表現を何とよぶか。

❻ 日清戦争前後にさかんになり、北村透谷・与謝野晶子・森鷗外・樋口一葉らが表現した、人間の感情面を重んじる主義は何か。

❼ 日露戦争前後に流行し、フランス・ロシア文学の影響をうけ、社会の暗い現実をえぐり出そうとした主義は何か。

❽ 伝統美術の復興をめざして活動し、東京大学で講義をおこなったお雇い外国人はだれか。

❾ ❽と同様に伝統美術の復興をめざし、日本美術院をつくって新しい日本画の創造につとめたのはだれか。

❿ ❾が設立につとめた学校名は何か。

⓫ 日清戦争前後からうまれた現代社会劇を何とよぶか。

⓬ 軍隊用の西洋音楽が輸入され、音楽の分野で小学校教育に取り入れられた科目は何か。

【資料問題】 以下の A ～ C の作品の作者を答えよ。

A 「悲母観音」

B 「湖畔」

C 「老猿」

❶
❷
❸
❹
❺
❻
❼
❽
❾
❿
⓫
⓬

【資料問題】

A
B
C

55 市民生活の変容と大衆文化

大戦景気

第一次世界大戦は日本の不況と政府の財政難を一挙に吹き飛ばし、日本はかつてない好況となり、**❶[   ]** にわいた。ヨーロッパ列強にかわり日本がアジア市場や世界へ進出し、列強の軍需物資調達で好況となったアジアの購買力が増したからである。

日本の輸出は増大し貿易額も大戦中に約3倍にのびた。アジア市場へ綿布、アメリカ市場へ生糸などを大量に輸出し、造船・海運業もかつてない好景気となり、いわゆる**❷[   ]** がうまれた。借金国であった日本は、大戦後、資金を外国に貸すほどになった。工業生産も躍進し、薬品などの化学工業はドイツからの輸入がとだえたことで逆に大きく成長した。大戦末期には、工業（工場）生産額が農業生産額をこえたが、工業人口は、農業人口の半数以下であった。電力業は、大規模な水力発電事業が展開され、猪苗代・東京間の長距離送電も可能になり、農村部にも**電灯**が普及し、工業動力も蒸気力から電力への転換がすすんだ。しかし、❶の底は浅く、多数の民衆は物価の高騰に苦しんだ。

都市化と市民生活

大正から昭和初期に**❸[ ]化** と **[ ]化** が急速にすすみ、人口の都市集中で東京・大阪を中心に市民の生活様式が大きくかわった。都心では丸の内ビルディング（丸ビル）など鉄筋コンクリート造のオフィスビルがあらわれ、関東大震災後には同潤会が4〜5階建てアパートを建てた。電灯が広く普及し、都市では水道やガスの供給事業が本格化した。郊外へのびる鉄道沿線の和洋折衷の**❹[   ]** はサラリーマンに人気があり、私鉄は、鉄道利用客をふやすためにターミナルデパートを開業した。都市部では市電や乗合自動車（バス）、地下鉄などが発達した。職業婦人がふえ、タイピストや電話交換手、バス・市電の車掌などが女性の花形職業となった。銀座などを洋服姿で歩く若者は、モボ・モガとよばれた。とんかつやカレーライスなどの洋食が普及するなど、社会の変化のなかで、都市と農村、大企業と中小企業の格差が問題となった。

大衆文化の成立

明治末期に小学校の就学率が98％をこえ、国民の大部分が文字を読めた。1920年代には中学校（旧制）の生徒数がふえ、高等教育機関も拡充された。新聞・雑誌・ラジオ・**映画**などの**マス＝メディア**も急速に発達し、労働者やサラリーマンなどの一般勤労者（**大衆**）による**大衆文化**が誕生した。新聞・雑誌の発行部数は飛躍的にのび、**大衆娯楽雑誌『キング』**の発行部数は100万部をこえた。『現代日本文学全集』や岩波文庫などの1冊1円の「**❺[   ]**」が出版された。**❻[   ]** は1925（大正14）年に開始され、日本放送協会（NHK）の放送網は全国へ拡大した。映画は無声映画で**活動写真**とよばれ、1930年代にトーキー（有声映画）が始まった。

大正・昭和初期の学問と芸術

人文・社会科学の分野では自由主義的・実証的研究がおこなわれ、独自の哲学体系を打ちたてた西田幾多郎、天皇機関説をとなえた憲法学者の**❼[   ]**、民俗学を確立した**❽[   ]** らが出た。マルクス主義は知識人層に強い影響をあたえた。自然科学の分野では、大戦期に輸入薬品などが欠乏し、独自の研究が始まり、黄熱病の研究では**❾[   ]** が、世界的な名声を得た。文学では、耽美的な作風で知られる**永井荷風**、新思潮派の**❿[   ]**、人道主義を特色とする**⓫[   ]** 派の作家たち、新感覚派とよばれる**⓬[   ]** らが多くの読者を獲得し、新聞・雑誌に連載された**中里介山**らの大衆小説も愛好された。社会問題を扱った**プロレタリア文学**運動も大正末期におこり、**小林多喜二**らが活躍した。演劇では、**小山内薫**らの**築地小劇場**などでの新劇運動は大きな反響をよんだ。音楽では、**山田耕筰**が本格的な交響曲の作曲・演奏に取り組んだ。絵画では、在野の洋画家として岸田劉生らが活躍し、日本画では横山大観らが日本美術院を再興した。建築では建築家のライト（米）が旧帝国ホテルを設計し、彫刻では**高村光太郎**が彫刻家ロダン（仏）の影響をうけ「手」を制作した。

❶ 第一次世界大戦は日本の不況と財政難を一挙に吹き飛ばしたが、この日本の好況を何とよぶか。

❷ 造船・海運業もこれまでにない好景気となり、❶で急成長をとげた企業家は何とよばれたか。

❸ 大正から昭和初期にかけてすすんだ、人口の都市集中と東京・大阪を中心に市民の生活様式が大きくかわったことをそれぞれ何とよぶか。

❹ 電灯・水道・ガスの施設をそなえた和洋折衷の住宅を何というか。

❺ 1冊1円の『現代日本文学全集』をはじめとした、低価格の出版物を何とよぶか。

❻ 1925(大正14)年に開始され、スポーツの実況放送などで人気をよんだ電波による音声放送を何とよぶか。

❼ 天皇機関説をとなえた憲法学者はだれか。

❽ 日本の民俗学の確立に貢献したのはだれか。

❾ 黄熱病の研究で世界的な名声を得た医師はだれか。

❿ 新思潮派とよばれ、『羅生門』などを著した作家はだれか。

⓫ 人道主義を特色とし、志賀直哉らに代表される文芸思潮を何とよぶか。

⓬ 新感覚派とよばれ、『伊豆の踊子』などを著した作家はだれか。

[資料問題] 以下の作品 A 〜 C の作者名を答えよ。

A 「麗子微笑」

B 「手」

C 「生々流転」

❶
....
❷
....
❸
....
❹
....
❺
....
❻
....
❼
....
❽
....
❾
....
❿
....
⓫
....
⓬
....

[資料問題]
A
....
B
....
C
....

56 恐慌の時代

教 p.228〜231／詳 p.300〜305

金融恐慌

1920(大正9)年に**戦後恐慌**、1923(大正12)年には関東大震災がおこり、日本経済は慢性的な不況が続いていた。銀行からの融資を返済できない企業がふえ、多くの銀行は大量の不良債権をかかえて経営が悪化していた。1927(昭和2)年、片岡直温大蔵大臣の失言で、一部の銀行の危機的な経営状況が明らかになると、各銀行に預金者が殺到する取付け騒ぎがおこり、銀行が休業に追いこまれる事態となった。これを**❶[   ]**という。このとき憲政会の**若槻礼次郎**内閣は倒れ、つぎの立憲政友会の**❷[   ]**内閣は、高橋是清大蔵大臣のもとで、3週間の期限つきで**❸[   ]**（支払猶予令）を発し、銀行が一時的に預金者の預金引出しに応じなくてもよい期間を設けた。さらに、日本銀行の非常貸出や大量の新紙幣を準備し各銀行にとどけた。この結果、❶はしずまったが、多くの中小銀行が倒れ、三井・三菱・住友・安田・第一の**5大銀行**が支配的な地位を占め、これら大銀行を中心とする大財閥が、経済界を支配し政治への発言権も増した。

内外政策の転換

1926(昭和元)年12月、大正天皇が亡くなり、昭和天皇が即位して、**昭和**と改元された。❷内閣は、1928(昭和3)年、男性普通選挙制度による初の総選挙を実施した。社会主義の活動を警戒した❷内閣は選挙後、治安維持法により**日本共産党員**の大検挙をおこなった。この**❹[   ]・[   ]事件**の後、治安維持法を改正し最高刑を死刑・無期懲役とした。

外務大臣を兼任した❷首相は中国に対し、協調的な**幣原外交**にかわる**❺[   ]**を展開した。1926年7月、孫文の後継者の**❻[   ]**が中国全土統一をめざし、国民革命軍をひきいて**北方軍閥**を倒す**❼[   ]**を開始し、翌年には南京を占領し**国民政府**を樹立した。これに対して❷内閣は3次にわたる**❽[   ]**をおこなった。東方会議を開き、満洲における日本の権益を実力でまもる方針を決め、満洲軍閥の**張作霖**を支援し満洲の権益をまもろうとした。張が❼軍に敗れると、満洲の直接支配をねらう**❾[   ]**の一部は、奉天郊外で張が乗る列車を爆破した。この**❿[   ]事件**の真相は公表されず、満洲某重大事件とよばれ、❷首相は天皇の不興をかい退陣した。

昭和恐慌

❷1929(昭和4)年に成立した立憲民政党の**⓫[   ]**内閣は、2つの課題をかかえた。第1は経済の再建である。第一次世界大戦後に、各国は貿易を促進するため、あいついで**⓬[   ]**を実施した。財界からは、⓬を実施して為替相場を安定させ、貿易振興促進の声が高まっていた。⓫内閣は、大蔵大臣に前日本銀行総裁**⓭[   ]**を起用し、緊縮財政と産業の合理化で企業の国際競争力を高めようとして1930(昭和5)年に⓬を断行した。しかし、前年にアメリカで始まった**⓮[   ]**の影響が拡大し、輸出は減り、輸入がふえ、予想以上に正貨の金が国外へ流出し、株価・物価は下がり、企業の倒産や失業者がふえて深刻な不況となり**⓯[   ]**とよばれた。政府は翌年、**⓰[   ]法**を制定して、指定産業でのカルテルの助成をはかったが、⓯で農産物の価格が暴落し、生糸の輸出不振が養蚕農家を打撃した。しかも1930(昭和5)年の空前の豊作は、米価を下落させ豊作飢饉となった。翌年には、東北地方で冷害による大飢饉が発生し、欠食児童や子女の身売りが続出した（農業恐慌）。労働争議や小作争議も増加した。

ロンドン条約問題

第2は、軍備制限であった。⓫内閣は協調外交に戻し、外務大臣に幣原喜重郎を起用した。1930(昭和5)年、ロンドン会議が開かれ、補助艦の制限が話し合われた。補助艦の総比率について、ほぼ対英米7割とする内容の**⓱[   ]条約**に調印したが、大型巡洋艦の対米7割が認められずに調印したことから、海軍軍令部などは、政府が軍令部の反対を押し切って兵力量を決定したのは問題だとして激しく政府を攻撃した。これを**⓲[   ]問題**とよんだ。⓫首相は国家主義者に狙撃されて重傷を負い、翌年に死亡した。

❶ 片岡直温大蔵大臣の失言をきっかけに銀行に預金者が殺到する取付け騒ぎ(右写真)がおこり、銀行があいついで休業に追いこまれた事態を何とよぶか。

❷ 若槻礼次郎内閣のあとをついで内閣を組織したのはだれか。

❸ ❷内閣が発した、銀行が預金者からの多額の預金引出しに応じなくてもよい期間を設けた法令は何か。

❹ ❷内閣が、男性普通選挙の実施にともなう社会主義の活動を警戒し、治安維持法により共産党員を大検挙した事件は何とよばれるか。

❺ 外務大臣を兼任した❷首相が、中国に対して展開した幣原外交にかわる外交政策を何とよぶか。

❻ 孫文のあとをつぎ、国民革命軍をひきいて中国全土の統一をめざしたのはだれか。

❼ ❻が開始した、北方軍閥を倒す軍事行動を何とよぶか。

❽ ❷内閣が、満洲における日本の権益を実力でまもるために3次にわたっておこなった派兵を何とよぶか。

❾ 関東都督府が関東庁に改組された際に、陸軍部が独立してできた軍を何とよぶか。

❿ ❾が満洲を直接支配するために、満洲軍閥の張作霖の乗った列車を奉天郊外で爆破した事件を何とよぶか。

⓫ ❷内閣にかわって内閣を組織した立憲民政党総裁はだれか。

⓬ 第一次世界大戦後に、貿易を促進するために世界各国が金の輸出禁止を解除したことを何とよぶか。

⓭ ⓫内閣が起用し、緊縮財政によって物価を引き下げ、産業を合理化して企業の国際競争力を高めようとした大蔵大臣はだれか。

⓮ 1929(昭和4)年にアメリカで始まった経済不況は、拡大して何とよばれたか。

⓯ ⓮の影響で日本の輸出は大きく減り、輸入がふえて予想以上の金が国外へ流出し、株価・物価は下がって企業の倒産があいつぎ、失業者が増加して深刻な経済不況となった。この事態を何とよぶか。

⓰ ⓯の事態に対し、指定産業でのカルテルの助成をはかった法令は何か。

⓱ 1930(昭和5)年に開かれたロンドン会議で調印された、補助艦の総比率をほぼ対英米7割にするとした条約は何か。

⓲ ⓱条約の調印に対し、政府が軍令部の反対を押し切って兵力量を決定したのは天皇大権の1つをおかすものであるとし、政府を激しく軍部が攻撃した出来事を何とよぶか。

❶
❷
❸
❹
❺
❻
❼
❽
❾
❿
⓫
⓬
⓭
⓮
⓯
⓰
⓱
⓲

⊞ p.232〜236／⊞ p.305〜310

満洲事変

1928(昭和3)年、張学良が国民政府に帰属し、国民党による中国統一が達成された。国民政府の満洲権益回復宣言は、中国の民族運動を高揚させた。関東軍は危機感を深め、武力で満洲を中国の主権から切り離そうとした。関東軍は軍参謀の石原莞爾を中心に、1931(昭和6)年9月18日、奉天郊外で南満洲鉄道を爆破した。この❶□□□□事件を中国軍のしわざとして軍事行動を開始し、❷□□□□□が始まった。関東軍は、日本政府の不拡大方針声明を無視して占領地を拡大した。第2次若槻礼次郎内閣は総辞職し、立憲政友会の❸□□□□□が内閣を組織して中国政府との直接交渉をめざした。関東軍は1932(昭和7)年3月、清朝最後の皇帝❹□□を執政にむかえ、❺□国の建国を宣言したが中国は認めなかった。一方、国際連盟が調査団を派遣した。

政党内閣の崩壊

日本国内では、財閥・政党などの恐慌への対応に不満な軍部の青年将校や国家主義者らを中心とする国家改造運動が活発になった。ついに、1932(昭和7)年、右翼の血盟団員が政治家や財閥の幹部を暗殺する事件がおこり、5月15日には海軍青年将校らが❸首相を官邸で暗殺する❻□・□□事件がおきた。❻事件後、元老は政党関係者を推薦せず、穏健派の海軍大将斎藤実を首相に推薦した。8年間続いた「憲政の常道」はここに断絶した。

国際連盟脱退

斎藤内閣は1932(昭和7)年9月、❼□□□□□□□を結んで❺国を正式に承認した。しかし、翌月、国際連盟で❽□□□□□□□が、満洲における日本の経済的利益は認めるとしながらも、❺国成立は自発的な民族自決運動ではないと報告した。1933(昭和8)年2月、国際連盟臨時総会が開かれ、連盟は❽の報告書にもとづき、満洲における中国の主権を認め、日本が合法的に管理する満鉄付属地内への日本軍の撤兵を求める勧告案を提出し、42カ国の賛成で可決された。これに対し、松岡洋右ら日本全権団は総会議場から退場し、翌3月、日本は❾□□□□□からの□□を通告した(1935〈昭和10〉年発効)。日本は国際的に孤立していった。

重化学工業の発展

1931(昭和6)年末に、❸内閣の大蔵大臣❿□□□□は、金輸出の再禁止を断行し、円と金の交換停止後、日本は金本位制から事実上の⓫□□□□□制度へと移行した。そして、円安で低価格となった日本製品の輸出が促進された。翌年の円相場は金解禁の時期の半分以下となった。政府は赤字国債を発行し、軍事費・農村救済費を中心に財政をふくらませた。工業生産額は恐慌以前の水準に回復し、重化学工業の発展はめざましく、自動車や化学工業では、日産・日窒などの⓬□□□□□が台頭して、満洲・朝鮮へも進出した。

国家主義の台頭

国内の思想・言論が急速に国家主義へ傾き、社会主義以外の自由主義・民主主義的な思想・学問にも抑圧が強まった。1935(昭和10)年に⓭□□□□□事件がおきた。天皇を国家の一機関とみなすという美濃部達吉の考え方を、軍部や国家主義者が天皇中心の国家体制に反する学説であるとして攻撃した。軍部に屈した岡田啓介内閣は、日本は天皇中心の国家であるとの⓮□□□□□を出し⓭を否定して、美濃部の著作を発禁とした。

二・二六事件

❷以降、陸軍内では、天皇中心に直接行動による国家改造を説く⓯□□派と、軍の統制を保ち、官僚・財界とも結んで高度国防国家をめざす⓰□□派とが、対立していた。1936(昭和11)年2月26日、北一輝の影響をうけた⓯派の青年将校らの一派が、首相官邸や警視庁などをおそい、斎藤実内大臣・高橋是清大蔵大臣らを暗殺するという⓱□□・□□事件がおきた。戒厳令が首都に出され、クーデタは反乱軍として鎮圧された。以後、⓰派が⓯派を排除し、陸軍内の主導権を確立した。⓱事件後、軍部は政治に積極的にかかわるようになり、次の広田弘毅内閣に圧力をかけ、イギリス・アメリカにそなえ南方方面に進出することを国策とした。

❶ 関東軍が、奉天郊外で日本軍が管理する南満洲鉄道の線路を爆破し、これを中国軍のしわざとして軍事行動を開始した1931（昭和6）年の事件は何か。

❷ ❶事件をきっかけに、日本と中華民国とのあいだでおきた一連の武力紛争を何とよぶか。

❸ 第2次若槻礼次郎内閣のあとをつぎ、中国との直接交渉をめざした立憲政友会の首相はだれか。

❹ 清朝最後の皇帝はだれか。

❺ ❹を執政にむかえて建国を宣言した国名は何か。

❻ 1932（昭和7）年、海軍青年将校らが官邸をおそって、❸を暗殺した事件は何か。

❼ ❸内閣の崩壊後に成立した斎藤実内閣が結んだ、❺国を正式に承認した議定書を何とよぶか。

❽ 満洲における日本の経済的利益は擁護（ようご）されなければならないが、満洲国は自発的な民族自決運動によって成立したものではないという報告書を公表した国際連盟の調査団の名は何か。

❾ 1933（昭和8）年の国際連盟臨時総会において、連盟は満洲における中国の主権を認め、日本軍が合法的に管理する満鉄付属地内へ撤収することを求める勧告案が可決された。これに対し、日本が通告した内容は何か。

❿ 1931（昭和6）年末に成立した❸内閣の大蔵大臣で、金輸出の再禁止を断行したのはだれか。

⓫ ❿の政策によって、日本は金本位制からどのような制度に移行したか。

⓬ 日産や日窒など、自動車工業や化学工業で台頭し、満洲や朝鮮へも進出していった企業は何とよばれたか。

⓭ **美濃部達吉**の学説を、軍部や国家主義者が天皇中心の国家体制に反する学説であるとして攻撃した事件は何か。

⓮ ⓭の結果、**岡田啓介**内閣が発した声明は何か。

⓯ 陸軍内部で、天皇中心に直接行動による国家改造を説いた派閥は何か。

⓰ 陸軍内部で、軍の統制を保ち、官僚・財界とも結んで高度国防国家をめざした派閥は何か。

⓱ 1936（昭和11）年、**北一輝**の思想的影響を受けた⓯派の一部将校らが政府要人を暗殺し、首相官邸周辺を4日間にわたって占拠した事件は何か。

【地図問題】 右図の**A**、**B**の都市名は何か。

右上	
→日本軍の進路	
❺国	
0	400km

満洲里（まんしゅうり）　興安　アイグン　ソ連
32.10
黒竜江（こくりゅうこう）
黒竜江（こくりゅうこう）
チチハル 32.6
31.11　吉林
モンゴル人民共和国
内蒙古（うちもうこ）
32.4
熱河（ねっか）　**B**　新京（長春）
山海関（さんかいかん）　32.2
北京（ペキン）　錦州（きんしゅう）　**A**　31.9　32.4
天津　塘沽（タンクー）　旅順　ウラジヴォストーク
中華民国　京城（けいじょう）　朝鮮（日本領）
❶事件　1931.9.18
32.1

---

❶
❷
❸
❹
❺
❻
❼
❽
❾
❿
⓫
⓬
⓭
⓮
⓯
⓰
⓱

【地図問題】

A

B

国 p.237〜242／通 p.311〜318

三国防共協定　ヴェルサイユ体制打破をかかげた**ナチ党**の**ヒトラー**が、**全体主義体制（ナチズム）**を樹立したドイツと、一党独裁を確立（**ファシズム**）した**ファシスト党**の**ムッソリーニ**のイタリアは、1936年の**スペイン内戦**で連帯を強めて❶□□□□を形成した。ソ連は**第1次五カ年計画**で国力を高め、1933年にアメリカに承認され、翌年、国際連盟に加入した。これはソ連の国際社会における役割の増大を示した。1936（昭和11）年、広田弘毅内閣は、ソ連の国際共産主義運動に対抗するため**日独防共協定**を結んだ。翌年、イタリアが参加し❷□□□□□**協定**となった。国際連盟を脱退し、国際的孤立を深めていた3国は反ソ連で結束し、❶陣営が成立した。

日中戦争　満洲事変後、中国では国民政府軍と共産党軍が内戦を続けていた。関東軍の勢力拡大に対し、抗日統一戦線の結成をという声が高まり、1936（昭和11）年12月の**西安事件**で内戦は停止した。翌年7月、北京郊外で日中両国軍が衝突し❸□□□□**事件**がおこった。❹□□□□□内閣は当初不拡大方針をとったが、戦線は拡大した。一方中国軍は、蔣介石が指揮して上海で激しく応戦し、❺□□**戦争**が始まった。中国では国民党と共産党が提携する抗日統一戦線が結成された。1937（昭和12）年末、日本軍は中国政府の首都を占領した。その際非戦闘員をふくむ多数の中国人が殺害されたことを❻□□**事件**とよぶ。中国政府は重慶で抗戦を続けた。❹内閣は1938（昭和13）年1月、「国民政府を対手とせず」の声明を発表して和平の可能性を失った。その後日本は「**東亜新秩序**」の建設をめざし、**汪兆銘**を主席とした親日的な**新国民政府**を❻に樹立した。

戦時体制の強化　戦争の長期化を覚悟した❹内閣は、挙国一致の体制づくりを始め、❼□□□□□□□**運動**をおこして、国民に戦争協力をうながした。1938（昭和13）年には❽□□□□□□□**法**を制定し、議会の承認なしで必要な物資や労働力を統制した。軍需品は優先的に確保され、輸入資材や資金も軍需産業を優先とした。1939（昭和14）年には、国民を動員するための❾□□□□□□**令**が制定された。国民の生活物資は配給制などで配分された。しかし、必要とする軍需資材は日本の経済圏（円ブロック）だけでは足りず、しかも「東亜新秩序」建設を警戒したアメリカが、日米通商航海条約の廃棄を通告してきたため、石油・くず鉄などの輸入は困難になった。

大戦の開始　ナチス＝ドイツは、ヨーロッパでの大戦にそなえ、❷協定を軍事同盟に強化することを日本に提案してきた。日本は1939（昭和14）年5月の**ノモンハン事件**で、ソ連との対立を深めていたが、8月にとつぜん**独ソ不可侵条約**が結ばれると、平沼騏一郎内閣はヨーロッパの新情勢は「**複雑怪奇**」として総辞職した。9月、ポーランドに侵攻したドイツに、イギリス・フランスが宣戦布告し、❿□□□□□□**戦**が始まった。ドイツ軍は迅速にポーランドを制圧し、翌1940年にはオランダ・ベルギー・ルクセンブルクを攻め、6月にはフランスを降伏させた。

新体制の樹立　日本では連勝するドイツと結び南方進出へという期待が高まった。南方でゴム・石油・錫を獲得して軍需物資不足を解消し、また「**援蔣ルート**」を断つためでもあった。1940（昭和15）年9月、日本軍は北部仏印に進駐を開始し、⓫□□□□□□**同盟**を結んだ。アジアでの日本、ヨーロッパでのドイツ・イタリアの指導的地位を認め合い、第三国からの攻撃に対しては相互援助を約束した。⓫が圧力となり、❿戦へのアメリカの参戦を防ぐこともねらいであった。国内では、ナチ党のような強力な指導力のもとでの国民組織をめざす⓬□□□□**運動**が高まり、1940（昭和15）年10月には❹首相を総裁とする⓭□□□□□□が結成された。翌年には小学校を国民学校と改め、国家主義教育が推進され、朝鮮や台湾では日本語教育の徹底、神社参拝の強要などの「⓮□□**化**」政策がすすめられた。

❶　1936(昭和11)年にスペイン内戦がおこると、ドイツ・イタリア両国は連帯を強めた。この両国の関係は何と表現されるか。

❷　1937(昭和12)年、**日独防共協定**にイタリアが参加して結ばれた協定は何か。

❸　1937(昭和12)年7月、北京郊外で日中両軍が衝突した事件は何か。

❹　❸事件に対し、当初不拡大方針をとった首相はだれか。

❺　❸事件後、中国軍は蔣介石の指揮のもとで激しい応戦をおこなった。この正式な宣戦布告のないまま始まった戦争を何とよぶか。

❻　日本軍が1937(昭和12)年末に中国の首都を占領した際、非戦闘員をふくむ多数の中国人を殺害した事件を何とよぶか。

❼　❹内閣がおこした、国民に戦争協力をうながすための運動を何とよぶか。

❽　1938(昭和13)年に制定され、政府は議会の承認なしに必要に応じて物資の統制をおこなったり、労働者を一定の業務に強制的に従事させたりすることができるようになった法令は何か。

❾　国民を軍需産業に動員するため、1939(昭和14)年に❽法にもとづいて制定された法令は何か。

❿　1939(昭和14)年にドイツがポーランドに侵攻し、イギリス・フランスがドイツに宣戦布告して始まった戦争は何か。

⓫　1940(昭和15)年9月、日本がドイツ・イタリアとの連携強化をめざして結んだ同盟は何か。

⓬　日本国内で、**ナチ党**のような強力な指導力をもつ新党を樹立し、新しい政治体制をつくろうとした運動を何とよぶか。

⓭　❹が首相となり、町内会・隣組などを末端とし、政府の方針伝達や国民生活を統制する目的で、1940年に結成された組織は何か。

⓮　朝鮮や台湾ですすめられた、現地の人びとへの日本語教育の徹底や神社参拝の強要などの政策を何とよぶか。

〔地図問題〕　右図の**A**〜**E**に適する地名(**E**は植民地名)を答えよ。

❺戦争による戦線の拡大
← 日本軍の進路
数字は戦闘または占領年月
← 共産党軍長征路(1934〜36)

❶ _____

❷ _____

❸ _____

❹ _____

❺ _____

❻ _____

❼ _____

❽ _____

❾ _____

❿ _____

⓫ _____

⓬ _____

⓭ _____

⓮ _____

〔地図問題〕

A _____

B _____

C _____

D _____

E _____

📘 p.242〜247／📗 p.318〜324

日米交渉

三国同盟は、アメリカの対日姿勢を硬化させた。**第2次近衛内閣**は、1941（昭和16）年4月、日米交渉を始めたが、アメリカに圧力をかけようと**松岡洋右**外相が❶◻◻◻◻条約を結んだため、その態度はさらに硬化した。6月にはとつぜん、**独ソ戦争**が始まった。近衛首相は南方に進出する一方で、ソ連との戦争にもそなえた。陸軍はソ連に圧力をかけるため、満洲で**関東軍特種演習（関特演）**を実施した。日米交渉継続を重視した第3次近衛内閣が組閣されたが、日本側が❷◻◻◻◻◻◻◻◻に踏み切り、アメリカは対日石油の輸出禁止と、「**ABCD包囲陣**」による経済封鎖を強めた。政府は、**野村吉三郎**大使と**ハル**国務長官との交渉決裂時がアメリカとの開戦時だと決めた。交渉が進展せず内閣は総辞職し、陸軍大臣の❸◻◻◻◻が内閣を組織した。11月末、アメリカは、満洲をふくむ中国・仏印からの日本軍の全面的無条件撤退など、満洲事変以前の状態への復帰を求める強硬な要求（ハル＝ノート）を提示してきた。御前会議も対米交渉は不成功と判断した。

太平洋戦争

日米交渉は絶望的となり、1941（昭和16）年12月8日、日本軍は英領**マレー半島**に上陸するとともに、ハワイの**真珠湾**を奇襲攻撃し、アメリカ・イギリスに宣戦布告し、❹◻◻◻戦争が始まった。開戦後、日本政府は日中戦争もふくめて「**大東亜戦争**」とよび、ドイツ・イタリアもアメリカに宣戦布告し、第二次世界大戦は全世界に拡大した。開戦から半年で、日本軍は香港・マニラ・シンガポールを占領し、ついで東南アジアから南太平洋にかけての広い地域をおさえて、軍政をしいた。1942（昭和17）年4月、**翼賛選挙**が実施され、議会は形だけとなった。

戦局の悪化

1942（昭和17）年6月の❺◻◻◻◻◻◻◻戦で、日本海軍ははじめて敗れ、アメリカ軍の本格的な反撃が始まった。翌年2月、日本軍は南太平洋の**ガダルカナル島**で敗北し、ヨーロッパでも、ドイツ軍が**スターリングラード**でソ連軍に降伏し、以後枢軸国軍は防戦にたつようになった。❸内閣は同年11月、占領地域での戦争協力を確保するために東京で❻◻◻◻◻◻を開き、欧米列強の支配からアジアを解放し、❼◻◻◻◻◻◻圏をつくるために協力するという共同宣言が発表された。しかし、各地で反日本抵抗運動が活発になった。

国民生活の荒廃

1944（昭和19）年7月、❽◻◻◻◻島が占領された。❸内閣は総辞職し、陸軍大将の**小磯国昭**内閣が成立した。労働力不足から❾◻◻◻◻が拡張され国内では、中等学校以上の学生・生徒や、**女子挺身隊**の女性も軍需工場で働いた。朝鮮人が徴用され、占領下の中国人も連行されて、鉱山や工場で働いた。朝鮮や台湾にも徴兵制が適用され、戦場にかり出された。大学生らを軍に徴集する❿◻◻◻◻が始まった。1944年末には、B29による**本土空襲**で多くの都市が焼け野原になった。翌年3月10日未明の⓫◻◻◻◻◻◻◻で首都は壊滅的な打撃をうけた。大都市では、子どもたちを空襲から避けるために、⓬◻◻◻◻がおこなわれた。

敗戦

1943年、イタリアが降伏した。1945年2月、アメリカ・イギリス・ソ連の首脳が会談し、ドイツの戦後処理問題についての⓭◻◻◻◻◻◻を結び、5月にドイツが降伏した。同年、⓮◻◻◻戦が始まると4月にアメリカ軍が⓮本島へ上陸した。この直後、小磯内閣は倒れ**鈴木貫太郎**が首相となった。7月、アメリカ・イギリス・ソ連の首脳がベルリン郊外で会談し、ヨーロッパ問題とともに対日問題を協議し、米・英・中3カ国の共同宣言の形で、日本軍への**無条件降伏勧告**と日本の戦後処理方針からなる⓯◻◻◻◻宣言を発表した。これを「黙殺する」日本政府に対し、アメリカは、8月6日広島に、9日は長崎に⓰◻◻◻◻◻を投下した。ソ連は、8日、❶条約を破棄し日本に宣戦布告した。日本は14日に⓯宣言を受諾し、15日正午に天皇のラジオ放送で全国民に発表した。9月2日、アメリカ戦艦ミズーリ号上で**降伏文書**に調印し、❹戦争は終了した。

❶ 1941年から始まった日米交渉と並行し、松岡外相が結んだ条約は何か。

❷ アメリカが日本への石油輸出を禁止し、対日経済封鎖を強める要因となった日本の軍事行動は何か。

❸ 1941(昭和16)年、日米交渉が進展しないために第3次近衛内閣は総辞職し、陸軍大臣と内務大臣を兼任する形で内閣を組織した軍人はだれか。

❹ 日米交渉が決裂した1941(昭和16)年12月8日、日本軍が英領**マレー半島**に上陸するとともにハワイの**真珠湾**を奇襲攻撃し、アメリカ・イギリスに宣戦布告して始まった戦争を何とよぶか。

❺ 1942(昭和17)年6月に日本海軍がはじめて敗れ、これ以後アメリカ軍の本格的な反撃をうけることになった戦いは何か。

❻ ❸内閣が、占領地域での戦争協力を確保するために満洲国・汪兆銘政権・タイ・ビルマなどの代表者を東京に集めて開いた会議は何か。

❼ ❻で発表された、欧米列強による植民地支配からアジアを解放するためのスローガンは何か。

❽ 1944(昭和19)年7月にアメリカ軍に占領された、南洋諸島の重要拠点はどこか。

❾ 労働力不足をおぎなうために、中等学校以上の学生・生徒や**女子挺身隊**に編成された女性も工場に動員されたことを何とよぶか。

❿ 文科系学生の徴兵猶予を停止し、軍に徴集したことを何というか。

⓫ 首都圏が爆撃され、一夜にして約10万人が焼死した出来事は何か。

⓬ 大都市でおこなわれた、空襲を避けるために子どもたちを地方の農村へ集団で移住させたことを何とよぶか。

⓭ 1945(昭和20)年、アメリカ・イギリス・ソ連の3カ国首脳がクリミア半島で会談し、ドイツの戦後処理について結んだ協定は何か。

⓮ 1945(昭和20)年、島民をも巻き込む激しい地上戦がくり広げられ、軍・民あわせた戦争犠牲者数が18万人余りにのぼった戦いを何というか。

⓯ 米・英・中3カ国の共同宣言の形をとって、日本軍への**無条件降伏**勧告と日本の戦後処理方針を示した宣言は何か。

⓰ ⓯宣言を「黙殺する」とした日本政府に対し、1945(昭和20)年8月6日に広島、ついで9日に長崎に投下された兵器を何とよぶか。

【 地図問題 】
右図の **A**〜**E** に適する地名を答えよ。

右側解答欄:
❶
❷
❸
❹
❺
❻
❼
❽
❾
❿
⓫
⓬
⓭
⓮
⓯
⓰

【 地図問題 】
A
B
C
D
E

123

60 占領下の改革と主権の回復　Ⅰ

📖 p.248〜252／📘 p.325〜329

戦後の世界秩序

第二次世界大戦後の国際秩序を担ったのが、1945年10月に発足した、国際連盟にかわる国際組織としての❶[　　　　　]であった。アメリカ・イギリス・フランス・ソ連・中国の5大国を**常任理事国**とする❷[　　　　　]会を設け、軍事行動の実施をふくむ強制措置などの発動ができる強大な権限を付与した。西欧諸国にかわり戦後世界で大きな力をふるったのが、アメリカとソ連であった。戦後世界は米・ソの対立を軸に展開することになった。

占領の開始

日本はポツダム宣言にもとづき連合国に占領された。1945(昭和20)年8月、鈴木貫太郎内閣は総辞職し、皇族の東久邇宮稔彦王が首相となった。8月末に進駐した連合国軍最高司令官❸[　　　　　]は東京に総司令部(❹[　　　　])をおき、占領政策を実施した。東久邇宮内閣は連合国軍の進駐を受け入れ、旧日本軍の武装解除や降伏文書調印を円滑におこなった。占領政策はアメリカ主導のもとでおこなわれ、連合国の直接軍政下におかれたドイツの場合とは異なり、日本政府が最高司令官の指令・勧告をうけて政治をおこなう❺[　　　　　]の形をとった。10月、❹が天皇に関する自由な議論などを奨励すると、これに反発した東久邇宮内閣は総辞職し、かわって**幣原喜重郎**が首相に就任した。❹は内閣に対して、女性参政権の付与、労働組合の結成奨励、教育制度の自由主義的改革、秘密警察などの廃止、経済機構の民主化のいわゆる❻[　　　　]の[　]を出した。これにより治安維持法や特別高等警察(特高)などは廃止され、思想・信仰・政治活動の自由も保障された。戦犯容疑者の逮捕もすすみ、1946(昭和21)年5月から❼[　　　　]([　　　　])が開かれた。連合国のなかには、天皇の戦争責任を追及する動きもあったが、❹は占領政策を円滑にすすめるために戦犯容疑者に指定しなかった。1946(昭和21)年元日、昭和天皇は人間宣言をおこない、「現御神」としての神格性をみずから否定した。つづいて❽[　　　　　]の指令が出され、政・財・官界など各界の指導者約21万人が、戦時中の責任を問われて❽された。

経済の民主化

経済民主化では、1945(昭和20)年11月、❹は三井・三菱・住友・安田の4大財閥の解体を命じ、翌年には❾[　　　　　]会が発足して、株式所有による財閥の傘下企業支配を一掃しようとした。この経済の民主化を❿[　　　　]とよぶ。1947(昭和22)年には、⓫[　　　　]法により持株会社やカルテル・トラストを禁止し、⓬[　　　　　]法を公布して巨大独占企業の分割をすすめた。あわせて、寄生地主制の解体は⓭[　　　　]を通しておこなわれた。第1次⓭案は❹から不徹底とされ、第1次**吉田茂**内閣のもとで、❹の勧告案にもとづいた⓮[　　　　]法と⓯[　　　　]法により、第2次⓭が実施された。不在地主を認めず、在村地主の一定面積(都府県は平均1町歩〈約1ha〉、北海道は4町歩)以上の土地を国が強制的に買い上げ、小作人に安く売り自作農の創設をはかった。⓭により小作地は大はばに減少し、大地主は従来の大きな経済力と社会的な威信を失った。

労働政策と教育の民主化

労働政策の民主化では、1945(昭和20)年に⓰[　　　　]法を公布し、労働者の団結権・団体交渉権・団体行動(ストライキ)権を保障した。これをきっかけに⓰があいついで結成された。1946年には⓱[　　　　]法、1947年には⓲[　　　　]法を公布し、**労働三法**ができた。1947年には労働行政を管轄する労働省が新設された。

教育制度の民主化では、❹はまず、軍国主義教育の禁止を命じた。その後、来日したアメリカ教育使節団の勧告により、1947(昭和22)年3月、⓳[　　　　]法と⓴[　　　　]法が制定され、6・3・3・4制の新しい学制による教育が始まり、義務教育が実質6年から9年に延長された。また、教育行政の地方分権をめざし、翌年に都道府県・市区町村に**教育委員会**が設けられた。

❶　1945(昭和20)年、国際連盟にかわって発足した国際機関は何か。

❷　アメリカ・イギリス・フランス・ソ連・中国(初めは中華民国、のち
に中華人民共和国)の5大国を**常任理事国**とする、❶の主要機関は何か。

❸　日本の占領政策を展開した右写真の連合国
軍最高司令官はだれか。

❹　❸が東京においた、連合国軍の機関を何と
よぶか(アルファベット3文字)。

❺　日本政府が最高司令官の指令・勧告にもと
づいて政治をおこなう統治形式を何とよぶか。

❻　**幣原喜重郎**が首相に就任した際、❹が内閣
に出した指令を何とよぶか。

❼　1946(昭和21)年から東京で開かれた、平和
と人道に対する罪や戦時国際法をおかした者の裁判は何とよばれるか。

❽　政・財・官界から言論界にいたる各界指導者約21万人が、戦時中の責
任を問われて出された指令を何とよぶか。

❾　❹が1945(昭和20)年に三井・三菱・住友・安田の4大財閥の解体を命
じたあと、株式所有による財閥の傘下企業支配を一掃するために発足し
た実施機関は何か。

❿　❾会がおこなった経済の民主化政策を何とよぶか。

⓫　持株会社やカルテル・トラストなどを禁止した1947(昭和22)年の法令
は何か。

⓬　巨大独占企業の分割をすすめるために公布された法令は何か。

⓭　寄生地主制の解体をめざしておこなわれた改革を何とよぶか。

⓮　❹の勧告にもとづいて改正された、地主に対する小作人の権利を明文
化した法令は何か。

⓯　⓮法と同時に制定された、自作農の創設を目的とした法令は何か。

⓰　1945(昭和20)年に公布された、労働者の団結権・団体交渉権・団体行
動権を保障した法令は何か。

⓱　1946(昭和21)年に公布された、斡旋・調停・仲裁などによって労働委
員会が労働争議の調整をはかる内容の法令は何か。

⓲　1947(昭和22)年に公布された、労働条件に関する最低基準を定めた法
令は何か。

⓳　1947(昭和22)年に制定された、教育の機会均等・義務教育9年・男女
の共学など日本の教育に関して規定した法令は何か。

⓴　1947(昭和22)年に制定された、**6・3・3・4制**の学校教育の制度の
根幹を定めた法令は何か。

❶
❷
❸
❹
❺
❻
❼
❽
❾
❿
⓫
⓬
⓭
⓮
⓯
⓰
⓱
⓲
⓳
⓴

新憲法の制定

GHQ は早くから幣原内閣に憲法改正を指示していたが、日本政府の改正案は天皇の統治権など民主化とはほど遠い内容であったため、1946(昭和21)年 2 月、GHQ はみずから作成した改正案を政府に示した。それを一部修正したものが、政府原案として帝国議会で審議され、衆議院と貴族院で修正可決し、11 月 3 日に❶[＿＿＿＿＿]として公布、翌年 5 月 3 日に施行された。❶は❷[＿＿＿]・[＿＿＿]・[＿＿＿]の[＿]の基本 3 原則を掲げ、衆議院と参議院からなる 2 院制の国会を国権の最高機関とし、天皇は日本および日本国民統合の象徴とされた。第 9 条の❸[＿＿＿＿]条項は世界にも例のないものである。あわせて、多くの法律の制定や改正がされた。1947(昭和22)年に改正された新しい❹[＿]法では、男女同権の家族制度が定められ、❺[＿＿＿]法が制定され都道府県知事や市町村長は公選となり内務省は廃止された。

政治・社会の混乱

政党もあいついで復活・誕生し、保守政党では旧立憲政友会系の❻[＿＿＿]党と旧立憲民政党系の❼[＿＿＿]党が発足した。日本共産党は合法政党として活動を始め、❽[＿＿＿]党が旧無産政党を統合し結成した。1945(昭和20)年、衆議院議員選挙法の大改正で❾[＿＿＿＿]をはじめて認めた新選挙法が制定され、満20歳以上の成人男女に選挙権があたえられた。翌年 4 月、戦後初の総選挙がおこなわれ、39人の女性議員が誕生し、❻党が第一党となった。公職追放となった鳩山一郎にかわり、❿[＿＿＿]が党首となって内閣を組織したが、❻党の議席は衆議院の 3 分の 1 にも満たず、政局はきわめて不安定であった。

戦時中の空襲で焼け出された人びとは、防空壕や焼け跡にたてたバラック小屋で生活をしていた。将兵の復員や引揚げで人口がふえ、失業者も急増した。凶作による食料不足は深刻で、米の配給は不足し、都市部の人びとは農村への買出しや闇市での闇買い、家庭での自給生産で飢えをしのいだ。極度の物不足のため、生産の回復が急がれた。1947年、政府は資材と資金を石炭・鉄鋼などの重要産業部門に集中させる⓫[＿＿＿]方式を実施した。生産は徐々に上昇し始めたが、巨額の資金投入は、猛烈なインフレーションをおこした。労働運動も激しくなり、1947年に官公庁労働者を中心に基幹産業を巻き込んだ**2・1ゼネラル＝ストライキ計画**は、GHQ の命令で実行直前に中止となった。

1947年 4 月に❶下で初の総選挙が実施され、❽党が第一党となり、**民主党・国民協同党**と連立して⓬[＿＿＿]内閣が成立した。連立ゆえに政策調整に苦しみ 1 年ももたずに退陣し、次の芦田均(民主党総裁)内閣も 3 党連立であったが、1948(昭和23)年の**昭和電工事件**で退陣した。

冷戦の始まり

第二次世界大戦後は、アメリカとソ連の異なる世界観をもつ大国が世界を 2 つに分け、戦後の国際秩序をめぐって対立を深めていった。1947年、アメリカの**トルーマン大統領**は、ソ連に対する「封じ込め」をはかり、西ヨーロッパ諸国を復興させるために**マーシャル＝プラン**を発表し、共産主義勢力との対決姿勢を強めた。1949年には西側諸国の共同防衛組織として⓭[＿＿＿＿＿＿]([＿＿＿＿＿])が結成されると、対抗したソ連は東ヨーロッパ諸国との結束を固め、1955年にソ連と東ヨーロッパ 7 カ国による⓮[＿＿＿＿]を結成した。対立する東西両陣営の緊張状態は「⓯[＿＿＿]([＿＿＿])」とよばれた。

アジアでは、イギリス・フランス・オランダの支配下から諸民族が独立し建国した。中国内戦で国民党に勝利した共産党が1949年に⓰[＿＿＿]国の建国を宣言し(**主席毛沢東**)、ソ連との連携を強め、国民党は台湾で中華民国政府(**総統蔣介石**)を存続させた。朝鮮半島では1948年、**北緯38度線**以南のアメリカ軍占領地域に⓱[＿＿＿]国(韓国、大統領**李承晩**)、以北のソ連軍占領地域に⓲[＿＿＿＿＿＿]国(北朝鮮、首相**金日成**)が建国され、南北分断状態が固定化した。

❶ 1946(昭和21)年11月3日に公布、翌年5月3日に施行された日本の最高法規としての性格をもった法令は何か。

❷ ❶の基本3原則をすべて答えよ。

❸ 世界にも例のない、❶第9条で規定されている条項は何か。

❹ 1947(昭和22)年に改正された、家中心の戸主制度を廃止し、男女同権の家族制度を定めた法令は何か。

❺ 都道府県知事や市町村長の公選やリコールについて定めた法令は何か。

❻ 新たに発足した保守政党で、旧立憲政友会系の政党名を答えよ。

❼ 新たに発足した保守政党で、旧立憲民政党系の政党名を答えよ。

❽ 旧無産政党を統合して結成された政党名を答えよ。

❾ 1945(昭和20)年に衆議院議員選挙法が改正されてはじめて認められた、女性が政治に参加する権利を何とよぶか。

❿ 日本自由党が第一党となった直後に、鳩山一郎にかわって党首となって内閣を組織し、在任中に**サンフランシスコ平和条約**などを締結し、日本の独立を回復した右写真の首相はだれか。

⓫ 1947(昭和22)年に実施された、資材と資金を石炭・鉄鋼などの重要産業部門に集中させる経済政策を何とよぶか。

⓬ 1947(昭和22)年に第一党となった❽党と、保守系の民主党・国民協同党の3党が連立して成立した内閣の首相はだれか。

⓭ 1949(昭和24)年に結成された、西側諸国の共同防衛組織を何とよぶか。

⓮ 1955(昭和30)年に⓭に対抗して結成された、ソ連と東ヨーロッパ7カ国による軍事同盟を何というか。

⓯ ⓭、⓮の東西両陣営がたがいに対立する緊張状態を何というか。

⓰ 中国内戦で国民党との戦いに勝利した共産党の毛沢東が、1949(昭和24)年に建国を宣言した国家名を答えよ。

⓱ 朝鮮半島の北緯38度線以南のアメリカ軍占領地に、1948(昭和23)年に李承晩が大統領となり建国した国家名を答えよ。

⓲ 朝鮮半島の北緯38度線以北のソ連軍占領地に、1948(昭和23)年に金日成が首相となり建国した国家名を答えよ。

【史料問題】 以下の史料を読み、[A]～[C]に適語を入れよ。

❶〔前文〕 日本国民は、正当に選挙された（ A ）における代表者を通じて行動し、われらとわれらの子孫のために、諸国民との協和による成果と、わが国全土にわたつて自由のもたらす恵沢を確保し、政府の行為によつて再び（ B ）が起ることのないやうにすることを決意し、ここに主権が（ C ）に存することを宣言し、この憲法を確定する。……

❶
❷
❸
❹
❺
❻
❼
❽
❾
❿
⓫
⓬
⓭
⓮
⓯
⓰
⓱
⓲

【史料問題】
A
B
C

62 占領下の改革と主権の回復　Ⅲ

⑧ p.255〜258／⑮ p.334〜338

占領政策の転換

冷戦の激化で、アメリカは日本経済を自立させ同時に政治の安定をうながし、日本を東アジアの主要友好国とさせる政策に転換した。日本経済の復興を強く求めたGHQは、1948(昭和23)年12月インフレの進行をおさえるため、**第2次吉田茂内閣**に予算の均衡、徴税の強化、賃金の安定などをふくむ❶[　　　　　　　　　　]の実行を指令し、経済を自立させる前提としてデフレ政策をとらせた。翌年、**民主自由党**(日本自由党を改称)が総選挙で過半数をこえる議席を得ると、アメリカは❷[　　　＝　　　　]による緊縮財政と、❸[　　　　　]による税制改革を実施させ、1ドル＝360円の**単一為替レート**を設定して国際経済とも結びつけた。インフレはおさまったが、緊縮財政による深刻な不況で、中小企業の倒産があいつぎ、失業者が急増した。官公庁・公共企業体・民間産業では大量の人員整理がおこなわれ、労働者は激しく抵抗したが、**下山事件**など1949(昭和24)年に国鉄で続発した事件の嫌疑が向けられ、労働者側は押し切られた。

朝鮮戦争

南北分断状態の朝鮮半島において、1950(昭和25)年6月、北朝鮮が北緯38度線を突破して韓国内に侵攻し、❹[　　]**戦争**が始まった。韓国はアメリカを中心とする国連軍の、北朝鮮はソ連や中国の援助をうけて戦い、1953年、**板門店**(パンムンジョム)で休戦協定が調印された。

❹戦争の開始後、GHQの指令で❺[　　　＝　　　]がおこなわれ、日本共産党幹部らが公職追放された。同じく、GHQの指令で❻[　　　　　]が新設され、国内の軍事的空白をうめた。

❹戦争でアメリカ軍のぼう大な❼[　　]があり、不況に苦しむ日本経済は、息を吹き返した。繊維・金属を中心とした❼景気がおこり、1951(昭和26)年の鉱工業生産は、ほぼ戦前の水準に回復した。そして1955〜57(昭和30〜32)年には、民間の活発な設備投資が加わり大型景気が続いた。これを、日本建国以来の好景気ということから神話にちなみ❽[　　　　]とよんだ。また、このころの豊作の結果、食糧難は解決し、衣食面での生活も改善されて、日本は**高度経済成長期**にはいった。

主権の回復

アジアでの日本の戦略的価値を再認識したアメリカは、平和条約を締結して日本を独立させ、西側陣営の一員とすることを急いだ。国内にはすべての交戦国と講和するべきという**全面講和論**もあったが、第3次吉田茂内閣は早期講和を選び、1951(昭和26)年9月、アメリカを中心とする48カ国と❾[　　　　　　　]条約に調印した。ここに、日本は独立国としての主権を回復したが、さまざまな外交問題が残された。ソ連・中国・インドなどと平和条約が結べなかったこと、沖縄を含む南西諸島と小笠原諸島が、依然としてアメリカの支配下におかれたこと、北方四島の領土問題を残したことなどである。そして、❾条約調印と同時に❿[　　　　]条約が結ばれたが、平和憲法のもとでアメリカ軍の駐留を認めたことは、国民のあいだに賛否両論を巻きおこした。1952(昭和27)年2月には⓫[　　　　　]も結ばれ、日本は駐留軍に基地(施設・区域)を提供し、駐留費用を分担することになった。

戦後の文化

思想や言論に対する国家の抑圧が取り除かれ、天皇制に関する言論は自由になり、マルクス主義も復活した。登呂遺跡や岩宿遺跡の発掘など、科学的な考古学研究がおこなわれ、丸山真男らによる社会科学の研究もおこなわれた。自然科学では、1949(昭和24)年に⓬[　　　　　]が日本人初の⓭[　　　　　　　]を受賞した。同年、**法隆寺金堂壁画**が焼損したことをうけ、翌年、日本文化の保護振興を目的として⓮[　　　]法が制定された。文学では、**太宰治**らが日本社会の常識に対して挑戦したり、大岡昇平はみずからの戦争体験を表現して戦後派文学を形づくった。大衆娯楽はラジオ放送の普及で、ドラマやスポーツ中継、**美空ひばり**らの歌謡曲が人気を博し、映画は黄金時代をむかえ、**溝口健二**・**黒澤明**らの作品は国際的にも高い評価を得た。

❶ 1948(昭和23)年、インフレの進行をおさえ、日本経済を自立させるために GHQ が実行を指令した政策は何か。

❷ 日本の財政再建のために来日した、アメリカの銀行家による緊縮財政策を何とよぶか。

❸ アメリカの財政学者が直接税中心・累進課税制度などを骨子とする改革を勧告したことを何とよぶか。

❹ 南北分断状態の朝鮮半島において、中国における共産党の勝利に刺激された北朝鮮が武力統一をめざし、1950(昭和25)年に北緯38度線を突破して韓国内に侵攻したことで始まった戦争は何か。

❺ ❹戦争の開始とともに、GHQ が日本共産党幹部の公職追放を指令したことに始まる、各界の共産主義者を追放したことを何とよぶか。

❻ アメリカ軍が朝鮮半島に出動したあとの軍事的空白をうめるために、GHQ の指令(マッカーサーの要請)で設置された組織は何か。

❼ 不況に苦しんでいた日本経済は、アメリカ軍のぼう大な物資購入によって息を吹き返したが、この好景気を何とよぶか。

❽ 1955～57(昭和30～32)年に、民間の活発な設備投資によって大型景気が続いたが、これを日本建国以来の好景気という意味で何とよぶか。

❾ 1951(昭和26)年、アメリカを中心とする48カ国と調印し、日本が独立国としての主権を回復した条約は何か。

❿ ❾条約の調印と同時に結ばれた、日本が安全を確保するためにアメリカ軍の駐留を認めた条約は何か。

⓫ 1952(昭和27)年に結ばれた、日本が駐留アメリカ軍に基地を提供し駐留費用を分担することなどを決めた協定は何か。

⓬ 中間子理論の業績を残し、平和運動にも積極的に関与したのはだれか。

⓭ ⓬が、日本人としてはじめて受賞した賞は何か。

⓮ 1949(昭和24)年に**法隆寺金堂壁画**が焼損したことをきっかけに、翌年、伝統ある日本文化を保護し振興するために制定された法令は何か。

[史料問題] 以下の史料を読み、[**A**]～[**C**]に適語を入れよ。

---

❾条約
第三条　日本国は、北緯二十九度以南の南西諸島([**A**]諸島……を含む。)、孀婦岩の南の南方諸島([**B**]群島……を含む。)並びに沖の鳥島及び南鳥島を合衆国を唯一の施政権者とする信託統治制度の下におくこととする国際連合に対する合衆国のいかなる提案にも同意する。
第六条(a)　[**C**]のすべての占領軍は、この条約の効力発生の後なるべくすみやかに……日本国から撤退しなければならない。但し、この規定は……協定に基く……外国軍隊の日本国の領域における駐とん又は駐留を妨げるものではない。
（『日本外交文書』）

---

❶
❷
❸
❹
❺
❻
❼
❽
❾
❿
⓫
⓬
⓭
⓮

[史料問題]
A
B
C

冷戦体制の推移

冷戦下の世界情勢は、米ソ2大陣営の対立と、両国以外の国も加わった核兵器の開発競争が激化し、平和共存、緊張緩和にはいたらなかった。核戦争の危機を防ぐため、1963年に米・英・ソ3カ国は地下実験を除く**部分的核実験禁止条約**、1968年には**核兵器拡散防止条約**を結んだ。1950年代に米ソの両陣営には属さず中立を掲げた第三勢力により、1955年、中国・インドを中心に❶[　　　　　　]＝[　　　　　]**会議**(バンドン会議)が開かれ、反植民地主義と平和共存が宣言された。1960年代に米・ソが動揺し始めると、西側陣営ではヨーロッパの統合がすすみ、東側陣営では、中国が核実験を成功させ、1966年からは文化大革命を始めた。ベトナムでは、1954年のジュネーヴ休戦協定で旧宗主国のフランスが撤退後も内戦は続き、1965年から南ベトナムを助けるアメリカ軍と、ソ連・中国から援助された北ベトナム軍とが❷[　　　　　]**戦争**を展開した。

独立回復後の国内政治

自由党(民主自由党を改称)の第3次吉田内閣は、親米・反共産主義路線を推進し、海上警備隊(のちの警備隊)の新設、警察予備隊を❸[　　　　]に改組するなど、しだいに自衛力を強くしていった。1954(昭和29)年、アメリカと**MSA協定**を結び、❸と警備隊を統合し陸・海・空の3部からなる❹[　　　]を発足させて、**防衛庁**を新設した。

左右の日本社会党や日本共産党、総評などの革新勢力は、戦後の民主化を否定した「逆コース」と反発した。各地ではアメリカ軍基地反対闘争が展開され、1954(昭和29)年、ビキニ環礁でアメリカがおこなった水爆実験で日本漁船第五福竜丸が被爆し、❺[　　　　　]**運動**が全国的に拡大した。

55年体制の成立と国際社会への復帰

1954(昭和29)年12月に退陣した吉田内閣にかわり成立した**日本民主党**の❻[　　　　　]内閣が、自衛力の増強とともに憲法改正もとなえる一方、講和問題で左派と右派に分裂していた日本社会党は、1955(昭和30)年に再統一して、❻内閣に猛反発した。保守政党側も、自由党と日本民主党とが合同して❼[　　　　]党を結成し(❽[　　　　　])、革新勢力に対抗した結果、国会の議席数の大部分を占めた❼党政権がこの後40年近く続き、保革対立のもとでの保守一党優位の政治体制を❾[　　　　]**体制**とよぶ。

「自主外交」をうたう❻内閣は、ソ連との国交回復につとめたが、北方領土問題で難航し、平和条約締結にはいたらず、1956(昭和31)年10月、❿[　　　　　　]を発表した。国交が正常化されると、ソ連は日本の国際連合加盟の支持にまわり、同年12月、日本の⓫[　　　　　]が実現した。

安保改定

日本はアメリカ外交に同調しつつも、日米安全保障条約の改定をめざした⓬[　　　　]内閣は、1960(昭和35)年1月に⓭[　　　　　　]**条約**(　[　　]条約)を締結した。アメリカの日本防衛義務が明文化され、在日アメリカ軍の軍事行動には事前協議を定め、有効期限は10年と明記された。日本の自衛力増強も義務づけられ、相互経済協力の促進も規定された。革新勢力が、条約反対運動を展開したことに対し、⓬内閣が条約批准を強行採決したため、⓮[　　　　]とよばれた反対運動は一挙に高揚した。⓬首相は条約批准後に退陣した。

保守長期政権

⓯[　　　　　]内閣は、「⓰[　　　　　]」というスローガンを掲げて**高度経済成長政策**を推進した。❼党政権は長期安定化していった。1964(昭和39)年、⓱[　　　]内閣は、懸案の外交問題の解決をはかり、1965(昭和40)年、⓲[　　　　　]**条約**を結び韓国との国交を樹立した。アメリカ施政権下の沖縄では、アメリカ軍基地問題や人権侵害事件の頻発から祖国復帰運動がもり上がっていた。⓱内閣はアメリカと交渉し、1968(昭和43)年に小笠原諸島が返還され、1970(昭和45)年に新安保条約を自動延長し、翌年には⓳[　　　　　　]に調印した。1972(昭和47)年5月15日、⓳が発効し沖縄の日本復帰は実現したが、アメリカ軍基地は存続した。

❶ 中国・インドが中心になり第三勢力の結集をよびかけ、反植民地主義と平和共存を宣言した、1955年にインドネシアで開かれた会議は何か。

❷ 南ベトナムを助けるアメリカ軍と、ソ連・中国から援助された北ベトナム軍とが展開した1965年からの戦争は何か。

❸ 日本の占領終結後、警察予備隊は何と改組されたか。

❹ ❸と警備隊を統合して発足した、陸・海・空の3部からなる組織を何とよぶか。

❺ 1954年に中部太平洋のビキニ環礁でおこなわれた、アメリカの水爆実験により日本の漁船が被爆したことから、全国的に大きく高まった運動は何か。

❻ 1954年に成立した内閣の首相で、自衛力の増強をすすめるとともに憲法改正もとなえた日本民主党総裁はだれか。

❼ 自由党と日本民主党が合同して結成した政党名は何か。

❽ ❼党の合同を何とよぶか。

❾ ❽以降、❼党の政権が保革対立の中で約40年近く続いた。この保守一党優位の政治体制を何とよぶか。

❿ ソ連との国交回復につとめたものの平和条約の締結にはいたらず、かわりに1956年に発表された宣言は何か。

⓫ ❿の結果、ソ連の日本に対する対応が変化したことで、1956年に実現した国際社会における出来事は何か。

⓬ 1957年に成立した内閣は、衆議院に警官隊を導入し条約批准の採決を強行したが、その時の首相はだれか。

⓭ アメリカの日本防衛義務を明文化し、日本の自衛力増強も義務づけられた内容で、1960年に調印された条約は何か。

⓮ ⓭条約の強行採決をめぐって反対運動が一挙に高揚し、連日、国会周辺でデモがおこなわれたが、この抗議行動は何とよばれたか。

⓯ ⓬のあとをついで内閣を組織し、革新勢力との対決を避けながら経済成長をめざした首相はだれか。

⓰ **高度経済成長**政策を推進するために⓯が掲げたスローガンは何か。

⓱ ⓯のあとをうけ、順調な経済発展を背景にアジア自由主義陣営との結束を強めながら懸案の外交問題の解決に乗り出した首相はだれか。

⓲ 1965年、⓱と韓国の朴正熙大統領との間で結ばれた国交樹立の条約は何か。

⓳ 沖縄の日本復帰を内容として、1971年にアメリカと調印した協定を何というか。

[資料問題] 1954年、ビキニ環礁でアメリカの水爆実験によって被爆した右写真の日本の漁船名は何か。

❶
❷
❸
❹
❺
❻
❼
❽
❾
❿
⓫
⓬
⓭
⓮
⓯
⓰
⓱
⓲
⓳

[資料問題]

高度経済成長

神武景気のあと、池田内閣の❶ [　　　　　　　] 政策のなかで、1959～61(昭和34～36)年には**岩戸景気**が、佐藤内閣の1966～70(昭和41～45)年には**いざなぎ景気**とよばれる空前の好景気が続いた。また、日本経済は1961(昭和36)年から1970(昭和45)年のあいだ、年平均10%をこえる成長を続けた。1968(昭和43)年には、日本の**国民総生産(GNP)**は資本主義諸国のなかでアメリカにつぐ第2位の規模となった。❶期に鉄鋼・造船・自動車・電気機械・化学などの分野で**技術革新**がすすみ、設備の更新がなされ、石油化学や合成繊維などの新産業も発達した。また、石炭から石油へのエネルギーの転換が急速にすすんだ。これを❷ [　　　　　　　] とよぶ。この過程で、農林水産業などに対して鉱工業や各種製造業、サービス業などの地位が高まり、産業構造の高度化がすすんだ。農業を合理化し生産性を高め、農家の収入をふやすなど、農業の近代化をはかるための❸ [　　　　] 法が1961(昭和36)年に制定された。鉱工業生産の急速な増大は、1ドル＝360円の為替レートによる**円安**という好条件により、輸出が急速に拡大したからで、鉄鋼・船舶・自動車などの輸出がとくにふえた。1960年代後半から貿易収支は毎年大はばな黒字となり、国内市場も活気づいた。1963(昭和38)年には**GATT11条国**となり、翌年には**IMF8条国**に移行し**OECD**(❹ [　　　　　　　　　　])に加盟し、為替と資本の自由化を実施した。

生活革命と高度経済成長のひずみ

❶期に、都市には超高層ビルが出現し、高層マンションやアパートに大勢の人が住み、電気冷蔵庫・電気洗濯機・白黒テレビのいわゆる「❺ [　　　　] 」を中心に家電が普及した。都市のみならず農村をも巻き込んだ消費革命が進行し、「消費は美徳」といわれた。1964(昭和39)年の第18回オリンピック競技大会(通称❻ [　　　　　　　])にあわせて、❼ [　　　　　　] が開業し、東京には首都高速道路やモノレールができ、都市の景観は大きくかわった。また、自動車が急速に普及し(モータリゼーション)、65年に名神高速道路、69年に東名高速道路が全通し、航空輸送も一挙に拡大した。

しかし、❶のひずみとして、都市部で人口が過密化し、地方では過疎化がすすんだ。大都市圏では交通渋滞や騒音・大気汚染が発生し、交通事故が急増した。工場が排出した有害物質による大気汚染や水質汚濁、騒音・地盤沈下などの❽ [　　] が発生した。政府は1967(昭和42)年に❾ [　　] 法を制定し、1971(昭和46)年には❿ [　　　　] を発足させたが、❽病など解決すべき多くの課題を残した。1973(昭和48)年、四大❽訴訟はいずれも被害者側の勝訴となった。このひずみのなかで、東京都では、1967(昭和42)年に日本社会党・日本共産党の推薦する美濃部亮吉が知事に当選した。そのほか京都府・大阪府・神奈川県でも革新系知事が誕生し、大阪市や横浜市では革新系市長が誕生した。これらの**革新自治体**は、❽規制や老人医療の無料化などの福祉政策で成果を上げた。

高度経済成長下の文化

❶期には、文化の大衆化・多様化がすすみ、新聞・雑誌・テレビなどの⓫ [　　] ＝ [　　　] が発達し国民に浸透した。社会派推理小説の⓬ [　　　　] 、歴史小説の⓭ [　　　　] ら人気作家が輩出し、⓮ [　　　　] らはその後の漫画・アニメーション隆盛の基礎をつくった。1953(昭和28)年には**テレビ放送**が始まった。⓫の発達と教育の充実で、大量の情報が速く広く伝達され、人びとの考え方や知識は多様化したが、画一化も生み出した。1968(昭和43)年には⓯ [　　　] が設置された。科学技術では、1956(昭和31)年、茨城県東海村に**日本原子力研究所**が設立され、1966(昭和41)年には**日本原子力発電東海発電所**が運転を開始した。⓰ [　　　] (1965年)・⓱ [　　　　] (1973年)らがノーベル物理学賞を受賞した。1970(昭和45)年の日本万国博覧会(通称⓲ [　　　])と、❻は日本の発展を世界に示した。

❶ 1960年代の日本経済は順調に発展し、池田内閣の何という政策のなかで好景気が続いたか。

❷ ❶期に、石炭から石油へのエネルギーの転換が急速にすすんだ出来事を何とよぶか。

❸ 1961年、農業を合理化して生産性を高めたり、農家の収入をふやすなど、農業の近代化をすすめるねらいで制定された法令は何か。

❹ 1964年に日本が加盟した資本の自由化を義務づける国際機関は何か。

❺ 人びとがあこがれた家電製品のうち、電気冷蔵庫・電気洗濯機・白黒テレビの総称は何か。

❻ 1964年に開かれた、アジアで最初のオリンピックの通称は何か。

❼ ❻に合わせて東京・新大阪間で開業した高速鉄道は何か。

❽ ❶期におこった、工場の排出する有害物質による大気汚染や水質汚濁、騒音・地盤沈下などの問題を総称して何とよぶか。

❾ ❽の発生を受けて1967年に制定された法令は何か。

❿ ❽に対応するために1971年に発足した行政機関は何か。

⓫ 新聞・雑誌・テレビなど、高度経済成長下でめざましく発達した媒体を総称して何とよぶか。

⓬ 社会派推理小説で人気を得た、『点と線』『砂の器』の著者はだれか。

⓭ 歴史小説で人気を得た、『竜馬がゆく』『燃えよ剣』の著者はだれか。

⓮ 「鉄腕アトム」「ジャングル大帝」などの名作を生み出し、漫画・アニメーション隆盛の基礎をつくった漫画家はだれか。

⓯ 1968年に設置された、芸術創作の振興や文化財の保護などに関する行政機関を何というか。

⓰ 1965年、量子電磁力学の発展に寄与した功績により、ノーベル物理学賞を受賞したのはだれか。

⓱ 1973年、物理学のトンネル効果に関連してノーベル物理学賞を受賞したのはだれか。

⓲ 「人類の進歩と調和」をテーマとして開催された、日本初の万国博覧会の通称は何か。

[資料問題] 以下の表中の空欄A〜Dに適する語を答えよ。

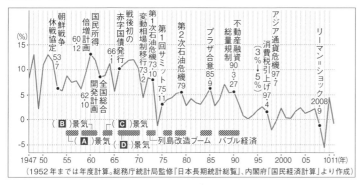

(1952年までは年度計算。総務庁統計局監修『日本長期統計総覧』、内閣府「国民経済計算」より作成)

❶
❷
❸
❹
❺
❻
❼
❽
❾
❿
⓫
⓬
⓭
⓮
⓯
⓰
⓱
⓲

[資料問題]
A
B
C
D

多極化する国際社会

1970年代に入り、アメリカでは泥沼化したベトナム戦争の軍事支出が国家財政を圧迫し、貿易赤字拡大で国際収支も悪化すると、金準備が減少し❶⬜⬜⬜とよばれた。1971年、ニクソン大統領が金とドルの交換を停止した。ドルの基軸通貨としての地位はゆらぎ、1973年に日本や西ヨーロッパ諸国は❷⬜⬜制に移行した。また、アメリカはベトナム戦争終結のため、ソ連と対立した中国に接近し、1972年、ニクソン大統領みずから訪中して国交正常化を求めた。これらの施策は、日本経済を直撃し日本の外交にも影響を与えた。

第二次世界大戦後、ユダヤ人がパレスチナにイスラエルを建国し、アラブ諸国とのあいだで中東戦争が勃発した。1973年にエジプト・シリアとイスラエルとのあいだで**第4次中東戦争**がおこると、アラブ石油輸出国機構(OAPEC)による石油戦略で原油価格が高騰し、世界経済は大打撃をうけ、❸⬜⬜⬜となった。米・日・西独・英・仏・伊の6カ国は❹⬜⬜⬜会議(サミット)を1975(昭和50)年に開催し、経済成長や貿易・通貨問題など、先進国間の経済政策を調整した。

保守政権の動揺

1972(昭和47)年、❺⬜⬜⬜首相は、ニクソン大統領につづきみずからも訪中して❻⬜⬜⬜⬜を発表し、アメリカより先に中国との国交正常化を実現した。❺首相が打ち出した「**列島改造**」構想により土地や株式への投機がおこり、❸による原油価格の高騰も加わり「**狂乱物価**」とよばれる激しいインフレがおき、深刻な不況におちいった。1974(昭和49)年の経済成長率は戦後初のマイナスとなり、高度経済成長は終わった。1978(昭和53)年に**福田赳夫内閣**が❼⬜⬜⬜条約を結んだ。その後の自由民主党政権はゆらぎはじめた。

経済大国への成長

❸以降、世界経済は長期的不況の時代に入ったが、日本経済は高い経済成長率を維持した。日本企業は人員整理や省エネルギーにつとめ、コンピュータやロボットの電子技術による工場やオフィスの自動化をすすめた。停滞した鉄鋼・石油化学・造船に対して、省エネ型の自動車・電気機械や半導体・IC(集積回路)・コンピュータなどの先端技術分野は、輸出産業として急速に発展し貿易黒字となり、欧米諸国とのあいだで❽⬜⬜⬜が生じた。

1989(平成元)年、労使協調を方針とする❾⬜⬜⬜(連合)が発足した。

1980(昭和55)年、世界のGNP(国民総生産)に占める日本の比重は約10%に達し、日本は「経済大国」となり、開発途上国への**政府開発援助(ODA)**も世界第1位で、国際的地位が飛躍的に高まった。

冷戦の終結と国際情勢

1970年代後半、米ソ関係は緊張緩和にむかったが、1979年のソ連のアフガニスタン侵攻で、アメリカのレーガン政権は軍備拡張に転じた。軍事費増大で、アメリカは国家財政・国際収支の「**双子の赤字**」に苦しみ、ソ連も深刻な経済危機となった。1985年にソ連共産党書記長ゴルバチョフは、改革(ペレストロイカ)を断行した。そして、米ソ両国は、1989(平成元)年12月、地中海のマルタ島の首脳会談で、❿⬜⬜の⬜⬜を共同で宣言した。

東ヨーロッパ諸国では、1980年代末から**民主化運動**がすすみ、社会主義体制を放棄していった。東ドイツでは、「**ベルリンの壁**」が崩壊し、1990年に**東西ドイツの統一**が実現した。1991年、ソ連では、ロシア連邦を中心に11の共和国からなる**独立国家共同体(CIS)**が発足し、ソ連は解体した。西ヨーロッパ諸国では、1993年に**マーストリヒト条約**が結ばれ**EU(ヨーロッパ連合)**が成立し、地域統合がすすんだ。中国では、1989年に⓫⬜⬜事件がおき、政治的民主化を求めた学生デモを中国政府は武力で鎮圧し共産主義体制を維持した。アラブ諸国とイスラエルが対立する中東では、1990年、イラクのクウェート侵攻に対し、翌年、アメリカを中心とする**多国籍軍**が参入して⓬⬜⬜戦争がおきた。その後、2001年9月11日にアメリカではイスラーム急進派による**同時多発テロ事件**がおきた。

❶　1970年代、アメリカにおいて泥沼化したベトナム戦争のばく大な支出が財政を圧迫し、貿易赤字の拡大により国際収支も悪化し、アメリカの金準備が減少したことを何とよぶか。

❷　1971年に金とドルの交換停止が宣言されたことをうけ、1973年に日本や西ヨーロッパ諸国が移行した為替(かわせ)制度を何とよぶか。

❸　1973年の第4次中東戦争で、アラブ石油輸出国機構が原油価格を約4倍に引き上げ、その影響で日本経済が大打撃をうけたことを何とよぶか。

❹　1975年に米・日・西独・英・仏・伊の6カ国間で、経済成長や貿易・通貨問題などの先進国間の経済政策について調整した会議は何か。

❺　みずから訪中し、アメリカに先立って中国との国交正常化を実現した日本の首相はだれか。

❻　❺が訪中し発表した声明は何か。

❼　1978年、福田赳夫内閣が中国と結んだ条約は何か。

❽　日本と欧米諸国とのあいだで生じた、貿易の不均衡をめぐる関係国間の紛争を何とよぶか。

❾　長期的不況により大はばな賃上げ要求もできないなかで、1989年、全国の労働運動の組織的統一をめざして発足した、労使協調を方針とする団体は何か。

❿　1989年12月に米ソ両国が地中海のマルタ島で首脳会談をおこない、共同で宣言した内容は何か。

⓫　1989年、共産主義体制をとる中国内で、政治的民主化を求める学生たちのデモが拡大し、中国政府がこれを武力でおさえこんだ事件は何か。

⓬　1990年、イラクがクウェートに侵攻すると、翌年アメリカを中心とする多国籍軍が国連決議を背景にイラク軍を制圧した戦争は何か。

【資料問題】　以下の A 、 B の写真の人物はそれぞれだれか。

A 　1972年に中国を訪問したアメリカ大統領と出むかえる中国首相

B 　1989年に❿を発表した米ソ首脳

❶
❷
❸
❹
❺
❻
❼
❽
❾
❿
⓫
⓬

【資料問題】

A

B

66 現代の情勢　Ⅱ

⑯ p.270〜273／⑰ p.360〜364

55年体制の崩壊

1970〜80年代にかけ野党は多党化したが、自由民主党政権は継続し、1982(昭和57)年成立の❶[　　　　　　]内閣は、電電・専売・国鉄の3公社の民営化を実現し、次の**竹下登**内閣は、❷[　　　　　]を導入し、1989(平成元)年4月から税率3%で実施した。この年、昭和天皇が亡くなり、元号は**平成**となった。1991(平成3)年に❸[　　]**戦争**がおこると、アメリカからの「国際貢献」要請に苦慮した政府は、翌年に❹[　　　　　　　　　]**法**(PKO協力法)を成立させ、カンボジアなどへ自衛隊を派遣した。長期政権下での政界・官界と大企業との癒着が発覚して国民の非難をあびると、1993(平成5)年、自由民主党は分裂し総選挙でも大敗した。日本新党の❺[　　　　　]を首相とする**非自民8党派連立内閣**が誕生し、40年近く続いた**55年体制**が終わった。❺内閣は、衆議院に❻[　　　　　　　　　]**制**を導入した。保守と革新の政策対立が消え、1994(平成6)年、社会党委員長の**村山富市**を首相とする自由民主党・社会党・新党さきがけの連立内閣が成立し、連合政治の時代となった。

バブル経済と平成不況

1980年代、対米貿易黒字がふえつづける日本に、アメリカは輸出自主規制と農産物輸入自由化をせまった。日本はこれに応じる一方で、❼[　　　]・[　　　　　　](APEC)に積極的にかかわり、「経済大国」の責任を果たそうとした。円高傾向で輸出はふるわず、1985(昭和60)年の先進諸国間の❽[　　　　　　　]以降の不況は**円高不況**とよばれた。政府の超低金利政策で、大量の金融資金が不動産や株式市場に流出し、地価・株価の暴騰を招き❾[　　　　　　]となった。1990年代初めに❾が崩壊し、企業の経営効率化(**リストラ**)は大量の失業者を発生させて雇用不安を高め、不況は深刻化し(**平成不況**)、金融機関でも経営破綻があいついだが、円高はさらに進行した。1995(平成7)年1月には**阪神・淡路大震災**が発生した。

国内外の変化と改革

1996(平成8)年、新選挙制度で自由民主党が躍進し、**橋本龍太郎**内閣は行財政改革に取り組んだ。しかし、翌年の❷率5%への引上げやアジア諸国の通貨・金融危機により、日本経済は深刻な不況におちいった。21世紀に入ると、自由民主党の❿[　　　　　　　　]が連立内閣を組織して構造改革をすすめ、2005(平成17)年の衆議院議員総選挙で大勝すると、郵政事業の民営化を決定した。しかし国内には、所得格差・地域格差が増大した。この間、2003(平成15)年にアメリカの**イラク攻撃**が始まると、⓫[　　　　　　]の整備につとめ、翌年にはイラク復興支援のために自衛隊を派遣した。2012(平成24)年、衆議院議員総選挙で自由民主党は大勝し発足した第2次**安倍晋三**内閣は、戦後政治からの脱却を掲げ、憲法第9条の解釈を変更し、2015(平成27)年には安全保障関連法案を強行採決して**集団的自衛権**を行使できるようにした。

現代の諸課題

⓬[　　　　　]化は、労働人口の減少で経済成長が抑止され、社会保障政策にも深刻な影響が予測される社会問題である。情報分野では、パソコン・携帯電話が普及し、インターネットにより経済活動はボーダーレス化して、私たちの生活を大きく変えつつある。環境問題では、**地球温暖化**を防止するため、1997(平成9)年の**京都議定書**で先進国の温室効果ガス排出削減の数値目標が定められた。2015(平成27)年の**パリ協定**は、数値目標が開発途上国にも拡大し、同年の国連サミットでは⓭[　　　　　　　　　](SDGs)が採択された。2011(平成23)年3月11日の**東日本大震災**は、原子力発電の安全性への信頼をゆるがした**東京電力福島第一原子力発電所**の事故がおき、津波被害もふくめた大災害での放射性物質による環境汚染は深刻な問題となった。

　日本を取りまく国際関係は変化しており、中国の台頭で国際秩序が大きく変わりつつある。21世紀を生きる私たちは、国内問題の解決と世界平和と繁栄への協力を推進しなければならない。

❶　1982年に成立した内閣で、財政・行政・教育の改革に意欲を示し、電電・専売・国鉄の3公社の民営化を実現した首相はだれか。

❷　竹下登内閣が導入した、税率3％の新税は何か。

❸　1990年、イラクがクウェートに侵攻すると、翌年アメリカを中心とする多国籍軍が国連決議によりイラク軍を制圧した戦争は何か。

❹　1992年に成立させた、自衛隊をカンボジアなどへ派遣することを決めた法令は何か。

❺　日本新党に所属し、非自民8党派連立内閣を組織したのはだれか。

❻　❺内閣が「政治改革」をとなえて衆議院に導入した選挙制度は何か。

❼　日本が「経済大国」の責任を果たすために積極的にかかわった。アジア・太平洋地域の国と地域が参加する経済協力の国際会議を何とよぶか。

❽　日本が円高不況におちいるきっかけとなった、ドル高是正の国際協調を決めた1985年の合意を何とよぶか。

❾　日本政府は輸出依存型の経済を内需主導型へ転換したが、超低金利政策がとられたために大量の金融資金が不動産や株式市場に流出し、地価や株価の暴騰を招いた。このような経済状態を何とよぶか。

❿　公明党などとの連立内閣を組織し、郵政事業の民営化を実現した自由民主党の総裁（内閣総理大臣）はだれか。

⓫　2003年にイラク戦争が始まったことで整備された法令は何か。

⓬　21世紀に日本が抱える課題で、出生率の低下と平均寿命の延びが同時に進行しておこることを何とよぶか。

⓭　2015年の国連サミットで採択された、2030年までに持続可能でよりよい社会の実現をめざす17の目標を総称して何とよぶか。

【資料問題】　以下の円・ドル為替相場の変動グラフが示している**A**、**B**での出来事は何か。

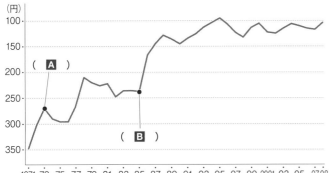

（対IMF報告の年平均相場。三和良一・原朗編『近現代日本経済史要覧　補訂版』より作成）

❶
❷
❸
❹
❺
❻
❼
❽
❾
❿
⓫
⓬
⓭

【資料問題】

A

B

所蔵・提供一覧（五十音順）　＊は提供のみ

朝日新聞社　p.117

明日香村教育委員会　p.21Ⓐ＊

茨城県立図書館　p.86

京都国立博物館　p.23＊、65Ⓐ＊

宮内庁京都事務所　p.64右

建仁寺　p.65Ⓐ

皇居三の丸尚蔵館　p.39、57Ⓑ

広隆寺　p.13Ⓑ

国立国会図書館　p.94

国立国会図書館（近代日本人の肖像）　p.95上、127

ColBase（https://colbase.nich.go.jp/）　p.11、51下、57Ⓒ、63、65Ⓑ、73、77上・右下、82右、83、113Ⓑ・Ⓒ、115Ⓐ

佐賀県立九州陶磁文化館　p.65Ⓒ

渋沢史料館　p.111

聖徳記念絵画館　p.88、99、103

中尊寺　p.33

東京藝術大学（Image: TNM Image Archives）　p.113Ⓐ

東京国立近代美術館（Photo: MOMAT/DNPartcom）　p.115Ⓑ・Ⓒ

東寺　p.23

唐招提寺　p.21Ⓒ

東大寺　p.41

奈良国立博物館　p.13Ⓐ＊、21Ⓒ＊、41右＊

日光東照宮　p.64左

姫路市フォトバンク　p.57

平等院　p.26

文化庁（国　文部科学省所管）　p.21Ⓐ

便利堂　p.13Ⓑ＊

法隆寺　p.13Ⓐ

ボン大学日本・韓国研究専攻　p.95下

毎日新聞社　p.125、131

美斉津洋夫　p.75

三井記念美術館　p.77左下

明治大学博物館　p.7

メトロポリタン美術館　p.82左

薬師寺　p.21Ⓑ

ユニフォトプレス　p.135

龍安寺　p.51上

装幀　　阿部亮爾（バナナグローブスタジオ）

日本史探究
高校日本史基本用語問題集 ツインズ・マスター

2024年5月　初版発行

編　者　伊東　利浩　木村　嘉紀
発行者　野澤　武史
印刷所　信毎書籍印刷株式会社
製本所　有限会社 穴口製本所
発行所　株式会社 山川出版社
　　　　〒101-0047　東京都千代田区内神田1-13-13
　　　　　　　電話　03-3293-8131（営業）　03-3293-8135（編集）
　　　　　　　https://www.yamakawa.co.jp/

ISBN978-4-634-02244-7　　　　　　　　　　　NYZK0102

チェック欄

年　　　　組　　　　番

名前

日本史探究

高校日本史基本用語問題集

ツインズ・マスター

解 答

山川出版社

▶第1章　日本文化のあけぼの

1　日本文化の始まり (p.6〜7)

①氷河(時代)　②旧石器(時代)　③打製(石器)　④弓矢　⑤磨製(石器)　⑥土器　⑦縄文(土器)　⑧竪穴住居　⑨貝塚　⑩アニミズム　⑪土偶　⑫屈葬　地図問題 問1　A ナウマンゾウ

問2　B 岩宿

2　農耕の開始 (p.8〜9)

①水稲耕作　②弥生(時代)　③青銅器　④鉄器　⑤石包丁　⑥高床倉庫　⑦伸展葬　⑧支石墓　⑨方形周溝墓　⑩吉野ヶ里(遺跡)　⑪環濠(集落)　⑫高地性(集落)　⑬銅鐸　⑭銅矛・銅戈(順不同)　⑮漢書　⑯後漢書　⑰「魏志」倭人伝　⑱邪馬台国　⑲卑弥呼　史料問題 A『漢書』地理志　B『後漢書』東夷伝　C「魏志」倭人伝

▶第2章　古墳とヤマト政権

3　古墳文化の展開 (p.10〜11)

①前方後円墳　②箸墓(古墳)　③ヤマト(政権)　④埴輪　⑤大王　⑥広開土王(好太王)碑　⑦倭の五王　⑧渡来人　⑨儒教　⑩仏教　⑪土師器　⑫須恵器　⑬太占の法　⑭盟神探湯　⑮氏　⑯姓　⑰伴造　⑱田荘　⑲部曲　⑳国造

4　飛鳥の朝廷 (p.12〜13)

①隋　②蘇我馬子　③推古(天皇)　④聖徳太子(厩戸(王))　⑤冠位十二階　⑥憲法十七条　⑦遣隋使　⑧小野妹子　⑨飛鳥(文化)　⑩法隆寺　史料問題 問1　名称:憲法十七条　出典:日本書紀

問2　A 法隆寺金堂釈迦三尊像　B 広隆寺弥勒菩薩半跏思惟像

▶第3章　律令国家の形成

5　律令国家への道　Ⅰ (p.14〜15)

①唐　②蘇我蝦夷　③(蘇我)入鹿　④中大兄皇子　⑤中臣鎌足(藤原鎌足)　⑥大化(の)改新　⑦改新(の)詔　⑧白村江(の戦い)　⑨天智(天皇)　⑩庚午年籍　⑪大海人皇子　⑫壬申(の乱)　⑬天武(天皇)　⑭八色(の)姓　⑮持統(天皇)　⑯飛鳥浄御原令　⑰藤原京　史料問題 A 子代　B 部曲

内容:公地公民制

6　律令国家への道　Ⅱ (p.16〜17)

①大宝律令　②二官八省　③神祇官　④太政官　⑤公卿　⑥畿内(・)七道　⑦国(・)郡(・)里　⑧国司　⑨郡司　⑩大宰府　⑪蔭位(の制)　⑫戸籍　⑬口分田　⑭班田収授(法)　⑮租　⑯調(・)庸　⑰雑徭　⑱出挙(公出挙)　⑲衛士　⑳防人　資料問題 A 神祇官　B 太政官　C 大宰府

7　平城京の時代 (p.18〜19)

①遣唐使　②鑑真　③平城(京)　④奈良(時代)　⑤和同開珎　⑥蝦夷　⑦隼人　⑧長屋王　⑨聖武(天皇)　⑩橘諸兄　⑪玄昉　⑫吉備真備　⑬国分寺建立(の詔)　⑭大仏造立(の詔)　⑮藤原仲麻呂　⑯道鏡　⑰三世一身(法)　⑱墾田永年私財(法)　⑲初期荘園　史料問題 人名:聖武天皇　詔:大仏

1

造立の詔

8 律令国家の文化 (p.20〜21)

①白鳳（文化）　②薬師寺　③柿本人麻呂　④天平（文化）　⑤古事記　⑥日本書紀　⑦六国史　⑧風土記　⑨万葉集　⑩鎮護国家　⑪南都六宗　⑫行基　**資料問題** **A** 高松塚古墳壁画　**B** 薬師寺東塔　**C** 唐招提寺鑑真像

9 律令国家の変容 (p.22〜23)

①桓武（天皇）　②長岡（京）　③健児　④勘解由使　⑤坂上田村麻呂　⑥征夷大将軍　⑦蔵人頭　⑧藤原冬嗣（巨勢野足）　⑨検非違使　⑩令外官　⑪格　⑫式　⑬天台（宗）　⑭延暦（寺）　⑮真言（宗）　⑯金剛峯（寺）　⑰加持祈禱　⑱神仏習合　⑲一木造　⑳曼荼羅

▶第4章 貴族政治の展開

10 摂関政治 (p.24〜25)

①藤原良房　②承和（の変）　③摂政　④応天門（の変）　⑤藤原基経　⑥関白　⑦菅原道真　⑧延喜（・）天暦（の治）　⑨安和（の変）　⑩摂関政治　⑪藤原道長　⑫藤原頼通　⑬受領　⑭田堵　⑮名　⑯遙任　⑰成功　⑱重任　⑲高麗　⑳宋（北宋）　**史料問題** 尾張国郡司百姓等解（文）

11 国風文化 (p.26〜27)

①国風（文化）　②かな　③和歌　④古今和歌集　⑤紫式部　⑥源氏物語　⑦清少納言　⑧枕草子　⑨三跡　⑩浄土（教）　⑪空也　⑫源信　⑬末法（思想）　⑭平等院鳳凰（堂）　⑮定朝　⑯寄木造　⑰本地垂迹（説）　⑱十二単　⑲寝殿造　⑳大和絵　**史料問題** 作者：源信　作品：往生要集

12 荘園の発達と武士団の成長 (p.28〜29)

①開発領主　②寄進地系荘園　③不輸　④不入　⑤名主　⑥武士　⑦郎等（郎党）　⑧武士団　⑨棟梁　⑩桓武平氏　⑪清和源氏　⑫平将門　⑬藤原純友　⑭天慶（の乱）　⑮藤原隆家　⑯源頼信　**史料問題** 寄進

▶第5章 院政と武士の進出

13 院政の始まり (p.30〜31)

①荘園整理（令）　②記録荘園券契所　③荘園公領（制）　④前九年合戦　⑤後三年合戦　⑥白河（天皇）　⑦院政　⑧院宣　⑨院近臣　⑩北面（の）武士　⑪白河（上皇）　⑫鳥羽（上皇）　⑬後白河（上皇）　⑭法皇　⑮知行国　⑯僧兵　⑰平泉　⑱奥州藤原（氏）　**史料問題** 記録荘園券契所（記録所）

14 院政と平氏政権 (p.32〜33)

①平清盛　②保元（の乱）　③後白河（天皇）　④平治（の乱）　⑤日宋貿易　⑥大輪田泊　⑦将門記　⑧今昔物語集　⑨田楽　⑩今様　⑪梁塵秘抄　⑫大鏡　⑬歴史物語　⑭絵巻物　⑮源氏物語絵巻　⑯伴大納言絵巻　⑰鳥獣人物戯画　⑱扇面古写経　⑲厳島神社　⑳中尊寺金色堂

▶第6章　武家政権の成立

15　鎌倉幕府の成立と展開　Ⅰ (p.34〜35)

①源頼朝　②源義仲　③(源)義経　④壇の浦　⑤征夷大将軍　⑥鎌倉　⑦侍所　⑧公文所　⑨政所　⑩問注所　⑪守護　⑫地頭　⑬大犯三カ条　⑭御家人　⑮御恩　⑯奉公　⑰本領安堵　⑱新恩給与　⑲封建(制度)　【資料問題】A侍所　B問注所　C政所　D京都守護

16　鎌倉幕府の成立と展開　Ⅱ (p.36〜37)

①北条時政　②(源)実朝　③執権　④(北条)義時　⑤後鳥羽(上皇)　⑥承久(の乱)　⑦六波羅探題　⑧北条泰時　⑨連署　⑩評定衆　⑪御成敗式目(貞永式目)　⑫北条時頼　⑬引付衆　⑭惣領(制)　⑮分割相続　⑯地頭請　⑰下地中分　【資料問題】A執権　B評定会議　C引付会議　D六波羅探題

17　モンゴル襲来と幕府の衰退 (p.38〜39)

①フビライ(クビライ)　②北条時宗　③文永(の役)　④異国警固番役　⑤弘安(の役)　⑥モンゴル襲来(元寇)　⑦鎮西探題　⑧得宗　⑨霜月騒動　⑩北条貞時　⑪二毛作　⑫刈敷(、)草木灰　⑬三斎市　⑭座　⑮問(問丸)　⑯宋銭　⑰為替　⑱借上　⑲永仁(の)徳政令　⑳悪党　【資料問題】「てつはう」(火薬を利用した武器)

18　鎌倉文化 (p.40〜41)

①法然　②親鸞　③一遍　④浄土(宗)　⑤悪人正機　⑥浄土真(宗)　⑦時(宗)　⑧栄西　⑨道元　⑩臨済(宗)　⑪曹洞(宗)　⑫日蓮　⑬叡尊(・)忍性(順不同)　⑭新古今和歌集　⑮方丈記　⑯愚管抄　⑰徒然草　⑱平家物語　⑲金沢(文庫)　⑳吾妻鏡　【資料問題】運慶・快慶

▶第7章　武家社会の成長

19　室町幕府の成立　Ⅰ (p.42〜43)

①大覚寺(統)　②持明院(統)　③両統迭立　④後醍醐(天皇)　⑤楠木正成　⑥足利高氏((のち)尊氏)　⑦新田義貞　⑧北条高時　⑨建武(の)新政　⑩記録所　⑪雑訴決断所　⑫建武式目　⑬北畠親房　⑭観応(の)擾乱　⑮単独相続　⑯半済令　⑰守護請　⑱守護大名　⑲国人　⑳国人一揆　【史料問題】二条河原落書

20　室町幕府の成立　Ⅱ (p.44〜45)

①足利義満　②管領　③三管領　④四職　⑤奉公衆　⑥御料所　⑦土倉役(・)酒屋役　⑧段銭(・)棟別銭　⑨鎌倉府　⑩鎌倉公方　⑪関東管領　⑫琉球(王国)　⑬倭寇　⑭勘合　⑮宗(氏)　⑯木綿　⑰尚巴志　⑱アイヌ　⑲コシャマイン　【地図問題】A土岐康行の乱　B明徳の乱　C応永の乱　D嘉吉の変　E永享の乱

21　下剋上の社会　Ⅰ (p.46〜47)

①惣　②惣掟　③地下請(村請)　④徳政　⑤土一揆　⑥正長(の)徳政一揆　⑦足利義教　⑧永享の乱　⑨嘉吉の変　⑩嘉吉(の)徳政一揆　⑪下剋上　⑫足利義政　⑬細川勝元　⑭山名持豊(宗全)　⑮応仁(の乱)　⑯足軽　⑰山城(の)国一揆　⑱加賀(の)一向一揆　⑲蓮如　【史料問題】空欄：徳政

一揆の名称：正長の徳政一揆

22　下剋上の社会　Ⅱ　室町文化　Ⅰ (p.48〜49)

①三毛作　②六斎市　③見世棚　④明銭　⑤撰銭（令）　⑥土倉　⑦馬借　⑧神皇正統記　⑨太平記　⑩連歌　⑪茶寄合　⑫闘茶　⑬バサラ　⑭金閣　⑮五山（の制）　⑯水墨画　⑰能　⑱観阿弥　⑲世阿弥　⑳風姿花伝（花伝書）　史料問題 A宗祇　B肖柏　C宗長　D宗祇　E肖柏　F宗長

23　室町文化　Ⅱ (p.50〜51)

①銀閣　②書院造　③枯山水（せんずい）　④雪舟　⑤狩野（派）　⑥侘茶　⑦宗祇　⑧御伽草子　⑨足利学校　⑩林下　⑪日親　⑫天文法華（の乱）　⑬蓮如　⑭御文　資料問題 A襖　B違い棚　C明障子　D付書院

24　戦国の動乱 (p.52〜53)

①戦国大名　②北条早雲　③上杉謙信　④武田信玄　⑤毛利元就　⑥織田信長　⑦検地　⑧城下町　⑨分国（法）　⑩家（法）　⑪喧嘩両成敗（法）　⑫港町・宿場町　⑬門前町　⑭寺内町　⑮楽市（令）　⑯会合衆（えごうしゅう）　⑰年行司　⑱町衆　史料問題 空欄：堺

▶第8章　近世の幕開け

25　天下人の登場 (p.54〜55)

①石見銀山　②日本産（の）銀　③中国産（の）生糸　④大航海（時代）　⑤鉄砲　⑥フランシスコ（＝）ザビエル　⑦キリスト（教）　⑧キリシタン大名　⑨南蛮貿易　⑩織田信長　⑪安土城　⑫大坂城　⑬関白　⑭豊臣（以後、豊臣秀吉）　地図問題 Aオ　Bス　Cソ　Dセ　Eシ　Fエ　Gク　Hキ　Iカ　Jタ　Kイ　Lケ　Mコ　Nウ　Oア　Pサ

26　豊臣政権と桃山文化 (p.56〜57)

①村　②太閤検地　③石高　④国替（転封）　⑤刀狩（令）　⑥軍役　⑦兵農分離　⑧バテレン追放（令）　⑨文禄（・）慶長（の役）　⑩安土（・）桃山（時代）　⑪桃山（文化）　⑫障壁画　⑬千利休　⑭天正遣欧使節　資料問題 A姫路城　B狩野永徳　C出雲お国（阿国）

▶第9章　幕藩体制の成立と展開

27　江戸幕府の成立　Ⅰ (p.58〜59)

①石田三成　②関ヶ原（の戦い）　③徳川秀忠　④秀頼　⑤大坂の陣　⑥旗本　⑦御家人　⑧徳川家光　⑨老中　⑩三奉行　⑪一国一城（令）　⑫武家諸法度　⑬参勤交代　⑭親藩・譜代・外様（順不同）　⑮禁中並公家諸法度　⑯京都所司代　⑰武家伝奏　⑱紫衣事件　⑲寺院法度　⑳寺請（制度）　資料問題 資料1 A京都所司代　B勘定奉行　C大目付　D老中　E大老　史料2：武家諸法度

28　江戸幕府の成立　Ⅱ (p.60〜61)

①帯刀　②百姓　③職人　④町人　⑤本百姓　⑥村方三役　⑦水呑百姓　⑧村請（制）　⑨五人組　⑩本途物成　⑪小物成　⑫田畑永代売買（の）禁止（令）　⑬分地制限（令）　⑭城下町　⑮地借　⑯店借

【史料問題】史料名：田畑永代売買の禁止令　Ａ田地　Ｂ田畠

29　江戸初期の外交と文化　Ⅰ (p.62〜63)
①平戸　②糸割符仲間　③朱印状　④朱印船　⑤日本町　⑥禁教令　⑦長崎　⑧奉書船　⑨島原（の乱）　⑩絵踏　⑪出島　⑫鎖国　⑬オランダ風説書　【地図問題】Ａ平戸　Ｂマカオ　Ｃアユタヤ　Ｄバタヴィア　Ｅアンボイナ

30　江戸初期の外交と文化　Ⅱ (p.64〜65)
①己酉（約条）　②朝鮮通信使　③謝恩使　④慶賀使　⑤シャクシャイン　⑥朱子（学）　⑦林羅山（道春）　⑧権現（造）　⑨日光東照宮　⑩桂離宮　⑪数寄屋（造）　⑫狩野探幽　⑬俵屋宗達　⑭本阿弥光悦　⑮酒井田柿右衛門　【資料問題】Ａ風神雷神図屛風　Ｂ舟橋蒔絵硯箱　Ｃ色絵花鳥文皿

31　幕政の安定 (p.66〜67)
①徳川家綱　②慶安（の変）　③徳川綱吉　④元禄（時代）　⑤忠　⑥孝　⑦礼儀　⑧柳沢吉保　⑨生類憐み（の令）　⑩服忌（令）　⑪元禄小判　⑫新井白石　⑬閑院宮家　⑭正徳小判　⑮海舶互市新例　【史料問題】史料名：武家諸法度（天和令）　Ａ文武忠孝　Ｂ礼儀　Ｃ養子　Ｄ殉死

32　経済の発展　Ⅰ (p.68〜69)
①備中鍬　②千歯扱　③唐箕　④商品作物　⑤金肥　⑥農業全書　⑦俵物　⑧入浜塩田　⑨農村家内（工業）　⑩西陣　⑪高機　【資料問題】Ａ竜骨車　Ｂ千石簁

33　経済の発展　Ⅱ (p.70〜71)
①五街道　②本陣　③関所　④河村瑞賢　⑤東廻り海運　⑥西廻り海運　⑦菱垣廻船　⑧樽廻船　⑨北前船　⑩問屋　⑪十組問屋　⑫二十四組問屋　⑬株　⑭三貨　⑮両替商　⑯三都　⑰蔵屋敷　【資料問題】Ａ東海道　Ｂ中山道　Ｃ甲州道中　Ｄ日光道中　Ｅ奥州道中

34　元禄文化 (p.72〜73)
①元禄（文化）　②朱子（学）　③陽明（学）　④古学（派）　⑤本草（学）　⑥和算　⑦井原西鶴　⑧松尾芭蕉　⑨近松門左衛門　⑩浮世草子　⑪蕉風（正風）俳諧　⑫人形浄瑠璃（文楽）　⑬歌舞伎　⑭市川団十郎　⑮坂田藤十郎　⑯尾形光琳　⑰琳（派）　⑱菱川師宣　⑲野々村仁清　⑳友禅染

【資料問題】ア陽明学　イ古学　Ａ林鳳岡　Ｂ新井白石　Ｃ山崎闇斎　Ｄ熊沢蕃山　Ｅ山鹿素行　Ｆ伊藤仁斎

▶第10章　幕藩体制の動揺
35　幕政の改革と宝暦・天明期の文化　Ⅰ (p.74〜75)
①徳川吉宗　②享保（の改革）　③相対済し（令）　④倹約（令）　⑤足高（の制）　⑥上げ米　⑦定免（法）　⑧大岡忠相　⑨町火消　⑩目安箱　⑪小石川養生所　⑫公事方御定書　⑬村方騒動　⑭百姓一揆　⑮享保（の）飢饉　⑯田沼意次　⑰株仲間　⑱南鐐二朱銀　⑲天明（の）飢饉　⑳打ちこわし　【資料問題】火山名：浅間山　事業名：印旛沼干拓

36 幕政の改革と宝暦・天明期の文化 Ⅱ (p.76〜77)

①青木昆陽 ②前野良沢(・)杉田玄白(順不同) ③解体新書 ④平賀源内 ⑤本居宣長 ⑥古事記伝 ⑦塙保己一 ⑧心学 ⑨藩校 ⑩寺子屋 ⑪洒落本 ⑫山東京伝 ⑬上田秋成 ⑭与謝蕪村 ⑮川柳 ⑯狂歌 ⑰鈴木春信 ⑱喜多川歌麿 ⑲東洲斎写楽 ⑳円山応挙

37 江戸幕府の衰退 Ⅰ (p.78〜79)

①松平定信 ②寛政(の改革) ③旧里帰農(令) ④囲米 ⑤棄捐(令) ⑥人足寄場 ⑦七分積金 ⑧寛政異学(の)禁 ⑨林子平 ⑩ラクスマン ⑪近藤重蔵 ⑫間宮林蔵 ⑬レザノフ ⑭フェートン号(事件) ⑮異国船打払(令)(無二念打払(令)) ⑯大御所 ⑰関東取締出役 ⑱大塩平八郎 ⑲モリソン号(事件) ⑳蛮社の獄

38 江戸幕府の衰退 Ⅱ (p.80〜81)

①水野忠邦 ②天保(の改革) ③人返し(の法) ④株仲間(の)解散 ⑤上知(令) ⑥問屋制家内工業 ⑦工場制手工業 ⑧薩摩(藩) ⑨調所広郷 ⑩島津斉彬 ⑪長州(藩) ⑫村田清風 ⑬佐賀(藩) ⑭土佐(藩) ⑮雄藩 地図問題 ア択捉(島) イ樺太 Aか Bえ Cお Dけ Eあ Fく Gき Hう Iい

39 化政文化 (p.82〜83)

①化政(文化) ②シーボルト ③鳴滝(塾) ④緒方洪庵 ⑤適々斎(塾) ⑥伊能忠敬 ⑦滑稽本 ⑧人情本 ⑨小林一茶 ⑩葛飾北斎 ⑪歌川広重 史料問題 本多利明 資料問題 A亜欧堂田善 B渡辺崋山

▶第11章 近世から近代へ

40 開国とその影響 (p.84〜85)

①産業(革命) ②アヘン(戦争) ③天保(の)薪水給与(令) ④ペリー ⑤プチャーチン ⑥日米和親(条約) ⑦阿部正弘 ⑧ハリス ⑨堀田正睦 ⑩井伊直弼 ⑪日米修好通商(条約) ⑫関税自主(権) ⑬領事裁判(権) ⑭安政(の)五カ国(条約) ⑮攘夷(論) 史料問題 A神奈川 B長崎

41 幕府の滅亡と新政府の発足 Ⅰ (p.86〜87)

①徳川慶喜 ②井伊直弼 ③徳川家茂 ④安政(の)大獄 ⑤桜田門外(の変) ⑥安藤信正 ⑦公武合体 ⑧坂下門外(の変) ⑨島津久光 ⑩生麦(事件) ⑪薩英(戦争) ⑫八月十八日(の政変) ⑬禁門(の変) ⑭四国艦隊下関砲撃(事件) 年表問題 Aえ Bい Cあ Dき Eけ Fこ Gく Hお Iう Jか

42 幕府の滅亡と新政府の発足 Ⅱ (p.88〜89)

①高杉晋作 ②桂小五郎 ③西郷隆盛 ④大久保利通 ⑤坂本龍馬 ⑥薩長連合 ⑦ええじゃないか ⑧岩倉具視 ⑨大政奉還 ⑩王政復古(の)大号令 ⑪鳥羽(・)伏見(の戦い) ⑫戊辰(戦争) ⑬奥羽越列藩同盟 ⑭五箇条(の)誓文 ⑮五榜(の)掲示 ⑯明治維新 史料問題 A将軍 B総裁 C会議 D公論

▶第12章　近代国家の成立

43　明治維新　Ⅰ (p.90〜91)
①版籍奉還　②廃藩置県　③藩閥政府　④徴兵(令)　⑤華族　⑥士族　⑦四民平等　⑧秩禄処分　⑨士族(の)商法　⑩地租改正　⑪地券　⑫富国強兵　⑬殖産興業　⑭内務(省)　⑮郵便(制度)　⑯鉄道　⑰新貨条例　⑱富岡製糸場　⑲開拓使　⑳屯田兵

44　明治維新　Ⅱ (p.92〜93)
①文明開化　②福沢諭吉　③学(制)　④明六社　⑤神仏分離(令)　⑥廃仏毀釈　⑦太陽(暦)　⑧征韓(論)　⑨江華島(事件)　⑩日朝修好条規　⑪日清修好条規　⑫台湾出兵　⑬琉球処分　⑭樺太・千島交換(条約)　⑮佐賀(の乱)　⑯西南(戦争)　[史料問題]史料名：学事奨励に関する太政官布告　通称：被仰出書

45　立憲国家の成立　Ⅰ (p.94〜95)
①板垣退助　②民撰議院設立(の)建白書　③自由民権運動　④漸次立憲政体樹立(の)詔　⑤讒謗律(・)新聞紙(条例)　⑥国会期成同盟　⑦集会(条例)　⑧大隈重信　⑨伊藤博文　⑩開拓使官有物払下げ(事件)　⑪国会開設(の)勅諭　⑫明治十四年(の)政変　⑬自由党　⑭立憲改進党　⑮私擬憲法　⑯民権論　⑰国権論　[補足問題]Ⓐ福地源一郎　Ⓑ植木枝盛

46　立憲国家の成立　Ⅱ (p.96〜97)
①福島(事件)　②秩父(事件)　③大同団結(運動)　④三大事件建白(運動)　⑤保安(条例)　⑥欽定憲法　⑦華族令　⑧内閣(制度)　⑨ロエスレル　⑩大日本帝国憲法　⑪帝国議会　⑫衆議院　⑬貴族院　⑭統帥権　⑮天皇大権　⑯初期議会　⑰超然(主義)　[史料問題]Ⓐ元首　Ⓑ統帥　Ⓒ輔弼

▶第13章　近代国家の展開と国際関係

47　大陸政策の展開　Ⅰ (p.98〜99)
①ノルマントン号(事件)　②井上馨　③欧化(政策)　④国粋保存(主義)　⑤平民的欧化(主義)　⑥大津(事件)　⑦陸奥宗光　⑧日英通商航海(条約)　⑨小村寿太郎　⑩壬午軍乱　⑪甲申事変　⑫甲午農民(戦争)　⑬日清(戦争)　[資料問題]日本：伊藤博文　日本：陸奥宗光　清：李鴻章(リーホンチャン)

48　大陸政策の展開　Ⅱ (p.100〜101)
①下関(条約)　②三国干渉　③憲政(党)　④隈板(内閣)　⑤軍部大臣現役武官(制)　⑥治安警察(法)　⑦立憲政友会　⑧義和団　⑨北清事変　⑩北京議定書　[地図問題]Ⓐ大連　Ⓑ旅順　Ⓒ膠州湾　Ⓓ台湾　Ⓔ澎湖諸島　Ⓕ九竜(龍)半島　Ⓖ広州湾

49　大陸政策の展開　Ⅲ (p.102〜103)
①大韓帝国(韓国)　②桂太郎　③日英同盟協約　④日露(戦争)　⑤日本海海戦　⑥ポーツマス(条約)　⑦日比谷焼打ち(事件)　⑧孫文　⑨統監府　⑩韓国併合(条約)　⑪朝鮮総督府　⑫関東都督府　⑬南満洲鉄道株式会社(満鉄)　⑭元老　⑮西園寺公望　⑯桂園(時代)　[資料問題]日本：小村寿太郎　ロシア：ウィッテ

50　第一次世界大戦と日本 (p.104〜105)

①第１次護憲(運動)　②大正政変　③シーメンス(事件)　④三国同盟　⑤三国協商　⑥第一次世界大戦　⑦辛亥革命　⑧中華民国　⑨ニ十一カ条(の)要求　⑩シベリア出兵　⑪米騒動　⑫吉野作造　⑬民本(主義)　⑭大正デモクラシー　⑮原敬　史料問題 尾崎行雄

51　ワシントン体制　Ⅰ (p.106〜107)

①ヴェルサイユ(条約)　②ヴェルサイユ(体制)　③国際連盟　④五(・)四(運動)　⑤三(・)一独立(運動)　⑥ワシントン(会議)　⑦四カ国(条約)　⑧九カ国(条約)　⑨ワシントン海軍軍備制限(条約)　⑩ワシントン(体制)　⑪幣原喜重郎　⑫幣原外交　地図問題 A青島　B南洋諸島

52　ワシントン体制　Ⅱ (p.108〜109)

①戦後恐慌　②関東大震災　③社会主義　④大逆(事件)　⑤特高　⑥日本共産(党)　⑦青鞜社　⑧新婦人協会　⑨全国水平社　⑩第２次護憲(運動)　⑪加藤高明　⑫普通選挙(法)　⑬治安維持(法)　⑭立憲民政(党)　⑮憲政(の)常道　史料問題 法令名：治安維持法　A国体　B私有財産制度

▶第14章　近代の産業と生活

53　近代産業の発展 (p.110〜111)

①渋沢栄一　②国立銀行(条例)　③松方正義　④松方財政　⑤日本銀行　⑥銀本位(制)　⑦産業革命　⑧大阪紡績会社　⑨金本位(制)　⑩八幡製鉄所　⑪鉄道国有(法)　⑫水力発電　⑬財閥　⑭寄生地主　⑮労働組合期成会　⑯工場(法)　⑰足尾鉱毒(事件)　⑱日本労働総同盟　⑲日本農民組合

54　近代の文化 (p.112〜113)

①学校令　②教育勅語　③坪内逍遙　④写実(主義)　⑤言文一致体　⑥ロマン(主義)　⑦自然(主義)　⑧フェノロサ　⑨岡倉天心　⑩東京美術(学校)　⑪新派劇　⑫唱歌　資料問題 A狩野芳崖　B黒田清輝　C高村光雲

55　市民生活の変容と大衆文化 (p.114〜115)

①大戦景気　②船成金　③都市(化と)大衆(化)(順不同)　④文化住宅　⑤円本　⑥ラジオ放送　⑦美濃部達吉　⑧柳田国男　⑨野口英世　⑩芥川龍之介　⑪白樺(派)　⑫川端康成　資料問題 A岸田劉生　B高村光太郎　C横山大観

▶第15章　恐慌と第二次世界大戦

56　恐慌の時代 (p.116〜117)

①金融恐慌　②田中義一　③モラトリアム　④三(・)一五(事件)　⑤積極外交　⑥蔣介石(チァンチェシー)　⑦北伐　⑧山東出兵　⑨関東軍　⑩張作霖爆殺(事件)　⑪浜口雄幸　⑫金解禁　⑬井上準之助　⑭世界恐慌　⑮昭和恐慌　⑯重要産業統制(法)　⑰ロンドン海軍軍備制限(条約)　⑱統帥権干犯(問題)

57　軍部の台頭 (p.118〜119)

①柳条湖(事件)　②満洲事変　③犬養毅　④溥儀(プーイー)　⑤満洲(国)　⑥五(・)一五(事件)　⑦日満議定書

⑧リットン調査団　⑨国際連盟（からの）脱退　⑩高橋是清　⑪管理通貨（制度）　⑫新興財閥　⑬天皇機関説（事件）　⑭国体明徴声明　⑮皇道（派）　⑯統制（派）　⑰二（・）二六（事件）　地図問題　A奉天　Bハルビン

58　第二次世界大戦　Ⅰ (p.120〜121)
①枢軸　②日独伊三国防共（協定）　③盧溝橋（事件）　④近衛文麿　⑤日中（戦争）　⑥南京（事件）　⑦国民精神総動員（運動）　⑧国家総動員（法）　⑨国民徴用（令）　⑩第二次世界大（戦）　⑪日独伊三国（同盟）　⑫新体制（運動）　⑬大政翼賛会　⑭皇民（化）（政策）　地図問題　Aノモンハン　B重慶　C南京　D上海　Eフランス領インドシナ連邦

59　第二次世界大戦　Ⅱ (p.122〜123)
①日ソ中立（条約）　②南部仏印進駐　③東条英機　④太平洋（戦争）　⑤ミッドウェー海（戦）　⑥大東亜会議　⑦大東亜共栄（圏）　⑧サイパン（島）　⑨勤労動員　⑩学徒出陣　⑪東京大空襲　⑫学童疎開　⑬ヤルタ協定　⑭沖縄（戦）　⑮ポツダム（宣言）　⑯原子爆弾　地図問題　Aマレー　B真珠（湾）　Cガダルカナル（島）　D沖縄　Eソ連

▶第16章　現代の世界と日本

60　占領下の改革と主権の回復　Ⅰ (p.124〜125)
①国際連合（国連）　②安全保障理事（会）　③マッカーサー　④GHQ　⑤間接統治　⑥五大改革（の）指令　⑦極東国際軍事裁判（東京裁判）　⑧公職追放　⑨持株会社整理委員（会）　⑩財閥解体　⑪独占禁止（法）　⑫過度経済力集中排除（法）　⑬農地改革　⑭改正農地調整（法）　⑮自作農創設特別措置（法）　⑯労働組合（法）　⑰労働関係調整（法）　⑱労働基準（法）　⑲教育基本（法）　⑳学校教育（法）

61　占領下の改革と主権の回復　Ⅱ (p.126〜127)
①日本国憲法　②主権在民（・）平和主義（・）（順不同）基本的人権（の）尊重　③戦争放棄　④民（法）　⑤地方自治（法）　⑥日本自由（党）　⑦日本進歩（党）　⑧日本社会（党）　⑨女性参政権　⑩吉田茂　⑪傾斜生産方式　⑫片山哲　⑬北大西洋条約機構（NATO）　⑭ワルシャワ条約機構　⑮冷たい戦争（冷戦）　⑯中華人民共和（国）　⑰大韓民（国）　⑱朝鮮民主主義人民共和（国）　史料問題　A国会　B戦争の惨禍　C国民

62　占領下の改革と主権の回復　Ⅲ (p.128〜129)
①経済安定九原則　②ドッジ＝ライン　③シャウプ勧告　④朝鮮（戦争）　⑤レッド＝パージ　⑥警察予備隊　⑦特需（特殊需要）　⑧神武景気　⑨サンフランシスコ平和（条約）　⑩日米安全保障（条約）　⑪日米行政協定　⑫湯川秀樹　⑬ノーベル賞　⑭文化財保護（法）　史料問題　A琉球　B小笠原　C連合国

63　55年体制と高度経済成長　Ⅰ (p.130〜131)
①アジア＝アフリカ（会議）（バンドン会議）　②ベトナム（戦争）　③保安隊　④自衛隊　⑤原水爆禁止（運動）　⑥鳩山一郎　⑦自由民主（党）　⑧保守合同　⑨55年（体制）　⑩日ソ共同宣言　⑪国連加盟

⑫岸信介 ⑬日米相互協力及び安全保障（条約）（新安保（条約）） ⑭安保闘争 ⑮池田勇人 ⑯所得倍増 ⑰佐藤栄作 ⑱日韓基本（条約） ⑲沖縄返還協定 【資料問題】第五福竜丸

64 55年体制と高度経済成長 Ⅱ (p.132〜133)

①高度経済成長 ②エネルギー革命 ③農業基本（法） ④経済協力開発機構 ⑤三種の神器 ⑥東京オリンピック ⑦東海道新幹線 ⑧公害 ⑨公害対策基本（法） ⑩環境庁 ⑪マス（＝）メディア ⑫松本清張 ⑬司馬遼太郎 ⑭手塚治虫 ⑮文化庁 ⑯朝永振一郎 ⑰江崎玲於奈 ⑱大阪万博 【資料問題】Ａ神武 Ｂ岩戸 Ｃオリンピック Ｄいざなぎ

65 現代の情勢 Ⅰ (p.134〜135)

①ドル危機 ②変動相場（制） ③石油危機 ④先進国首脳（会議）（サミット） ⑤田中角栄 ⑥日中共同声明 ⑦日中平和友好（条約） ⑧貿易摩擦 ⑨日本労働組合総連合会（連合） ⑩冷戦（の）終結 ⑪天安門（事件） ⑫湾岸（戦争） 【資料問題】Ａアメリカ大統領ニクソン 中国首相周恩来（チョウエンライ） Ｂアメリカ大統領ブッシュ（第41代） ソ連書記長ゴルバチョフ

66 現代の情勢 Ⅱ (p.136〜137)

①中曽根康弘 ②消費税 ③湾岸（戦争） ④国連平和維持活動協力（法）（PKO協力法） ⑤細川護熙 ⑥小選挙区比例代表並立（制） ⑦アジア（・）太平洋経済協力（APEC） ⑧プラザ合意 ⑨バブル経済 ⑩小泉純一郎 ⑪有事法制 ⑫少子高齢（化） ⑬持続可能な開発目標（SDGs） 【資料問題】Ａ変動相場制移行 Ｂプラザ合意

にほんしたんきゅう
日本史探究
こうこうにほんしきほんようごもんだいしゅう　　　　　　　　　　　　　　　　　かいとう
高校日本史基本用語問題集 ツインズ・マスター　解答

2024年5月　初版発行

編　者　　伊東　利浩　木村　嘉紀
　　　　　　いとう　としひろ　きむら　よしき

発行者　　野澤　武史

印刷所　　信毎書籍印刷株式会社

製本所　　有限会社 穴口製本所

発行所　　株式会社 山川出版社

　　　　　〒101-0047　東京都千代田区内神田1-13-13
　　　　　　　電話　03-3293-8131(営業)　03-3293-8135(編集)
　　　　　　　https://www.yamakawa.co.jp/

ISBN978-4-634-02244-7　　　　　　　　　　　　　　　　　NYZK0102